新课程背景下课程教学

总 主 编　许金生
副总主编　杨汉云

U0677725

语文

新课程教学论

刘诗伟 主编

南京大学出版社

总　序

　　随着经济社会的发展,教育与住房、居民收入、医疗保险一样,成为当下我国社会最为关注的问题之一。尤其是"钱学森之问"公布之后,上到中央领导,下至平民百姓,几乎在一夜之间陷入了沉思:中国教育怎么办?

　　改革开放已有三十余年,期间我国确实成功地解决了"穷国办大教育"的诸多难题,尤其在科学发展观提出以后,中国政府把推进教育公平当作基本的教育政策。近几年,党和国家对教育的重视与投入更是前所未有的。已颁布的《国家中长期教育改革与发展纲要》(以下简称《发展纲要》)是指导我国未来教育改革和发展的纲领性文件;全面实施了免费义务教育,不断增加农村义务教育公用经费,真正落实农村孩子享受义务教育的保障措施;努力化除各高校因扩招带来的债务危机,逐步增加高校学生的生均拨款额度,为各层次的学校实现"办人民满意的教育"提供了最重要的保障。

　　但是,中国目前只能说是教育大国,而不能说是教育强国。教育的现状还不容乐观,人民群众对当前教育不满意的地方很多,问题涉及各个层面,有的问题关系到国家的长期发展和老百姓的切身利益,亟待解决。譬如因教育不公而出现的"择校热"问题,就表明人民群众不断增长的高质量、多样化的教育需求没有得到很好的满足;以考试分数、升学率为主的评价指标仍然是许多地方教育部门对学校进行考核的主要指标,使得素质教育流于形式;各级各类学校行政化现象严重,使学校在很大程度上缺乏自主性,教育创新活力不足,影响了学校教学质量的提升;应试教育积重难返,忽视了学生的全面素质特别是道德素质的培养,导致学生只会考试,眼高手低,个性能力无法自由发展,创新精神和实践能力得不到应有的培养;部分教师受商品经济的影响,心浮气躁、急功近利,与人类灵魂工程师的形象越来越远。这些问题的存在,使教育问题变得更复杂、更难解。

　　诚然,教育问题是一个十分复杂的社会问题,需要全社会的共同努力才有解决的希望。事实证明,单靠国家的行政命令是很难从根本上解决问题的,它需要全民参与共同努力,尤其有赖于一线的全体教师。教师是落实《发展纲要》的主力军,加强师资队伍的培养与建设是改变教育现状、提高教育质量的关键所在。而被誉为教师摇篮的师范院校的教育教学改革就显得迫在眉睫。

尽管目前对于各级各类师范院校的教育教学改革见仁见智,但我们认为如何突出"师"字的问题仍然是师范院校教育教学改革的首要问题。新形势下的教师不仅要有先进的教学理念、广博的科学文化知识,还应有系统的学科专业知识和比较熟练的职业技能。为此,必须加强师范院校的课程改革力度,特别要确保教育类课程的学习分量。毋庸置疑,课程教学论(学科教学法)是教育类课程的重要组成部分。

在全面落实《发展纲要》的大环境下,衡阳师范学院作为一所具有百年师范传统的地方性师范院校,深刻认识到当前师范教育的某些不足,立足于传承与创新,以"课程教学论"等为突破口,加大课程设置的改革力度,努力实现高等师范教育与基础教育的对接,为培养具有专业化水准的教师队伍而不断探索耕耘。本丛书就是我们探索的阶段性成果。参与每册教材编写的成员都是相关专业的专家、课程教学论专职教师和中学骨干教师,我们期盼这种编写队伍有助于提升高等师范院校为地方基础教育服务的水平和能力,并认为这套丛书的出版有助于提高基础教育师资的培养质量,但最终的效果还要经过教育教学的实践检验,当然也期待着方家的批评指正。

总主编
2011 年 2 月

目　录

绪　　论

自 20 世纪 90 年代以来,基础教育改革在世界各国受到前所未有的重视。同样,世纪之交的中国大地也涌动着基础教育课程改革的热潮。继国务院作出《关于基础教育改革和发展的决定》之后,2001 年 6 月,教育部颁布了《基础教育课程改革纲要(试行)》和义务教育各科课程标准(实验稿),标志着新一轮的课程改革实质性启动。这些重要举措,是我国第八次基础教育课程改革的组成部分,代表了国家对中小学各科教学的要求,成为新世纪初我国中小学课程改革与建设的纲领性文件。

语文课程是基础教育中的一门重要课程。进行语文课程改革,就要学习和研究语文新课标,准确理解和把握语文新课标。为此,我们编写了这本《语文新课程教学论》教材,供师范院校中文教育专业学生和中小学语文教师等学习、参考。

1. "语文新课程教学论"课程的性质、地位和作用

"语文新课程教学论"是师范院校为培养适应新课改需要的各级语文教师而开设的一门重要的专业必修课。就课程性质而言,不同的专家、学者,不同的教材有不同的说法。我们认为它既有理论性,又有应用性。

1.1　理论性

"语文新课程教学论"以语文教学的现象和规律作为研究对象,它要从语文课程的特点出发,在较深的层面上探寻和剖析语文教学诸多方面的问题,并从理论上加以总结。这门课程过去称作"语文教学法"或"语文教材教法"。其中的"法",一方面是指法则、规律,另一方面是指方法、技巧。这就意味着"语文新课程教学论"既要研究语文教学的一些基本理论、基本规律问题,如语文课程的性质、教学目标、教学内容、教学过程等问题,也要研究语文教师、学生为了完成语文教与学的任务而采取的教与学的方法。因此,"语文新课程教学论"应针对语文课程的特点,研究语文教学的现象和规律,用马克思主义和科学的教育理论去加以阐释,并用理论去指导语文教学实践。

"语文新课程教学论"有自己的理论基础,它主要表现在以下四个方面:

"语文新课程教学论"的哲学基础是马克思主义哲学。语文教学必须以马克思主义为指导。

"语文新课程教学论"的基础理论是教育学、心理学以及生理学。语文教学活动属于教育活动的范畴。它所研究的语文教学的现象和规律,属于教育的现象和规律。研究它,需要运用教育学的理论、原则和方法。教育学是语文教学理论研究的一块重要的基石。与此同时,语文教学的研究涉及学生的语文学习心理、教师的语文教学心理,以及学生的年龄生理特征和大脑生理特征等,需要运用心理学、生理学、解剖学乃至脑科学等学科的某些成果。因此,心理学和生理学也是语文教学论的理论支柱。

"语文新课程教学论"的专业理论包括语言学、文学、文章学、逻辑学、美学等理论。有人将此统称为语文学。

"语文新课程教学论"的方法论基础是信息论、系统论、控制论。语文教学是一项系统工程,研究它,就要借助信息论、系统论和控制论的科学方法。

1.2 应用性

"语文新课程教学论"是一门应用性课程。它来源于语文教学实践,反过来又要指导语文教学实践。研究语文教学理论必须投身语文教学实践,从中吸取营养,经受检验,指导教学。语文教学理论既是丰富生动的语文教学的实践结晶,又是可以用来指导语文教学改革的行动指南。所以,在"语文新课程教学论"中,不仅要介绍与语文教学有关的理论,而且还要对语文教学的基本过程、教学方法、教学手段等做必要的介绍和指导。学习"语文新课程教学论"的目的是为了应用,我们在语文教学实践中要自觉应用语文教学的理论和方法。语文教学的理论和方法也只有在语文教学实践中,通过运用才能掌握,才能深入理解。同时,语文的教学理论和方法,会有不断完善、不断深化的过程。有些理论和方法经过实践检验得以肯定,有些则经不住实践检验而被否定。这个过程需要积累大量的实例。用教学理论去指导实践,用教学实践去丰富教学理论,不断形成和提高师范学生的教学能力,是"语文新课程教学论"在应用性上的表现。

"语文新课程教学论"的地位和作用,是由它自身的性质以及语文在基础教育中的地位决定的。语文这门课程在基础教育中占有十分重要的地位,是义务教育中一门重要的基础课程。语文教学要指导学生正确理解和运用祖国的语文,丰富语言的积累,培养语感,发展思维,使他们具有适应实际需要的识字写字能力、阅读能力、写作能力、口语交际能力。要重视提高学生的品德修养和审美情趣,使他们逐步形成良好的个性和健全的人格,促进德、智、体、美的和谐发展。正确认识"语文新课程教学论"的性质,我们要懂得语文教学是一门学问,不懂得一定的教学理论,不掌握语文的教学规律,是不可能教好语文的。语文教学理论是以马克思主义和科学的教育理论为指导,通过总结我国语文教育的成败得失,借鉴国际上先进的教学理论而形成的。语文教学规律需要在正确的理论指导下,从教学实践中去发现,去探索。正确认识"语文新课程教学论"的性质,其次要懂得,教学经验是可贵的。但是,仅有经验,却不能上升为规律性的认识,同样是教不好语文的。同学们在从事语文教学之前,认真学习"语文新课程教学论",就可以少走弯路,就能够事半功倍,更快更好地胜任教学工作。

2. "语文新课程教学论"的内容体系和学习方法

2.1 内容体系

所谓体系,一般是指若干事物或某些意识相互联系而构成的一个整体。语文新课程教学论的研究对象是语文新课程教学的现象和规律。它所要研究的,主要是语文新课程教学活动中教与学的双边活动过程。将语文新课程教学论的研究内容有序地排列组合起来,就可以建构语文新课程教学论课程的体系。因此,语文新课程教学论的体系,是语文新课程教学理论的各种内涵按其内在规律相互联系、相互制约、相辅相成、辩证统一而构成的一个有机整体。本教材采用总分折射型体系。它由语文新课程教学论研究内容构成本课程的结构,体现为总论和分论两大部分。总论主要研究和阐述语文新课程的理念与目标;分论研究和阐述识字写字教学,阅读教学,口语交际教学,写作教学,语文综合性学习的指导,语文教学评价和语文教师专业化。

2.2 学习方法

由于"语文新课程教学论"既具有理论性,又具有应用性,所以,理论联系实际是学好"语文新课程教学论"的主要方法。要运用教育学、心理学、语言学、文学、文字学、文章学等学科的研究成果,来研究语文新课程教学的实际问题,从中认识规律,指导实践。在学习过程中,要注意两点:第一,学习理论,要注意联系实际。我们学习语文教学理论,要联系语文教学实际,研究语文教学经验,从中认识规律,把教学理论真正转化为自己的认识。当自己在理论上有所提高以后,才有可能提高教学中的自觉性。第二,学习理论,要加强教学实践。学习语文新课程教学论,归根结底是要提高从事语文教学的能力。要提高自己的教学能力,唯一的办法,就是要开展教学实践活动,一面学习,一面实践。只要我们坚持运用马克思主义的立场、观点、方法,学习并运用教育学、心理学、语言学、文学、文章学等学科的研究成果,对丰富生动的语文新课程教学实际进行认真的学习和研究,那么我们对语文教学规律就一定会有更深入的认识。掌握并运用这些规律指导语文教学实践,就会提高语文教学能力和教学效率。

【思考与练习】

1. "语文新课程教学论"课程有什么性质?

2. "语文新课程教学论"的内容体系是什么?怎样才能学好这门课程?

第一章 语文新课程的基本理念

在新课程改革中,教育理念成为一个时髦的词语,被人们广泛使用。那么,何为理念? 理念首先是一种观念和思想。所谓教育理念,是指从教育实践中提炼出来的,对教育教学具有指导意义的重要思想、基本观念、理性认识。其次,理念还是一种信念、一种追求、一种精神。语文课程应坚持《全日制义务教育语文课程标准(实验稿)》和《普通高中语文课程标准(实验)》提出的基本理念。

第一节 《全日制义务教育语文课程标准 (实验稿)》提出的基本理念

《全日制义务教育语文课程标准(实验稿)》(以下简称《语文课程标准》)提出的基本理念,可以概括为一个根本点:面向全体学生,为了每一位学生的发展;语文课程性质的二元融合:坚持工具性与人文性的统一;语文课程目标根据"知识和能力"、"过程和方法"、"情感态度和价值观"三个维度设计;四个基本理念:全面提高学生的语文素养,正确把握语文教育的特点,积极倡导自主、合作、探究的学习方式,努力构建开放而有活力的语文课程。

1. 为了每一位学生的发展

面向全体学生,为了每一位学生的发展,是本次基础教育改革的根本出发点。语文课程改革具体体现了这一根本出发点。《语文课程标准》指出:"九年义务教育阶段的语文课程,必须面向全体学生,使学生获得基本的语文素养","语文课程丰富的人文内涵对人们精神领域的影响是深广的,学生对语文材料的反应又往往是多元的。因此,应该重视语文的熏陶作用,注意教学内容的价值取向,同时也应尊重学生在学习过程中的独特体验","语文课程必须根据学生身心发展和语文学习的特点,关注学生的个体差异和不同的学习需求,爱护学生的好奇心、求知欲,充分激发学生的主动意识和进取精神,倡导自主、合作、探究的学习方式","语文课程应该是开放而富有创新活力的,应尽可能满足不同地区、不同学校、不同学生的需求,并能够根据社会的需要不断自我调节、更新发展"。

2. 工具性与人文性的统一

《语文课程标准》指出:"工具性与人文性的统一,是语文课程的基本特点。"对语文课程这一性质,课标研制组专家巢宗祺解释说:"'工具性'着眼于语文课程培养学生语文运用能力的实用功能和课程的实践性特点;'人文性'着眼于语文课程对于学生的思想感情的熏陶感染的文化功能和课程所具有的人文学科的特点。指明语文课程的'工具性'和'人文性',目的在于突出这两方面的功能。我们相信,科学与人文的统一、工具性与人文性的统一,可以成为人们的共识,也反映了社会各界对语文教育的共同期望。'工具性'与'人文性'的提法符合当前课程改革的基本理念,也有利于课程目标的展开和实施。"

3. 目标设计的三个维度

《语文课程标准》系统地提出了"知识和能力"、"过程和方法"、"情感态度和价值观"三个维度的课程目标,并使这三个方面的目标综合地体现在各个阶段的目标之中。这一设计框架,要求我们从"三个维度"去具体把握语文课程与教学目标,包括"总目标"与"阶段目标"。

3.1 凸显"情感态度和价值观"

语文知识、技能中同时包含着情感态度和价值观,而且后者往往更为重要。按三个维度来设计语文课程目标,就是将过去在知识、技能中潜藏的,往往被掩盖了的情感态度和价值观凸显出来。事实上,只有树立了正确的情感态度和价值观,学生才能在知识和能力上获得长足的进步,知识和能力的培养才适得其所。

3.2 关注"过程和方法"

语文学习是一个体验的过程,语文能力往往体现为听、说、读、写的恰当方法。"过程和方法"本来就是语文课程目标的一个侧面,有时可能比偏重于结果的"知识和能力"更为重要。关注"过程和方法",是对重结果轻过程轻方法的反正。

3.3 落实"知识和能力"

凸显"情感态度和价值观"、关注"过程和方法",并不等于轻视乃至放弃"知识和能力"。相反,对前两者的凸显、关注,落脚点仍在"知识和能力";同时,只有具体地落实为"知识和能力","情感态度和价值观"、"过程和方法"才有切实的着落。

4. 四个"基本理念"

4.1　全面提高学生的语文素养

《语文课程标准》指出："语文课程应致力于学生语文素养的形成与发展"，"语文课程必须面向全体学生，使学生获得基本的语文素养"。《语文课程标准》所提出的"语文素养"主要包括：字词句篇的积累，语感，思维品质，语文学习方法和习惯，识字写字、阅读、写作和口语交际的能力，文化品位，审美情趣，知识视野，情感态度，思想观念等内容。

全面提高学生的语文素养，是语文课程的核心理念。它包含了三个方面的意思：

（1）学生的语文素养要全员提高。从应试教育转向素质教育，既合乎时代发展对教育的要求，又体现了小康社会对人才的需求。20 世纪 80 年代联合国教科文组织发表的题为《学会生存》的研究报告认为：作为一个世界公民，要想在"地球村"更好地学习，有效地工作，高质量地生活，人人都必须掌握最基本的"听、说、读、写、算"这五大基本生存本领。属于语文素养范畴的便是听、说、读、写四个方面。义务教育阶段的语文课程标准，是全体学生通过语文课程的教学能够达到的最基本的教育目标。因而在义务教育阶段的语文课程教学中，要面向全体学生，因材施教，提高每一位学生的语文素养，并使之达标。

（2）学生的语文素养要全面提高。义务教育阶段的语文课程标准，是全体学生通过九年义务教育的语文课程和教学能够达到的最基本的教育要求，将使学生的语文素养得以全面提高。它改变过去以学科为本位进行教学的观点，强调以人的发展为根本，既"注重语言基本技能的训练"，又"重视语文的熏陶感染作用"，尤其强调对"祖国语言文字的热爱"及"良好个性和健全人格的培养"。体现了对每一项语文素养的培育与养成的关注，以及对学生方方面面语文素养的形成与发展的促进。

（3）学生语文素养的提高要贯穿教学的全过程。语文教学过程是一个时空持续递进与发展、素养逐渐培养与提高的动态过程。它需要我们建立过程意识，着力于对每一时段、每项素养的培养都予以关注。从时间上说，义务教育的学习时间为九年一贯制，在每一学期、学年和学段中，学生语文素养的提高，都是一个递次累进的过程。从空间上说，每位学生的知能结构、价值体系的建构，都是一个渐趋发展的过程。可见，在这个动态过程中，学生语文素养的提高是一个不断丰富、逐渐完善的过程。

4.2　正确把握语文教育的特点

《语文课程标准》用三段文字对这一理念进行说明和阐释,包含三层意思:

(1) 关注人文精神

语文课程丰富的人文内涵对人们精神领域的影响是深广的,学生对语文材料的反应又往往是多元的。因此,应该重视语文的熏陶感染作用,注意教学内容的价值取向,同时也应尊重学生在学习过程中的独特体验。

基础教育课程与教学改革的基本出发点是:以提高国民素质为宗旨,突出培养学生的创新精神和实践能力,终身学习的愿望和能力,以及对自然和社会的责任感。改变教学过程过于注重传授知识和训练技能的倾向,强调形成积极主动的学习态度,并使获得知识与技能的过程成为学习和形成正确价值观的过程。加强课程与教学的人文—文化教育色彩,是基础教育课程与教学整体改革的一大特色,也是语文教育的一个突出特点。

(2) 加强言语实践

语文是实践性很强的课程,应着重培养学生的语文实践能力,而培养这种能力的主要途径也应是语文实践,不宜刻意追求语文知识的系统和完整。语文又是母语教育课程,学习资源和实践机会无处不在,无时不有。因而,应该让学生更多地直接接触语文材料,在大量的语文实践中掌握运用语文的规律。

加强言语实践活动是语文教育的另一突出特点。

(3) 把握汉语言文字的特点

语文课程还应考虑汉语言文字的特点对识字写字、阅读、写作、口语交际和学生思维发展等方面的影响,在教学中尤其要重视培养良好的语感和整体把握的能力。

把握汉语言文字的特点,要求我们在识字写字教学中,要抓住"方块汉字"、"表意"、"形声"的特点,抓住词语的结构、含义和用法的特点,提高教学的质量和效率;在阅读教学中尤其要重视培养良好的语感和整体把握的能力;在口语交际和写作指导中发挥学生的口语优势,促进书面语的丰富性和个性化表述;在综合性学习的实践中,加强学生汉语和汉字的综合运用能力;在上述语言教育与言语训练指导中,关注并促进学生的思维发展。

4.3　积极倡导自主、合作、探究的学习方式

人类的学习方式主要有三种,一是体验式学习,二是发现学习,三是接受学习。这三种方式在学生的学习中同时存在,互为补充。

《基础教育课程改革纲要(试行)》最先提出了转变学习方式的任务。提倡自主、合作与探究的学习方式,逐步改变以教师为中心、课堂为中心和课本为中心的局面。

自主学习,是指学习主体有明确的学习目标,对学习内容有自觉的意识并积极主动地投入学习的过程。

合作学习,通常是指学生在小组或团队中为了完成共同的任务,有明确的责任分工的互助性学习。

探究学习,是学生自主、独立地发现问题,并通过各种途径寻求问题的答案的学习方式。

如何在语文教学中倡导自主、合作、探究的学习方式呢?

一是鼓励质疑,引导发现,解放学生的头脑和嘴巴,使他们敢想、敢说,用自己的方式解决疑问。二是恰到好处地运用讨论、探究等学习手段。我们的语文课要允许讨论,允许实话实说,甚至允许有争论,有保留意见。三是注重良好学习习惯的培养。任何学习方式,都要有一个习得的过程,要把自主、合作、探究变成学生学习与生活的需要,习惯的培养至关重要。

实施自主、合作、探究的学习方式,关键在于教师转变观念,建立民主、平等、和谐的师生关系,充分发挥师生双方在教学中的主动性和创造性。

4.4 努力建设开放而有活力的语文课程

"开放"与"封闭"相对应。较长时间以来,我国语文课程在体系上存在一些弊端。"千万所学校一个样,千万本教材一个版",课程变得凝固、僵化,缺少弹性。教学中,过于把学生的视野定在教科书和课堂里,使学生的语文学习与丰富的语文生活隔离开来。正是针对这种情况,《语文课程标准》指出:"语文课程应根植于现实,面向世界,面向未来。应拓宽语文学习和运用的领域,注重跨学科的学习和现代化科技手段的运用,使学生在不同内容和方法的相互交叉、渗透和整合中开阔视野,提高学习效率,初步获得现代社会所需要的语文实践能力",并明确提出了"努力建设开放而有活力的语文课程"的基本理念。

开放而有活力的语文课程应具有以下特点:(1)从功能上看,开放的语文课程应尽可能满足不同地区、不同学校、不同学生的需求,并能根据社会的需要不断自我调节、更新发展。(2)在结构方面,开放的语文课程应包括国家课程、地方课程、校本课程等层面。在课程类型方面,应包括语文学科课程和语文综合性课程。(3)从课程目标上来看,开放的语文课程应包括语文知识和语文能力、语文学习态度和情感、语文学习过程和方法等层面,而不应仅仅限于系统的语文知识的传授。(4)从课程存在方式来看,开放的语文课程不限于教科书、教室,不限于校园,而是与家庭、社会生活密切相连。(5)从实施来看,开放的语文课程强调师生与课程文本的互动,强调师生对课程的构建。

第二节 《普通高中语文课程标准(实验稿)》提出的基本理念

《普通高中语文课程标准(实验稿)》提出的基本理念包括两个方面:第一个方面是对《语文课程标准》基本理念的继续坚持。第二个方面是根据高中语文课程的特点,作进一步强调或有新发展的基本理念,即全面提高学生的语文素养,充分发挥语文课程的育人功能;注重语文应用、审美与探究能力的培养,促进学生均衡而有个性地发展;遵循共同基础与多样选择相统一的原则,构建开放、有序的语文课程。

1. 全面提高学生的语文素养,充分发挥语文课程的育人功能

《语文课程标准》提出"全面提高学生的语文素养"以后,《普通高中语文课程标准(实验稿)》对此进行了强调:

高中语文课程应帮助学生获得较为全面的语文素养,在继续发展和不断提高的过程中有效地发挥作用,以适应未来学习、生活和工作的需要。

高中语文课程必需充分发挥自身的优势,弘扬和培育民族精神,使学生受到优秀文化的熏陶,塑造热爱祖国和中华文明、献身人类进步事业的精神品格,形成健康美好的情感和奋发向上的人生态度;应增进课程内容与学生成长的联系,引导学生积极参与实践活动,学习认识自然、认识社会、认识自我、规划人生,实现本课程在促进人的全面发展方面的价值追求。

关于"语文素养",语文课程标准研制组专家巢宗祺等作了进一步的界定:"语文素养,是指学生在语文方面表现出的'比较稳定的、最基本的、适应时代发展要求的学识、能力、技艺和情感态度价值观',具有工具性和人文性统一的丰富内涵。"

鉴于过去语文教育片面追求所谓的"工具性",与《语文课程标准》一样,《普通高中语文课程标准(实验稿)》突出强调了语文课程"人文性"的一面,强调语文课程在育人中的重要作用。

语文课程与人的生命活动、精神活动有着天然的联系。汉语汉字体现了汉民族独特的心理结构和思维方式,积淀着汉民族深厚的历史文化传统和丰富的民族

感情。从根本上说,学习汉语言,就是接受汉民族博大精深的文化的熏陶和感染。在语文课程中学习古今中外的大量范文,就是接触范文中先哲时贤的思想感情;语文教学就是要用他们健康高尚的心灵世界去影响和规范学生的心理结构。

发挥语文课程的育人功能,强调对人、对人的生命价值的尊重,强调对学生健康个性、健全人格的培养。语文教育活动不仅仅是一个纯粹的语言习得过程,更是一个教师与学生双向的、积极的生命运动过程。语言是人自身功能的一部分,语言活动是人生命活动的一种方式,任何一种语言形式背后都跃动着一种生命形式,学生阅读一个个文本的过程,就是以自己的全部生命体验、生命情感和生命意识与文本背后潜藏着的生命对话的过程,就是实现自我生命成长和提升的过程。正因为语文课程蕴藏着这种丰富的生命价值和意义,所以,在语文教学过程中,我们要尊重人、尊重人的生命价值、尊重人的独特体验和感受、尊重人的文化及其多样性,培养健康个性,形成健全人格。

2. 注重语文应用、审美与探究能力的培养,促进学生均衡而有个性地发展

高中语文课程为促进学生均衡而有个性地发展,应从三个方面加强对学生语文能力的培养。

2.1 应用能力

高中语文课程,应注重应用,加强与社会发展、科技进步的联系,加强与其他课程的沟通,以适应现实生活和学生自我发展的需要。要使学生掌握语言交际的规范和基本能力,并通过语文应用养成认真负责、实事求是的科学态度。

2.2 审美能力

审美教育有助于促进人的知、情、意全面发展。文学艺术的鉴赏和创作是重要的审美活动,科学技术的创造发明以及社会生活的许多方面也都贯穿着审美追求。未来社会更崇尚对美的发现、追求和创造。语文具有重要的审美教育功能,高中语文课程更应关注学生情感的发展,让学生受到美的熏陶,培养自觉的审美意识和高尚的审美情趣,培养审美感知和审美创造的能力。

2.3 探究能力

现代社会要求人们思想敏锐,富有探索精神和创新能力,对自然、社会和人生展开更深刻的认识与思考。高中学生身心发展渐趋成熟,已具有一定的阅读表达能力和知识文化积累,促进他们探究能力的发展应成为高中语文课程的主要任务。应在继续提高学生观察、感受、分析、判断能力的同时,重点关注学生思考问题的深度和广度,使学生增强探究意识和兴趣,学习探究的方法,使语文学习的过程成为主动探索未知领域的过程。

另一方面,高中语文课程,尤其是选修系列,要根据学生的基础和发展要求,在培养语文应用、审美与探究能力上有所侧重,促进学生有个性地发展。《普通高中语文课程标准(实验稿)》在"教学建议"中强调,"学生经过义务教育阶段的学习,已具备一定的语文素养,语文学习中的个性倾向渐渐明显,不同学生的学习兴趣和需求的差异逐渐增大。高中语文的教学,要在保证全体学生达到共同的基本目标的前提下,充分关注学生在语文学习中面临的选择,努力满足其学习要求,支持其特长发展和个性发展。学生对于应用性目标、审美性目标、研究性目标可能各有侧重,教师应该指导他们通过适当的选修课实现其目标"。

3. 遵循共同基础与多样选择相统一的原则,构建开放、有序的语文课程

高中语文课程应遵循共同基础与多样选择相统一的原则,精选学习内容,变革学习方式,使全体学生都获得必需的语文素养;同时,必须顾及学生在原有基础、自我发展方向和学习需求等方面的差异,激发学生的兴趣和潜能,增强课程的选择性,为每一个学生创设更好的学习条件和更广阔的成长空间,促进学生特长和个性的发展。

高中语文课程应该具有相对稳定的结构系统,并形成富有弹性的实施机制。学校应在课程标准的指导下,有选择地、创造性地设计和实施课程,帮助教师提高水平、发展特长,开发和利用各方面的课程资源,建立互补互动的资源网络,建设开放、多样、有序的语文课程体系。

使全体学生都获得必要的语文素养,必须为学生构筑共同的、基础的语文课程;为促进学生特长和个性的发展,语文课程又必须具有多样性和可选择性。高中语文新课程的"设计思路"体现了这两个要求,即设计必修课程和选修课程两个部分。必修课程突出课程的基础性和均衡性。学生通过必修课程的学习,获得良好的思想文化修养和较强的运用语言文字的能力,在语文的应用、审美和探究等方面得到比较协调的发展。选修课程体现基础性,致力于让学生有选择地学习,促进学生有个性地发展。

设置必修课程和选修课程,既是对国外母语课程的借鉴,也是对我国语文教育研究和实践的经验总结。在很长一段时期内我国高中语文课程结构都较为单一,基本上是以统一必修课程的形式出现,对每个学生的要求都是明确、统一、固定的。1996年的《语文教学大纲》在课程结构方面进行了探索,把课程分为学科类课程和活动类课程,其中学科类课程由必修课、限定选修课和任意选修课组成,为学生的个性化选择留下了余地。但由于各种因素的影响,这个大纲在实施过程中并没有得到真正落实,课程结构功能也没有得到应有的发挥。《普通高中语文课程标准(实验稿)》遵循共同基础与多样选择相统一的原则,为实现学生的语文素养普遍获得进一步提高和为不同需求的学生提供选择性发展空间的目标,构建了开放而有序的课程结构。必修课由"语文 1"至"语文 5"五个模块组成,可以在高一至高二两个学期半的时间里循序渐进地完成,也可以根据需要灵活安排。选修课设计"诗歌与散文"、"小说与戏剧"、"新闻与传记"、"语言文字应用"、"文化论著研读"五个系列。根据每个系列的目标,可以设计若干个选修模块,每个模块的具体名称、内容组合以及模块与模块之间的顺序编排,可以有选择地设计,既保证了模块设计的灵活性与选择性,又避免了模块设计的随意与混乱。因此,《普通高中语文课程标准(实验稿)》对高中语文课程结构的设计克服了传统课程结构整齐划一的弊端,蕴含了极为鲜明的个性教育理念,体现了世界母语教育课程结构设计的总体趋势。

【思考与练习】

1. 结合新的课程理念,谈谈自己对语文课程的认识。

2. 什么是自主、合作、探究的学习方式?

第二章　语文新课程目标

课程目标是按照国家的教育方针,根据学生的身心发展规律,通过完成规定的教育任务和学科内容,使学生达到的基本要求。它受国家基础教育目的的制约,是总的人才培养目标的具体体现。课程目标是编写教材、组织教学和教学评估的具体依据。语文课程目标,是从语文课程的角度规定人才培养的具体规格和质量要求,是语文教学的出发点和归宿。它指导和制约着语文教学的一切活动。在语文教学过程中,我们既要根据语文课标的要求,又要根据教材的特点,还要根据学生的实际,全面、适度、具体地编制语文教学目标。

第一节　《全日制义务教育语文课程标准(实验稿)》提出的目标

九年义务教育阶段的语文课程目标根据国家的教育方针和基础教育课程改革的要求而确定。《语文课程标准》中确定的课程目标是《基础教育课程改革纲要》中提出的培养目标在语文课程中的具体化。它的目标体系由总目标和阶段目标组成。

1. 总目标

《语文课程标准》中确定的课程总目标有十条:

1. 在语文学习过程中,培养爱国主义感情、社会主义道德品质,逐步形成积极的人生态度和正确的价值观,提高文化品位和审美情趣。

2. 认识中华文化的丰厚博大,吸收民族文化智慧。关心当代文化生活,尊重多样文化,吸取人类优秀文化的营养。

3. 培植热爱祖国语言文字的情感,养成语文学习的自信心和良好习惯,掌握最基本的语文学习方法。

4. 在发展语言能力的同时,发展思维能力,激发想象力和创造潜能。逐步养成实事求是、崇尚真知的科学态度,初步掌握科学的思想方法。

5. 能主动进行探究性学习，在实践中学习、运用语文。

6. 学习汉语拼音。能说普通话。认识 3500 个左右常用汉字。能正确工整地书写汉字，并有一定的速度。

7. 具有独立阅读的能力，注重情感体验，有较丰富的积累，形成良好的语感。学会运用多种阅读方法，能初步理解、鉴赏文学作品，受到高尚情操与趣味的熏陶，发展个性，丰富自己的精神世界。能借助工具书阅读浅易文言文。九年课外阅读总量应在 400 万字以上。

8. 能具体明确、文从字顺地表达自己的意思。能根据日常生活需要，运用常见的表达方式写作。

9. 具有日常口语交际的基本能力，在各种交际活动中，学会倾听、表达与交流，初步学会文明地进行人际沟通和社会交往，发展合作精神。

10. 学会使用常用的语文工具书。初步具备搜集和处理信息的能力。

以上十条总目标是根据语文课程的性质与地位，根据课程改革的新理念，经综合、梳理排列而成。前五条目标从语文素养的宏观方面着眼，侧重在"情感态度和价值观"与"过程和方法"这两个维度上，后五条从具体的语文能力培养方面着眼，侧重"知识和能力"这个维度。语文课程的总目标是基于人的终身需要以及和谐发展所必须具备的基本语文素养而提出的，它体现了语文课程人文性与工具性的统一；突出了学生在语文学习中的主体地位，凸显了时代要求。

2. 阶段目标

《语文课程标准》阶段目标分四个学段，分别从"识字与写字"、"阅读"、"写作"、"口语交际"四个方面提出要求，同时还提出"综合性学习"的要求。四个方面与"综合性学习"构成五个板块。目标体系条块分明而又相互协调，目标内容简洁明确而又富有弹性。具体来说，有以下特点：

2.1 九年一贯，整体设计

这是新中国建立以来颁布的课程标准和教学大纲（简称课纲）中第一次整体考虑并通盘安排小学与初中的教学目标，有利于中小学的衔接。识字与写字、阅读、写作、口语交际和综合性学习的教学目标在每个学段都保持合适的梯度，避免小学、初中脱节的状况。语文新课程阶段目标根据学生心理和语言发展不同阶段的特点和要求安排，每项目标之间保持一定的速度，循序渐进，有些目标梯度不太明显，但大体有序。比如，阅读先于写作，有一定阅读量的积累和阅读的能力做基础，才有可能顺利地写作。所以，写作按第一学段"写话"，第二、三学段"习作"，第四学段"写作"的序列安排,从多读少写到多读多写。有了这样一些策略的考虑,阶段重点就比较清楚。

2.2 五个板块,一致协调

"识字与写字"、"阅读"、"写作"、"口语交际"和"综合性学习"五个板块的设计体现了对综合化的追求,体现了时代感和目标之间的协调性的增强。如"汉语拼音"放在"识字写字"部分,因为两者之间的关系特别密切,也有利于汉语拼音的准确定位;在不同的板块提出搜集处理信息,电脑输入汉字的目标要求,提出阅读、书写、写作的速度要求,并有量化指标等。

2.3 三个维度有机结合

(1) 知识和能力的整合

学习语文知识的目标就是为了运用,也只有在运用知识的过程中才能学会知识,而运用知识也是一种重要能力。五个板块中的许多目标都将知识和能力整合在一起。比如,第二学段"阅读"部分的目标:能复述叙事性作品的大意,初步感受作品中生动的形象和优美的语言,关心作品中人物的命运和喜怒哀乐,与他人交流自己的阅读感受。其中的"感受"、"关心"、"交流",既是学习的过程,也能体现掌握知识的能力。

(2) 过程和方法的意义

课程目标中有一些"过程和方法"方面的目标,但更多的是在"知识和能力"的目标中渗透了"过程和方法"。比如,第二学段"习作"部分的目标:留心周围事物,乐于书面表达;能不拘形式地写下见闻、感受和想象,注意表现自己觉得新奇有趣的或印象最深、最受感动的内容。其意义在于:注重学习主体的实践和体验;注重学习者的学习经历和学习经验;引导学生在学习中掌握学习方法;改变以往只重结果不重过程不重方法的现象。

(3) 情感态度和价值观的强调

传统课程理论的目标体系把知识放在首位,其次是能力,最后是情感态度。而现代课程理论强调突出的是对本课程学习的兴趣、态度、方法、习惯和思维方式的培养,以及课程对于人的方方面面的素养提高与发展的作用。因为情感态度等方面的培养比学习和掌握多少知识更为重要,而且是课程学习最为重要的内容。比如,新课程"口语交际"的有关目标:"能认真听别人讲话,与别人交谈,态度自然大方,有礼貌。有表达的自信心。""在交谈中能就不理解的地方向人请教,就不同的意见与人商讨。""与人交流尊重理解对方,在交际中注意语言美,抵制不文明的语言。"以上内容自然应落实为知识和能力了,但,"有表达的自信心","与人交流尊重理解对方"这些内容的表述显示出课程目标首先强调突出了作为正面的情感态度和价值观的培养。事实上,也只有树立正确的情感态度与价值观,学生才能在知识与能力培养上各得其所。

(4) 三维融合的境界

语文课程标准在知识和能力、过程和方法、情感态度和价值观三个维度的融合上,作出了很大努力。许多目标的确令人耳目一新。如"口语交际"部分许多目标都是三个维度融合在一起:"乐于参与讨论,敢于发表自己的意见;在交际中注意语言美,抵制不文明的语言。"三个维度的融合,旨在使学生能"化语文知识为智慧,化智慧为能力,化能力为德性",体现了工具性与人文性高度统一,体现了语文新课程教学改革的方向,它促使我们日常的语文教育上升到追求真善美的境界。

第二节 《普通高中语文课程标准(实验稿)》提出的目标

《普通高中语文课程标准(实验稿)》提出的语文课程目标,先从"积累·整合"、"感受·鉴赏"、"思考·领悟"、"应用·拓展"、"发现·创新"五个方面进行总的设定,我们可以称之为"总目标",然后按照"必修课程目标"和"选修课程目标"分别提出,我们可以称为分目标。

1. 总目标

1.1 "积累·整合"目标

能围绕所选择的目标加强语文积累,在积累的过程中,注重梳理。根据自己的特点,扬长补短,逐步形成富有个性的语文学习方式。了解学习方法的多样性,掌握学习语文的基本方法,能根据需要,采用适当的方法解决阅读、交流中的问题。通过对语文知识、能力、学习方法和情感、态度、价值观等方面要素的融会整合,切实提高语文素养。

"积累·整合"目标侧重知识和技能。

1.2 "感受·鉴赏"目标

阅读优秀作品,品味语言,感受其思想、艺术魅力,发展想象力和审美力。具有良好的现代汉语语感,努力提高对古诗文语言的感受力。在阅读中,体味大自然和人生的多姿多彩,激发珍爱自然、热爱生活的感情;感受艺术和科学中的美,提升审美境界。通过阅读和鉴赏,深化热爱祖国语文的感情,体会中华文化的博大精深、源远流长,陶冶性情,追求高尚情趣,提高道德修养。

"感受·鉴赏"目标侧重审美。

1.3 "思考·领悟"目标

根据自己的学习目标,选读经典名著和其他优秀读物,与文本展开对话。通过阅读和思考,领悟其丰富内涵,探讨人生价值和时代精神,以利于逐步形成自己的思想、行为准则,树立积极向上的人生理想,增强为民族振兴而努力的使命感和社会责任感。养成独立思考、质疑探究的习惯,发展思维的严密性、深刻性和批判性。乐于进行交流和思想碰撞,在相互切磋中,加深领悟,共同提高。

"思考·领悟"目标侧重探究。

1.4 "应用·拓展"目标

能在生活和其他学习领域中,正确、熟练、有效地运用祖国语言文字。在语文应用中开阔视野,初步认识自己学习语文的潜能和倾向,根据需要和可能,在自己喜爱的领域有所发展。增强文化意识,重视人类文化遗产的传承,尊重和理解多元文化,关注当代文化生活,学习对文化现象的剖析,积极参与先进文化的传播和交流。注重跨领域学习,拓展语文学习的范围,通过广泛的实践,提高语文综合应用能力。

"应用·拓展"目标侧重应用。

1.5 "发现·创新"目标

注意观察语言、文学和中外文化现象,学习从习以为常的事实和过程中发现问题,培养探究意识和发现问题的敏感性。对未知世界始终怀有强烈的兴趣和激情,敢于探异求新,走进新的学习领域,尝试新的方法,追求思维的创新、表达的创新。学习多角度多层次地阅读,对优秀作品能够常读常新,获得新的体验和发现。学习用历史眼光和现代观念审视古代作品的内容和思想倾向,提出自己的看法。在探究活动中,勇于提出自己的见解,尊重他人的成果,不断提高探究能力,逐步养成严谨、求实的学风。

"发现·创新"目标侧重发现。

2. 必修课程目标

必修课程目标主要从"阅读与鉴赏"和"表达与交流"两个方面进行设定。

2.1 "阅读与鉴赏"目标

1. 在阅读与鉴赏活动中,不断充实精神生活,完善自我人格,提升人生境界,逐步加深个人与国家、个人与社会、个人与自然关系的思考和认识。

2. 发展独立阅读的能力。从整体上把握文本内容,理清思路,概括要点,理解文本所表达的思想、观点和感情。善于发现问题、提出问题,对文本能做出自己的分析判断,努力从不同的角度和层面进行阐发、评价和质疑。根据语境揣摩语句含义,运用所学的语文知识,帮助理解结构复杂、含义丰富的语句,体会精彩语句的表现力。

3. 注重个性化的阅读,充分调动自己的生活经验和知识积累,在主动积极的思维和情感活动中,获得独特的感受和体验。学习探究性阅读和创造性阅读,发展想象能力、思辨能力和批判能力。

4. 能阅读论述类、实用类、文学类等多种文本,根据不同的阅读目的,针对不同的阅读材料,灵活运用精读、略读、浏览、速读等阅读方法,提高阅读效率。

5. 能用普通话流畅地朗读,恰当地表达文本的思想感情和自己的阅读感受。

6. 学习鉴赏中外文学作品,具有积极的鉴赏态度,注重审美体验,陶冶性情,涵养心灵。能感受形象,品味语言,领悟作品的丰富内涵,体会其艺术表现力,有自己的情感体验和思考。努力探索作品中蕴含的民族心理和时代精神,了解人类丰富的社会生活和情感世界。

7. 在阅读鉴赏中,了解诗歌、散文、小说、戏剧等文学体裁的基本特征及主要表现手法。了解作品所涉及的有关背景材料,用于分析和理解作品。

8. 学习中国古代优秀作品,体会其中蕴含的中华民族精神,为形成一定的传统文化底蕴奠定基础。学习从历史发展的角度理解古代作品的内容价值,从中吸取民族智慧;用现代观念审视作品,评价其积极意义与历史局限。

9. 阅读浅易文言文,能借助注释和工具书,理解词句含义,读懂文章内容。了解并梳理常见的文言实词、文言虚词、文言句式的意义或用法,注重在阅读实践中举一反三。诵读古代诗词和文言文,背诵一定数量的名篇。

10. 具有广泛的阅读兴趣,努力扩大阅读视野。学会正确、自主地选择阅读材料,读好书,读整本书,丰富自己的精神世界,提高文化品位。课外自读文学名著(五部以上)及其他读物,总量不少于150万字。

11. 注重合作学习,养成相互切磋的习惯。乐于与他人交流自己的阅读鉴赏心得,展示自己的读书成果。

12. 学会灵活使用常用语文工具书,能利用多种媒体收集和处理信息。

"阅读与鉴赏"目标共12条,其根本目的是立人。其中1—5条是从宏观方面对阅读与鉴赏的总体要求,6—8条侧重鉴赏,主要是对文学作品的阅读与鉴赏的要求,第9条专指文言文,10—12条则从其他方面进行要求。

2.2 "表达与交流"目标

1. 学会多角度地观察生活,丰富生活经历和情感体验,对自然、社会和人生有自己的感受和思考。

2. 能考虑不同的目的要求,以负责的态度陈述自己的看法,表达真情实感,培育科学理性精神。

3. 书面表达要观点明确,内容充实,感情真实健康;思路清晰连贯,能围绕中心选取材料,合理安排结构。在表达实践中发展形象思维和逻辑思维,发展创造性思维。

4. 力求有个性、有创意地表达,根据个人特长和兴趣自主写作。在生活和学习中多方面地积累素材,多想多写,做到有感而发。

5. 进一步提高记叙、说明、描写、议论、抒情等基本表达能力,并努力学习综合运用多种表达方式。能调动自己的语言积累,推敲、锤炼语言,表达力求准确、鲜明、生动。

6. 能独立修改自己的文章,结合所学语文知识,多写多改,养成切磋交流的习惯。乐于相互展示和评价写作成果。45分钟能写出600字左右的文章。课外练笔不少于2万字。

7. 增强人际交往能力,在口语交际中树立自信,尊重他人,说话文明,仪态大方,善于倾听,敏捷应对。

8. 注意口语的特点,能根据不同的交际场合和交际目的,恰当地进行表达。借助语调和语气、表情和手势,增强口语交际的效果。

9. 学会演讲,做到观点鲜明,材料充分、生动,有说服力和感染力,力求有个性和风度。在讨论或辩论中积极主动发言,恰当地应对和辩驳。诵读文学作品,能准确把握作品内容,传达作品的思想内涵和感情倾向,具有一定的感染力。

"表达与交流"目标共9条,其中1—2条为总要求,3—6条为书面表达的要求,7—9条为口头表达的要求。

3. 选修课程目标

高中语文选修课程目标按"诗歌与散文"、"小说与戏剧"、"新闻与传记"、"语言文字应用"、"文化论著研读"5个课程系列分别提出。

3.1 诗歌与散文课程系列的目标

1. 培养鉴赏诗歌和散文作品的浓厚兴趣,丰富自己的情感世界,养成健康高尚的审美情趣,提高文学修养。

2. 阅读古今中外优秀的诗歌、散文作品,理解作品的思想内涵,探索作品的丰富底蕴,领悟作品的艺术魅力。用历史眼光和现代观念审视古代诗文的思想内容,并给予恰当的评价。

3. 借助工具书和有关资料,读懂不太艰深的古代诗文,背诵一定数量的古代诗文名篇。学习古代诗词格律基础知识,了解相关的中国古代文化常识,丰富传统文化积累。

4. 学习鉴赏诗歌,散文的基本方法,初步把握中外诗歌、散文各自的艺术特性,注意从不同角度和层面发现作品意蕴,不断获得新的阅读体验。

5. 尝试诗歌、散文的创作,组织文学社团,展示成果,交流体会。

3.2　小说与戏剧课程系列的目标

1. 培养阅读古今中外各类小说、戏剧作品(包括影视剧本)的兴趣,从优秀的小说、戏剧作品中汲取思想、感情和艺术的营养,丰富、深化对历史、社会和人生的认识,提高文学修养。

2. 形成良好的文化心态,学会尊重、理解作品所体现的不同时代、不同民族、不同流派风格的文化,理解作品表现出来的价值判断和审美取向,作出恰当的评价。

3. 学习鉴赏小说、戏剧的基本方法,初步把握中外小说、戏剧各自的艺术特性。注重从不同的角度和层面解读小说、戏剧作品,提高阅读能力和鉴赏水平。学写小说、戏剧评论,力求表达出自己的独特感受和新颖见解。

4. 朗诵小说或表演剧本的精彩片段,品味语言,深入领会作品内涵,体验人物的命运遭遇和内心世界,把握人物的性格特征。

5. 尝试对感兴趣的古今中外小说、戏剧进行比较研究或专题研究。

6. 留心观察社会生活,丰富人生体验,有意识地积累创作素材,尝试创作小说、剧本,相互交流。

3.3　新闻与传记课程系列的目标

1. 培养阅读新闻的习惯,关心国内外大事及社会生活,能准确、迅速地捕捉基本信息,就所涉及的事件和观点做出自己的评判。

2. 阅读新闻、通讯(包括特写、报告文学等)作品,了解其社会功用、体裁特点和构成要素,把握语言特色。

3. 广泛收集资料,根据表达需要和体裁要求,对资料进行核实、筛选、提炼,尝试新闻、通讯的写作。

4. 阅读古今中外的人物传记、回忆录等作品,能把握基本事实,了解传主的人生轨迹,从中获得有益的人生启示,并形成有一定深度的思考和判断。

5. 认识传记作品的基本特征,尝试人物传记的写作。

3.4 语言文字应用课程系列的目标

1. 注意在生活和跨学科的学习中学语文、用语文,在学习和运用的过程中提高语言文字应用能力。

2. 能综合运用在语文与其他学科中获得的知识、能力和方法,读懂与自己学识程度相当的著作,运用多种方式展开交流和讨论。

3. 阅读应用文,能把握主要内容和关键信息。能根据需要,按照有关格式和要求,写作应用文,力求准确、简明、得体。在学写应用文的过程中,培养对事负责、与人合作的精神和严谨细致的作风。

4. 在实践活动中增强口头应用的能力,能根据交际的需要,选择恰当的时机和场合,提出话题,敏捷应对,注意表达效果。参加演讲与辩论,学习主持集会、演出等活动。

5. 练习语言文字运用中的现象和问题,阅读有关著作,尝试用所学的知识和方法作出解释;了解语言文字法规的有关内容,增强规范意识,学会辨析和纠正错误,提高语言文字应用的正确性和有效性。

6. 观察语言文字运用中的新现象,思考语言文字发展中的新问题,努力在语言文字应用过程中有所创新。

7. 拓展运用语言文字交流的途径,学会用现代信息技术辅助交流,如使用计算机进行编辑、版面设计,制作个人网页和演示文稿。

3.5 文化论著研读课程系列的目标

1. 选读古今中外文化论著,拓宽文化视野和思维空间,培养科学精神,提高文化修养。以发展的眼光和开放的心态看待传统文化和外来文化,关注当代文化生活,能通过多种途径,开展文化专题研讨。

2. 借助工具书、图书馆和互联网查找有关资料,了解论著作者情况、相关的文化背景和论著中涉及的主要问题,排除阅读者遇到的障碍。在整体了解论著内容的基础上,选读其中的重点章节,有侧重地进行探究学习,把握论著的主要观点和基本倾向,了解用以支撑观点的关键材料。

3. 学习运用科学的思想方法发现问题、分析问题和解决问题。在阅读过程中注重反思,探究论著中的疑点和难点,敢于提出自己的见解,并乐于和他人交流切磋,共同提高。

4. 关注现实生活和社会发展,对感兴趣的问题进行思考,参考有关论著,学习对当代社会生活中的问题和中外文化现象作出分析和解释,积极参与先进文化的传播和交流,提高自己的思考、交流能力和认识水平。

关注选择性是本次高中课程改革的基本理念之一,旨在满足高中学生对语文学习的不同兴趣爱好和学习需求、生存和发展需要,为培养实践能力,实现有差异的发展和有个性的发展创设空间。选修课程将与必修课程一起共同构筑学生的学力大厦,体现课程的基础性、选择性和多样性的统一,使之更好地实现语文教学的综合效应和整合功能。

【思考与练习】

1. 什么是语文课程目标?《语文课程标准》和《普通高中语文课程标准》分别提出了怎样的目标?

2. 从中小学语文教材中任选一篇课文,按照课标要求编制该课文的教学目标。

第三章　识字写字教学

《语文课程标准》指出:"语文课程应培育学生热爱祖国语文的思想感情,指导学生正确地理解和运用祖国语文,丰富语言的积累,培养语感,发展思维,使他们具有适应实际需要的识字写字能力、阅读能力、写作能力、口语交际能力。"识字写字教学和其他教学内容互相配合、互相促进,共同完成语文教学的任务,达成语文课程的目标。

第一节　识字写字教学概述

识字写字教学是语文教学的重要内容之一。在语文教学中,要重视识字写字教学。

1. 识字写字教学的意义

1.1　提高学生语文素养

语文是学好其他课程的基础,也是全面发展和终身发展的基础。语文素养的核心是听说读写能力,即口头语言和书面语言的能力。儿童在学前阶段,已经掌握了一定数量的口语词汇,具备了一定的口语交际能力,但还不具备运用书面语言进行阅读和写作的能力。识字写字正是儿童运用口头语言过渡到学习书面语言的桥梁。对于小学生来说,达到 3000 字左右的识字量,并牢固地掌握字的音、形、义,就能比较顺利地进行阅读和写作,不但为学生全面提高语文素养创造条件,也为学习其他课程打下坚实的基础。

1.2　发展学生智力能力

汉字是音、形、义的统一体。教学中,教师引导学生读准字音,了解字义,识记字形,在这一过程中,学生要观察、分析、比较,通过联想和想象,建立音、形、义三者之间的联系,有利于学生观察、比较、记忆、分析、联想等智力因素的培养。同时,字词又是与句、段、篇紧密联系着的,识字写字的同时,便扩展了学生的知识面,发展了学生的认知能力。

1.3 培养学生审美情趣

汉字是中华文化的载体,中华民族五千年的灿烂文化主要是通过汉字传承下来的,而且汉字本身就是中华文化的瑰宝。汉字中沉淀和物化了中华民族长期历史发展的经验和智慧。汉字形体优美,结构讲究对称又富有变化,追求严谨又不失灵活,体现着汉民族的独特审美情趣。学生在学习的过程中,可以通过识字、写字来学习汉文化,了解汉文化,在朗读、背诵、听说中对汉语言文字传承文明、陶冶性情的独特功能产生认同感,培养审美情趣,激发热爱祖国语言文字的感情。

2. 识字写字教学基本理念

2.1 遵循儿童心理,激发学习兴趣,培养热爱祖国语言文字的感情

热爱是一种崇高的感情,对祖国语文深沉的爱,是学好祖国语文的基本条件。我们祖国的语言,在世界上独树一帜,是东方文化的杰出代表。识字写字教学应注重培植学生热爱祖国语言文字的思想感情。

识字写字教学要从儿童心理发展的规律出发,通过识字写字激发他们对汉字学习的兴趣,扩大他们的视野,引导他们建立事物、概念与汉字符号之间的联系,发展他们的思维。教学时应充分利用学生的好奇心、新鲜感,灵活处理教材,组织形式多样,激发儿童识字写字的兴趣。

2.2 以学生为主体,培养识字能力,把识字写字的主动权交给儿童

现代汉字教学观认为儿童识字是他们自己生活、学习、成长的需要。自主识字写字能力是学习语文及其他各科重要的基础学习能力。如果儿童从小就借助于自主识字这座"桥",对学习汉字产生浓厚的兴趣并养成主动识字的习惯,进而利用汉字自己阅读、学习各门功课,那么这种兴趣、能力、习惯的迁移,对于儿童今后的发展和成长将产生极其深远的意义。因此,教师在教学中要加强对学生识字能力的培养,帮助学生牢固地掌握识字的工具:汉语拼音、笔画笔顺、偏旁部首、间架结构、查字典等方法,并引导学生积极发现、总结识字的方法,掌握识字的规律,提高自主识字的能力。

2.3 把握汉字特点,遵循学习规律,构建开放而有活力的识字课程

汉字是以象形为本源的文字,形与音的联系不密切,学生学习起来会有一定的难度,但同时,它又是音、形、义三维合一的"图画"文字。如象形、指事、会意字,形、义联系明显,适于联想;形声字形旁、声旁分别具有表义、表音功能。把握汉字的这些特点,可让学生触类旁通,提高学习效率。在识字教学过程中要充分运用实物、

标本、模型、投影、录像、动作演示等直观手段,调动儿童多种感官,联系已有知识经验和生活经验,使学生建立字词与事物之间的联系。同时,汉字一字多义、一词多义的现象极为普遍。所以识字写字不能脱离语言环境,要字不离词,词不离句,将识字与学词、学句、学文结合起来,与听、说、读、写的训练结合起来。

汉字作为一种文化,作为母语的书写符号,自然渗透于自然界和社会生活的方方面面。汉字作为一种学习的工具,也存在于儿童生活和学习的全过程中。教师要有强烈的资源意识,以不断发展变化的生活环境和汉字母语人文特性为出发点,积极引导学生充分利用教科书以外的学习资源、课堂以外的学习渠道,综合运用各种识字方法,自主识字,并经常交流自主识字的成果。可利用语言传播的各种媒体随机识字,或联系生活实践自主识字。

3. 识字写字教学目标

3.1 总目标

根据《语文课程标准》的精神,可以把识字教学总目标的要点归纳如下:

1. 累计认识常用汉字 3000 个,其中 2500 个左右会写。

2. 有较强的独立识字能力和主动识字的愿望和习惯。对学习汉字有浓厚的兴趣。

3. 学会汉语拼音,把汉语拼音作为帮助识字和学习普通话的工具。

4. 能正确、工整地书写汉字,并有一定的速度。能体会汉字的优美。有正确的书写姿势和良好的书写习惯。

3.2 阶段目标

第一学段(1—2 年级)

1. 喜欢学习汉字,有主动识字的愿望。

2. 认识常用汉字 1600—1800 个,其中 800—1000 个会写。

3. 掌握汉字的基本笔画和常用的偏旁部首,能按笔顺规则用硬笔写字,注意间架结构。初步感受汉字的形体美。

4. 养成正确的写字姿势和良好的写字习惯,书写规范、端正、整洁。

5. 学会汉语拼音。能读准声母、韵母和音节。认识大写字母,熟记《汉语拼音字母表》。

6. 能借助汉语拼音认读汉字。能用音序和部首检字法查字典,学习独立识字。

第二学段(3—4年级)

1. 对学习汉字有浓厚的兴趣,养成主动识字的习惯。

2. 累计认识常用汉字 2500 个,其中 2000 个左右会写。

3. 会使用字典、词典,有初步的独立识字能力。

4. 能使用硬笔熟练地书写正楷字,做到规范、端正、整洁。用毛笔临摹正楷字帖。

5. 有条件的地方,可以学习使用键盘输入汉字。

第三学段(5—6年级)

1. 有较强的独立识字能力。累计认识常用汉字 3000 个,其中 2500 个左右会写。

2. 硬笔书写楷书,行款整齐,有一定的速度。

3. 能用毛笔书写楷书,在书写中体会汉字的优美。

第四学段(7—9年级)

1. 能熟练地使用字典、词典独立识字,会用多种检字方法。累计认识常用汉字 3500 个,其中 3000 个左右会写。

2. 在使用硬笔熟练地书写正楷字的基础上,学写规范、通行的行楷字,提高书写的速度。

3. 临摹名家书法,体会书法的审美价值。

3.3 识字写字教学目标的特点

《语文课程标准》中识字教学的目标立足于全新的教育理念,注重提高学生的语文综合素养,与以往的语文教学大纲相比,具有一些突出的特点。

（1）阶段性和连续性统一

《语文课程标准》从基础教育的特点出发,对识字的数量、质量、能力、情感等方面提出了总的要求。同时,考虑到不同学段学生的智力、心理、情感因素的差异,又分别提出阶段目标,每个学段的目标各有侧重,体现出阶段性的特点。各学段目标之间相互联系,步步深入,循序渐进,逐步完成总目标的要求,体现了学段之间的连续性。

（2）目标体系三维一体

识字教学的目标根据知识和能力、过程和方法、情感态度和价值观三个维度设计,以构成一个立体、多元的目标体系。在知识和能力方面,规定了识字量,强调培养学生独立识字的能力,能借助汉语拼音认读汉字,学会查字典等。在过程和方法方面,强调充分利用儿童的生活经验,注重教给学生方法,引导他们逐渐学会用自己喜欢的方法或适合的方法识字,力求识用结合。运用多种形象直观的教学手段,在情境中识字,在生活中识字。教学目标尤其重视学生情感态度和习惯的培养。培养学生热爱祖国语言文字的情感。培养主动识字的兴趣和主动识字的习惯。这样,知识和能力、过程和方法、情感态度和价值观就共同构成了一个血肉丰满的生命体——语文素养,体现了语文课程工具性与人文性的高度统一,也体现了素质教育的内涵。

(3) 认写分开,多认少写

考虑到语文教育和学生身心发展的特点,《语文课程标准》识字教学目标实行认写分开,提出"认识"和"学会"两种要求,多认少写。会认的字,只要求见其形读其音,在课文中认识,在别的地方也认识。要求会写的字,不仅会认、会写,理解意思,还要在口头和书面表达中学习运用。多认少写是指多识字,少写字。多识字,有利于儿童尽快扫除阅读障碍,进入汉字的阅读阶段,为他们打开一个丰富多彩的文本世界。这对学生情感思维的发展和阅读能力的培养,都有重要意义。少写字,是考虑到初入学儿童手指肌肉不发达,少写更有利于他们的正常发育和健康成长。同时也便于教师循序渐进地进行写字指导,给学生打下坚实的写字基础。

(4) 打下扎实而又可持续发展的识字基础

《语文课程标准》强调扎实的识字基础,明确提出识字数量和质量的要求。学生在有了扎实的识字基础之上,还要能持续发展。所以,《语文课程标准》提出了如下要求:一是重视识字方法的掌握,培养识字能力。学生一旦具有了独立识字的能力,识字便能做到无师自通,为自由地阅读和写作创造条件。二是关注学生的情感态度与学习习惯的培养,使学生在识字上有不竭的动力。三是引导学生充分利用教科书以外的学习资源和课堂以外的学习渠道,综合运用多种识字方法自主识字。可以利用语言传播的各种媒体,如书报、影视、广告、商标、网络等,开展自主识字活动,并自觉和同学交流识字成果。

第二节　识字写字教学的内容、过程与方法

识字写字教学的内容包括汉语拼音教学、识字教学和写字教学。在实际教学中,三者是紧密结合的。为方便起见,下面我们分别从这三方面介绍识字写字教学的内容、过程与方法。

1. 汉语拼音教学

1958 年 2 月全国人民代表大会通过决议,正式批准《汉语拼音方案》在全国推行。同年秋季,汉语拼音编入小学语文课本,成为小学语文教学的一项重要内容。汉语拼音不仅是推广普通话、自学字音的工具,而且是帮助查字典、加快识字速度、培养独立识字能力的工具。

1.1　汉语拼音教学的意义

(1) 帮助识字

汉字是表意文字。掌握了汉语拼音,就能借助拼音读出生字的音,纠正读错的字音,还能在阅读注音读物时借助拼音认字。

(2) 帮助学习普通话

我国幅员辽阔,各地语音有很大的不同。方言和普通话的差异主要在语音,所以学习普通话,重点在语音。学生掌握了汉语拼音这个工具,就能利用它来纠正方言土语,做到语音正确,较快、较好地学会普通话。

1.2　汉语拼音的教学内容

(1) 学会 23 个声母,24 个韵母,16 个整体认读音节,能读准音,认清形。

声母: b p m f d t n l g k h j q x zh ch sh r z c s y w

韵母:单韵母　a o e i u ü

　　　复韵母　ai ei ui ao ou iu ie üe er

　　　鼻韵母　an en in un ün(前鼻韵母)

　　　　　　　ang eng ing ong(后鼻韵母)

整体认读音节:zhi chi shi ri zi ci si

　　　　　　　 yi wu yu ye yue yun yin yuan ying

(2) 会认读四声。掌握四声的读法;认清四声的书写形式,懂得声调符号标注的方法。知道轻声音节不标调,会读轻声音节。

(3) 学会拼读方法,准确拼读音节。要求掌握两拼法和三拼法。

(4) 正确抄写声母、韵母和音节。

(5) 认识大写字母、熟记《汉语拼音字母表》。学习用音序查字法查字典。

(6) 能借助汉语拼音识字正音、学习普通话。

1.3　汉语拼音教学的过程

(1) 小学阶段汉语拼音教学的一般过程

小学阶段汉语拼音教学过程一般分三个阶段。

第一阶段：一年级第一学期前半段。集中学习汉语拼音声、韵母及声调和音节拼读。目的是为识字教学打基础。一般说来，首先学 6 个单韵母，认识声调符号和四线格，会读四声，会标声调，会在四线格内按书写规则书写汉语拼音字母。其次学习 23 个声母，并同步学习声母与单韵母组成的音节的拼读（包括两拼法和三拼法）。再次学会 18 个复韵母（含 er）、鼻韵母，同时会拼读音节。在声、韵母的学习过程中学会 16 个整体认读音节。学习用汉语拼音识字，学习说普通话。

第二阶段：一年级第一学期后半段至二年级。认识大写字母，能熟记《汉语拼音字母表》，学习用音序法查字典；巩固汉语拼音，借助汉语拼音识字、正音、阅读汉语拼音的课外读物，学说普通话；会读轻声及儿化韵。

第三阶段：三至六年级。进一步巩固提高汉语拼音；能利用汉语拼音识字、阅读、说话、说普通话；能读懂汉语拼音报刊和带汉语拼音的读物。

（2）一节汉语拼音课的教学过程

一节汉语拼音课的教学过程一般包括以下环节：

① 复习检查

这一环节通常包含两项内容：一，复习巩固以前学过的内容；二，复习与本次新学内容有联系的已学内容，以达到知识迁移、扩展的目的。

② 讲授新课

讲授新课是汉语拼音课教学的主体，要根据具体的教学内容，写出比较详细的教学步骤。

第一，出示新音。根据课文插图提出新学内容，并指导发音。值得注意的是，看图的目的是通过形象具体的图画，把抽象的拼音字母同具体实物联系起来。如学习单韵母"o"，可先让学生看课文中的插图，了解谁在干什么。知道大公鸡"喔喔叫"，让学生发好"o"的音，然后老师板书"o"，出示字母形状，让学生将音与字母的形联系起来。

第二，指导学习声调。学习声调是汉语拼音教学中的重要内容，无论是教单韵母还是复韵母时，都要指导学生读熟带调的韵母，为拼音打下基础。学习声调要先认识调号，然后指导正确说出声调。阳平、上声不容易读准，要加强指导。

第三，指导学习拼音。这一环节是学习新内容的主要环节，教学时要选用恰当的教学方法，利用教材编排加强知识的内在联系，讲清要领，指导学生根据韵母的具体情况反复拼读。要强调声母读得轻短，韵母读得响亮，声韵快速拼合。

第四，指导书写字母。先认识四线三格，弄清字母占哪几格，并掌握字母笔顺名称及书写顺序,把字母写工整,写正确。抄写音节时,先写声母、韵母,后写声调。

③ 复习巩固

这是学好汉语拼音的重要环节。复习巩固要紧扣教学目标、重点、难点和学生实际,采用多种多样的游戏进行,充分调动每个学生的积极性。

④ 课堂小结

这是一节课的尾声。教师应简要小结本节课的学习内容、学习情况,并可适当提出课外口头练习的要求。通过小结使学生进一步掌握学习重点,明确学习方法,拓展学习内容,激发学习兴趣。

1.4 汉语拼音教学的方法

(1) 教拼音字母的方法

汉语拼音字母教学的方法较多,常用的有以下几种:

① 示范、观察和模仿法。拼音教学是口耳之学。教师教字母发音,要为学生作出典型示范发音。儿童通过耳听、眼看,观察教师发音时的口形、舌位,听清字母的发音,然后模仿教师发音的口形、舌位,感受发音特点,练习发音。

② 引导法。引导法是利用儿童已掌握的声母、韵母或音节的发音,帮助学习难发音的声母、韵母或声调。如教学 eng 的发音,可让学生先复习 ang 的发音,接着说说 ang 的发音特点,再来学习 eng 这个难发的后鼻音,就比较容易些。

③ 比较法。即把两个或几个发音或字形相似的声母、韵母放在一起,比较其异同。采用比较法,有助于儿童掌握和记忆音相近、形相似的字母各自的特点。

④ 演示法。指教师运用手势、教具作必要的演示,表示发音部位的动作或发音特点。如:教平舌音和翘舌音时,可以辅以手势,前者手掌向前平伸,后者四指向内卷曲。

⑤ 夸张法。教师教学声母、韵母的发音或声调时,为了强调发音特点,可以对发音作适当夸张,以帮助学生体会其特点。

⑥ 歌诀法。儿童学习拼音,往往会感到枯燥乏味。生动形象的儿歌、顺口溜能激发兴趣,调动学习拼音的积极性,帮助学生快速记忆拼音字母,理解、巩固拼音知识。如"两门 m,一门 n,n 字伸头就念 h",拼写省略规则口诀"小 ü 小 ü 有礼貌,见了 j、q、x、y 就脱帽",标调口诀"ɑ o e i u ü,标调时按顺序,i 上标调点去掉,i u 并排标后边"等。

(2) 教拼音的方法

拼音就是按照普通话的语音规律,把声母和韵母拼合在一起,使之成为一个音节。一般可采用以下几种方法：

① 两拼法。即声母和韵母直接相拼。两拼法的要领是"前音轻短后音重，两音相连猛一碰"，教学要尽量利用插图，帮助学生掌握。

② 三拼法。即声母、介母、韵母快速连读的方法，又叫"三拼连读法"。要求学生掌握"声轻介快韵母响，三音连读很顺当"的拼读要领，要强调连读时把三部分由慢到快读成一个音节，气流不中断。

2. 识字教学

2.1 识字教学的过程

（1）小学阶段识字教学的过程

根据《语文课程标准》规定的不同学段识字的不同要求，小学阶段识字教学的过程，要注意体现识字的阶段性和连续性。

第一学段的识字教学，一般从认识独体字开始，教给学生有关汉字的笔画、笔顺规则、偏旁部首、间架结构的基本知识和书写汉字的方法；进而学习合体字；开始学习音序查字法和部首查字法查字典。这一阶段识字教学过程中的每一项训练，都要扎扎实实地进行。要注意教给识字方法，养成正确的写字姿势和良好的写字习惯，书写要规范、端正、整洁，为培养学生的识字能力打下良好的基础。

第二学段的识字教学，要让学生能比较熟练地运用两种查字典的方法预习生字新词，继续掌握一定数量的生字；指导学生运用掌握的学习方法，准确地理解词义并练习运用，培养初步的独立识字能力。在这一阶段的教学过程中，教师要注意纠正学生的错别字，加强联系上下文理解词义的训练，进一步培养学生的识字能力。

第三学段的识字教学，要在前两个学段识字的基础上，指导学生运用已有的识字能力自学生字，在运用中提高独立识字能力。在这一阶段的教学过程中，教师要加强识字效果的检查，并指导学生把识字能力迁移到读、写训练中去，促进读、写能力的提高。

（2）一节识字课教学的一般过程

小学语文教材中的识字形式是多种多样的。不同形式的识字教学，其识字过程往往有所不同。从总体上看，一节识字课教学的一般过程是"提出生字——学习生字——复习巩固——运用生字"。

① 提出生字

提出生字要结合具体的语言环境和儿童的生活经验，形式应灵活多样。一般要根据课文中生字数量、难易程度以及学生的接受能力来确定:有的课文音同或形近的生字较多,就可以采用集中出示的方法来教学,以比较生字读音、字形或字义上的异同,帮助学生牢固掌握;有的课文生字的意义与课文插图内容有密切联系,就可以采用看图分散出示的方法,使学生通过图画的具体形象来理解词义,增强对生字音、形、义的记忆;有的课文生字很多,而且有一部分生字的意义难以理解,就可以采取集中一部分、分散一部分出示的方法教学。

② 学习生字

教学生学习生字必须把字的音、形、义紧密结合。但应根据学段和生字本身的特点有所侧重。第一学段一般应突出字形的教学,因这一阶段所学多为学生日常生活中接触较多的字词,学生已掌握音、义,但不认识字形。随着年级的升高,需要掌握的字词不断增加,字义抽象难懂的也不断增加,就应突出字义的教学。此外,对每个字还要具体分析。有的字音和学生口语有差别或学生不容易读准,就要加强字音指导;有的字义较抽象,离学生生活较远,就应侧重字义的教学;有的字形繁难,或容易混淆,就应突出字形的指导。

③ 复习巩固

学得快,忘得也快,这是小学生的识记特点。要牢固地掌握生字新词,必须做好复习巩固工作。复习巩固形式应多样,要避免机械重复的读卡片、抄写、默写。要从汉字的特点出发,加强对字的分析综合、比较辨析,加深对汉字的音、形、义的整体认识。要尽量结合具体的语言环境,联系听、说、读、写,并充分调动多种器官参与,让学生眼看、脑想、手写、口诵,这样才能收到实效。

④ 运用生字

识字的主要目的是为了提高学生的听、说、读、写能力。识字的质量如何,不是看学生会认多少字,会写多少字,而要看学生能否把学过的字词用于阅读、口语交际和写作之中。所以教师一定要在指导学生阅读、背诵、复述、回答问题、写话、习作中,在课外阅读中,反复运用学过的字词,这样,才能巩固识字的成果,真正达到识字的目的。

2.2 识字教学的方法

汉字是由音、形、义三要素构成的,因此,识字教学包括字音教学、字形教学、字义教学三个方面。下面我们就从字音教学、字义教学、字形教学三个方面介绍识字教学的方法。

(1) 字音教学

字音教学是识字教学的基础。为了让学生读准字音,可以从以下方面着手:

① 借助拼音学字音

汉语拼音是帮助学生学习汉字的有效工具。学生在入学后第一学期就会学习汉语拼音。在识字教学中,教师应指导学生借助汉语拼音学习生字的读音,可先把生字和拼音都出示出来,让学生联系拼音和汉字进行认读;然后去掉拼音,让学生看字形读字音,以帮助学生建立音、形之间稳固的联系。学习了查字典的方法后,要逐步培养学生利用字典自学字音的能力,并养成在课内外阅读中查字典学字音的好习惯。

要注意指导学生正音,特别是要纠正方言。有些字,学生已能在口语中运用了,但由于方言的影响,可能读音不准确。因此,一定要用汉语拼音正音。教师要了解所在地区的方言与普通话的异同,探讨教学规律;摸清在要学习的生字中,哪些字发音难,哪些字读不准,哪些字音容易混淆,然后有针对性地进行指导。

② 形声字——声旁助记

形声字在现代汉字中占 80％以上。可利用形声字声旁表音的特点,帮助学生读字音。如"胡"可以助记"湖、糊、蝴、葫"等字。这样,可以以一个字带学多个字。还可以教给学生口诀:"形声字,好识记,声旁表字音,形旁表字义。"

当然,也要提醒学生:由于语音的不断变化,现在有很多形声字已经不能仅凭声旁来确定它的读音了。这种情况可引导学生进行声旁与形声字字音的比较,弄清哪儿不同;特别是一些声韵调都不同的字,要指导反复记忆,避免学生读半边。

③ 多音字——据词定音

汉字中有许多多音字,它们会由于所处的语言环境不同,读音和意义也不同。如"漂",当它组成"漂亮"一词时,读 piào,当它组成"漂浮"时读 piāo。因此,教学多音字,要把它们放到具体的语言环境中,据词按义定音。甚至我们还可把多音字编入句子中,如:"河面上漂着一个漂亮的皮球","花丛里只有一只蝴蝶"。

④ 音近字——比较辨析

音近字,有的是形近字,如精、晴、清;有的字形完全不同,如身、声。教学时,要注意让学生找出它们在字音上的差别,结合分析字形、字义,并放到词语中多读多练。

(2) 字义教学

在现代汉语中,字与词是两个概念,有时一个字表示一个词,有时一个字只是一个构词的语素。前者的字义,实际上是汉语中单音节词的词义;后者的字义,实际上是汉语双音节词或多音节词中词素的意义。这后一种情况,单独去讲字义,对小学生来说是不容易领会的,唯一的办法是联词释义,即所谓的"字不离词"。这样,字义的教学实际上已自然地过渡到词义的教学。这一点,我们一定要好好地领会与理解。

字义教学是识字教学的核心,其教学方法很多,基本要求是根据字词的不同情况,采取不同的教学方法。常用的方法有:

① 直观法

直观法就是运用实物、标本、模型、图片、幻灯、录像或动作、表情、形象化的语言帮助学生理解字义。教师在字义教学中,应把抽象的文字符号代表的意义,用直观演示法形象生动地展示出来,以便于学生记忆。表示具体事物的名词、数量词等,可借助图片、实物或标本、模型、投影等来解释,如:舟、袖、珊瑚。动词、形容词等,可借助手势、动作、表情来演示,如:托、眺、仰、大摇大摆、愁眉苦脸。直观法的运用,要从儿童的认识水平与生活经验出发,常见的,就没必要画图或拿实物到课堂中。

② 联系法

联系法就是引导学生联系生活实际或联系上下文理解字(词)义。

联系生活:如"轮流"一词可联系学生平时轮流回答问题,轮流做值日等,体会它是"按次序一个接一个"的意思;"庄严"一词可联系升旗仪式时端庄肃穆的情景,体会词的含义。

联系上下文也是理解字(词)义的一种重要方法。如学习《翠鸟》一课中的"鲜艳"这个词,可先让学生读一读描写翠鸟羽毛颜色的句子,知道翠鸟头上的羽毛是橄榄色,还有翠绿色的,背上的羽毛是浅绿色,腹部的羽毛是赤褐色,学生把这几个句子连起来读一读,想一想,就能体会到翠鸟羽毛的颜色既鲜亮又美丽,对"鲜艳"一词也就理解了。

③ 选择法

选择法就是让学生查字典并联系上下文,选择正确的义项,从而理解字(词)义。如"疾飞"一词中的"疾"字,字典里有四种解释:病;恨;快;疼痛。联系课文中的"翠鸟蹬开苇秆,像箭一样疾飞过去,叼起小鱼,贴着水面往远处飞走了"一句,便知道,"疾"是"快"的意思,"疾飞"就是"快飞"。

④ 比较法

比较法就是让学生利用熟悉的同义词、反义词帮助理解字词的意思。

同义比较。用学生熟悉的意义相同或相近的字词来解释。如:刚强—(性格、意志)坚强;立即—马上、立刻。

反义比较。可举出意义相反的字词进行比较,能加深印象,如秘密—公开;模糊—清楚、清晰。

⑤ 运用法

运用法就是让学生用组词造句的方法,在实际运用中理解字(词)义。这种方法尤其适用于既无法用动作演示,又无法用语言或其他的方法解释清楚的字词,特别是一些虚词。如:也、把、可爱、因为……所以……、不但……而且……

⑥ 构字法

构字法就是利用汉字的构字规律,通过分析字形来理解字义。教学象形字时,可以抓住某些象形字还保留通过事物形象表示意义的特点,用图画和分析字形的方法讲解字。如"伞",可启发学生说"人字头像伞布,下面的点、撇和一横像伞骨架,中间一竖像伞把"。教会意字"笔"时,先让学生观察一支毛笔,让学生知道笔杆是竹子做的,笔头是毛做的,竹字头下面放个"毛"字,就是"笔"字;再启发学生说说平时用的还有哪些笔。这样从具体到抽象,从个别到一般,学生既掌握了"笔"的涵义,又可牢记它的字形。教形声字,可以利用形旁表义的特点,帮助学生理解字义。

总之,字(词)义教学要联系学生已有的知识经验和具体的语言环境,坚持直观性原则,选择恰当的教学方法,激发学生学习兴趣,使学生领会字(词)的含义和用法。

(3) 字形教学

汉字数量多且形体各不相同。可以说,字形是识字教学的难点。

① 笔画分析法

笔画分析法就是用数笔画的方法来识记字形。这种方法适用于独体字的教学,可让学生按字的笔顺说出笔画名称。常采用书空的形式进行。书空可集中学生的注意力,眼、脑、口、手并用,帮助学生准确地掌握字形。

② 部件分析法

部件分析法即通过分析汉字的各个部件来识记字形。这种方法适用于合体字的教学。一般可让学生先说出字的间架结构,再顺次说出各部件的名称。运用部件分析法识记字形能够化繁为简,化难为易,起到简化识字的心理过程,加快识字速度的作用。在教学中要尽量让学生自己分析,特别是让学生自己找出易错之处。

③ 造字分析法

造字分析法就是利用汉字的造字特点来识记字形。如象形字"日、月、水、火"等,教学时引导学生结合看图,并对照字形,知道这几个字是怎么来的,从而认清字形,理解字义;再如"看、尘、尖、众"等字,可以运用会意字的造字特点来分析,即"以手遮目为看,小土为尘,三人为众",这样既认清了字形,又理解了字义。形声字可引导学生分析形旁、声旁,从而以形探义,以义辨形。

④ 形近字比较法

形近字比较法即引导学生通过对形近字字形差异的比较来识记字形。在比较时要注意把每个字的不同点和这个字的整体结合起来,着重比较差别细微的部分,并用红笔标出,这样有利于提高学生精细辨认和识记字形的能力。

⑤ 口诀字谜法

口诀字谜法就是利用编口诀、猜字谜帮助识记字形。口诀字谜可依据字形进行分析性编写、形象联想编写,也可依据字形涉及字义编写,还可依据形声字的特点进行归类性编写,如口诀"有水方说清,有目是眼睛,有心情意浓"(青),字谜"一口咬掉牛尾巴"(告)等。口诀字谜,琅琅上口,寓教于乐,易学易记,学生印象深刻,既能展现语文课的趣味性,活跃课堂气氛,又能提高学习效果。要注意的是,编口诀与字谜要简短、准确,要结合字形,把握特点,防止毫无根据地胡编乱造,只图趣味性,不讲究科学性。

以上我们从汉字的音、形、义三个方面分别讲述了一些教学的基本方法。这些方法都是根据汉字的特点和学生的特点来确定的。在实际教学中,这三者当然是密不可分的。具体到某个字的教学时,又应根据情况确定音、形、义哪方面是重点,不要平均使用力量。

3. 写字教学

写字既是一项重要的语文基本功,又是一个人文化素养的体现。写字对小学生来说尤为重要。写字可以巩固识字;字写得正确、端正、行款整齐,有一定的速度,就能更好地完成各科作业,也为将来的学习、工作打下基础。同时,书法是我国的传统艺术,练习书写的过程,是体会汉字文化、接受民族文化、受到美的感染的过程,有利于培养学生热爱汉字的情感、良好的学习习惯、认真负责的态度、高尚的审美情趣。因此,应在各个学段重视写字教学。

3.1 写字教学的内容

小学各学段的写字教学内容如下：

学段	写字数量	写字形式	具 体 内 容
一	800—1000	铅笔	按笔顺规则写，注意间架结构、写字姿势、写字习惯，书写规范、端正、整洁，感受字的形体美。
二	2000	钢笔、毛笔	硬笔熟练书写正楷字，书写规范、端正、整洁，毛笔临摹正楷字帖。
三	2500	钢笔、毛笔	硬笔书写楷书，行款整齐，有一定速度；毛笔书写楷书，体会汉字的优美。

3.2 写字教学的过程

写字教学过程包括整个小学阶段写字教学的过程和一节写字课的教学过程。

(1) 整个小学阶段写字教学的一般过程

写字教学应该循序渐进，不断提高要求，逐步提高学生的写字能力。根据小学生生理和心理特点，指导学生写字，应先用硬笔练习写字，后用软笔练习写字。从写硬笔字来说，一、二年级使用铅笔写字，从三年级起开始用钢笔写字。从写软笔字来说，三年级上学期练习用毛笔描红，下学期练习仿影，逐渐过渡到临帖。

(2) 一节写字课的教学过程

书写是一项动作技能，动作技能的形成不外乎如下几个方面：一是习得支配肌肉动作的规则，二是进行练习，三是在过程中获得反馈。一节写字课教学的一般过程有"指导——示范——练习——批改——讲评"五个步骤。

① 指导：这是提高写字质量的关键。指导要突出重点和难点，开始时要引导学生看清字形，对字进行整体感知，逐字逐笔掌握要点；注意讲清笔顺和要领，引导学生说出结构形式和各种结构搭配时的比例；重点笔画要引导学生观察笔画的形态特点。如书写"义"字时引导学生看清字形，对字进行整体感知：这个字笔画少，点写在竖中线上，撇、捺在田字格的中心点上交叉，下端基本平齐。教师还应指导学生运笔，掌握正确的运笔方法。

② 示范：教师的示范十分重要，能起到潜移默化的作用。要让学生看清每一笔画的起笔、行笔、收笔以及运笔时的提、按、快、慢。对相似的笔画和字形，要在示范中进行比较，指出可能出现的不正确的写法。

示范和指导要结合起来进行，边示范边指导，形象直观，才能收到更好的效果。

③ 练写：在练写之前，可让学生先看着黑板上的示范字进行书空练习，作为练写的过渡。练习写铅笔字和初学钢笔字时应运用田字格。教师要加强巡视和个别辅导，对书写好的给予表扬和鼓励，对书写不正确的要及时纠正。

④ 批改：教师要认真批改学生的写字作业。对写得好的字可用红笔圈出，特别好的可画双圈，以此鼓励学生认真写字；对于不认真写的或写错的，教师要用笔标出，让其改正。

⑤ 讲评：这是提高学生书写水平的重要一环。根据批改的情况组织学生对作业进行分析、评议，通过相互交流肯定成绩，纠正偏差；也可以启发学生自己讲评，逐步提高学生的观察能力和鉴别能力。

批改与讲评可结合进行。在一节写字课上，教师可当堂批改一部分学生的作业，然后讲评。也可以课后进行批改，在下一次写字课上，先讲评，再指导、示范、练习新的写字内容。

3.3 写字教学的方法

（1）铅笔字的教学

铅笔字是学生正式接受写字教育的开始，要进行细致、科学的指导。

① 教给正确的写字姿势。从入学教育开始，就要结合课本中写字姿势图，边示范边指导，教给学生正确的写字姿势（包括坐的姿势和执笔方法）。坐的姿势：身子坐端正，两肩放平，头部稍向前倾；要坐在椅子中间，胸部离课桌约一拳，两脚平放在地上；本子要放正，眼睛和书本保持约一尺左右的距离；两臂平放在桌子上，左手按纸，右手握笔。握笔的方法：用右手拇指、食指握住笔杆下端，距离笔尖约二三厘米，同时用中指在内侧面抵住笔杆，无名指和小指支住中指。笔杆向右斜靠在"虎口"上，与纸面约成 45°角左右。执笔要做到"指实，掌虚"，即手指握笔要实，掌心要空。教师要讲明正确姿势对写字、对学习、对身体的好处。正确的写字姿势靠长期养成，教师要经常检查纠正。

② 教给正确的运笔方法。铅笔字的笔画平直，变化不大，因此在书写时运笔方法比较简单。一般在起笔、转折、提、钩时稍重、稍慢；在运笔过程中用力均匀，速度适当；在写撇、提、钩时的收笔和写其他尖状笔画时，要稍轻、稍快。可用下面的口诀帮助学生记忆："横要平，竖要直，提、撇要尖，捺有脚，折有角就得顿，小小点要写好，落笔轻轻收笔重。"

③ 教会使用田字格。低年级学生空间知觉能力差，初学写字时，不知道从哪里下笔，写出来的字不是东倒西歪，就是顶天立地。采用田字格写铅笔字，可以逐

步提高学生知觉的精确度,帮助他们掌握好笔画的位置和字的间架结构。写字时要让学生熟悉田字格各组成部分的名称。要指导学生学会观察每一笔在田字格里的位置,是由哪里起笔,在哪里收笔,并严格按照田字格里的范字来书写。开始时,可让学生看一笔写一笔,再到看一个部件写一个部件,最后到看一个字写一个字。学生有了一定写字能力后,再练习在方格中书写,把字写端正。

④ 指导掌握汉字的笔顺规则和间架结构。学会和掌握笔顺规则,可以把字写得规范,使笔画之间搭配合理,有利于提高书写速度。学生初学写字时,可以先书空,掌握了正确的笔顺后再练习写字。遇到笔顺容易写错的字,教师必须加以指导。此外,还应指导学生观察田字格中每个字的结构和每个部件所占位置的大小。对结构特殊或笔画特别多或特别少的字,要重点分析、讲解。如"移"字,让学生观察:这是个左右结构的字,左右部分基本相等;右半部分"多"不容易写好,"多"是上下结构,上小下大,注意上下两部分右侧应在一条直线上。

(2) 钢笔字的教学

一般来说,学生从三年级起开始练写钢笔字。钢笔字的教学要在铅笔字的基础上进行。

① 教给执笔方法。学生开始练写钢笔字时,教师可简单地介绍钢笔的构造和笔尖的性能,让学生了解钢笔的特点;要教给学生正确的执笔方法:笔杆向右后方倾斜,紧贴在虎口上,右手的拇指在笔杆的左侧,比食指稍靠后些,食指在前偏右,中指在食指下面,用第一个关节托住笔杆。指导掌握笔尖的方向,不能侧着写或背着写,也不能像铅笔那样一边写一边转动笔杆;引导学生明白钢笔字写错不易擦掉,养成写字之前想字形、笔画、结构,不写错字的习惯。

② 教会用笔方法。让学生了解钢笔字的运笔主要靠手指和手腕的力量,运笔的方法有顿、按、起、收。如写竖时先将笔尖向下顿按,再行笔向下。写横时也要向右下顿按,再行笔向右,收笔时向右下稍顿,然后提起。书写时,一般情况下,写横竖长画时,下笔、收笔都应稍用力按,中间引笔要轻轻地提,稳稳地走。短画下笔多轻,收笔略重按。尾部呈尖状的笔画下笔重,收笔轻。运笔的节奏要有快慢。

③ 逐步训练学生书写行款整齐并有一定的速度。在学生写字逐步熟练的基础上,教师除了继续要求学生写字笔画认真、笔顺正确、间架结构合乎要求外,还要做到字的大小均匀,行款整齐,布局合理,使整页纸的字写得匀称、自然、美观。并适时提出书写速度并进行训练。

④ 严格要求,严格训练。中、高年级学生写字较多,容易出现写字潦草、马虎

的现象。教师要教育学生严格要求自己,想清楚再写。写错了可在错字上画一个圈,重新写一个。钢笔不用时,要套好笔帽,避免笔尖受损。这样让学生养成认真写字和一丝不苟的好习惯。

(3) 毛笔字的教学

中国书法艺术源远流长,影响深远,是中华民族优秀传统文化艺术中一颗璀璨的明珠。为了使少年儿童从小热爱书法艺术,把汉字写得正确、端正、美观、熟练,《语文课程标准》要求学生在 5—6 年级"能用毛笔字写楷书,在书写中体会汉字的优美"。

毛笔是软笔,从握笔到书写都不同于硬笔,不容易掌握。教学生写毛笔字,主要是教给他们写毛笔字的基础知识和技能。小学阶段着重练习写楷书。

① 教给正确的写字姿势。写毛笔字的姿势分为坐写和站写两种。小学生主要练习坐写。坐写要求"头正、身直、臂开、足安",即写字时端坐桌前,胸口离课桌约一拳,两脚踏实,自然分开与肩同宽。身子直,肩要平,头略微向前倾斜,眼看着笔的下端。两臂自然撑开,左手按纸,右手执笔。

② 指导正确执笔、运笔。毛笔执笔方法最通用的是"五指执笔法"。即"按":大拇指斜而仰地紧贴笔管的内侧,力向外。"压":食指尖紧贴笔管的外侧,力从外向内,与大拇指相对地捏住笔管。"钩":中指的第一节弯曲地钩住笔管的外侧,力从外向内,作用与食指相同,但力量比食指强。执笔的力量以大拇指、食指、中指这三指为主。"顶":无名指的指甲根部顶住笔管的内侧,力由内向外推。"抵":小指抵住无名指,起辅助作用,以增强无名指向外的推力。执笔时要做到"指实掌虚,掌竖腕平,指腕灵活",这样,五个指头就把笔管牢牢地控制在手里,五指的力量集中到笔上,笔自然就坚实稳固。值得注意的是,写毛笔字,握笔不能太低。写小字时,大约离笔头一寸;写中楷时要握得高一些;写大楷时约离两寸,有时还要高一些,要由所写字的大小来决定。

运笔是以手执笔,运用腕关节的力量来写字。毛笔字的运笔分为起笔、运笔(行笔)、收笔。

起笔:做到"逆锋起笔",即起笔时要"欲左先右,欲右先左;欲上先下,欲下先上",做到起笔藏锋。

运笔:做到"中锋运笔",即笔画运行时,笔锋要沿着笔画的中线移动,使笔毛向笔画的两边均匀铺开,从而使墨汁能均匀渗透到纸上,笔画才会显得丰满、结实。

收笔:做到"回锋收笔",即写横和竖到尽头要收笔时,将笔略微提起,使笔锋回转。

③ 循序渐进,科学训练,提高学生写毛笔字的能力。

毛笔字的教学要通过指导学生"摹"和"临",按照描红、仿影、临帖的顺序,加强书写指导,循序渐进地提高学生书写毛笔字的技能。描红是直接在印好的红色范字上,按字的笔画和结构描写。仿影是用半透明的纸蒙在范字上,按照在纸上显现出的字迹来写。临帖是以范字或书法名家的碑帖作为范本,让学生照着写。

描红仿影阶段要指导学生按书写笔顺一笔一画地摹写,下笔要准确,一笔写成,每一笔画的墨水恰好把模子的红色盖住;仿影阶段要求学生按笔画的精细、长短、曲直的形状,一笔一笔地摹写,不能写写描描,填填补补,边摹边体会用笔方法,了解范字的笔画特征;摹临结合阶段练习有摹有临,边摹边临;临帖阶段要指导学生在临帖时潜心揣摩笔画形态,学习和掌握笔法与字法,心摹手追,达到习字的目的。学生在临帖时,还要引导他们多观察,多比较,多领悟。

要教给学生一些识记字形结构的方法。如观外形,看字的图形长、扁、方、大、小等;分疏密,"疏者丰之,密者匀之";量比例,用眼量一量每部分各占多大比例;看变化,观察笔画和字形的变化如何体现字形美;想迫让,认识各部分的关系,如俯仰、避让、相背等结字现象;此外还有找主笔,稳重心,记规矩,定空间等。教师要通过分析范字引导学生感悟总结出来,不能抽象地讲解灌输,并通过长期的书写训练和学生的实践体验达到熟练。

需要特别提出的是,激发和培养学生的写字兴趣十分重要。学生有兴趣才能认真练字,自觉练字;没有兴趣,就容易写得潦潦草草,敷衍了事。因此,教师应运用各种方式方法激发学生的写字兴趣。如,向学生介绍我国书法家勤学苦练的故事;举办作业展览、书法展览,使同学之间互相观摩;有条件的还可以指导学生欣赏书法艺术。

【思考与练习】

1. 简要说说识字写字教学的意义与目标。

2. 任选一个汉语拼音声母或韵母,按照汉语拼音教学的一般过程,设计一个教学片段。

3. 为什么要培养学生的识字能力? 应该怎样培养学生的独立识字能力?

第四章 阅读教学

阅读,是指看或读别人写的文章、著作。阅读是一种对话。它是"阅读主体"与"阅读客体"(即文本)之间的对话过程。

阅读教学,是为了着重培养理解书面语言的能力而进行的一系列语文训练。阅读教学是学生、教师、文本之间对话的过程,是学生在教师的组织和引导下,发挥主体能动性,通过阅读实践,丰富语言积累,形成良好语感,培养独立阅读能力的过程。

第一节 阅读教学概述

1. 阅读教学的意义

阅读教学关系到识字、写作、口语交际教学等各个方面,关系到语文教学的全局。

1.1 阅读教学是识字的重要途径

汉字是音、形、义的统一体。识字,就是在头脑中建立起音、形、义三者之间的联系,即看到一个字,就能读出它的音,知道它的意义。在阅读中识字,实际上是把文章中的语句看作一定的语言环境。在这种语言环境中识字才便于准确地理解,牢固地掌握。识字的基本要求是读准字音,认清字形,理解字义。我们从这三方面来分析研究一下阅读与识字的关系。第一,字音要读得准,当然要借助汉语拼音。但这还不够,由于汉字有一字多音、一字多义的情况,许多字只有在阅读中联系上下文,才能把字音读准。如"生长"与"长短",同一个"长"字,在不同的语言环境中便有不同的读音。第二,字形要认得清,也往往要放在阅读中才能分清。如"末了"的"末"与"未了"的"未",在具体的语言环境中才能准确区分。第三,字义是识字的核心,离开字义,字就成了毫无意义的符号。读准字音,认清字形,都是为了确切地理解字义,从而用于理解和表达。而字义只有放在具体的语言环境中才能确切理解。因此,阅读教学是识字的重要途径。

1.2　阅读教学有助于提高口语交际能力和写作能力

俗话说"读书破万卷,下笔如有神","劳于读书,逸于作文",为什么?因为阅读是写作的基础。通过阅读和阅读教学,学生学习了各种典范性的文章,积累了丰富的词汇,学习了各种句型和各种表达方法,使作者的思想、知识、语言及选材、布局谋篇的方法等,逐步转化为学生自己的能力。阅读教学,又可以培养学生热爱生活,观察事物与分析事物的能力,从而丰富学生的生活,提高写作能力。阅读是要理解作者写了什么、为什么写和怎样写这三类问题,而写作也必须解决为什么写、写什么和怎样写这三类主要问题,所以阅读和写作是紧密联系,相互促进的。虽然阅读教学重在培养学生理解书面语言的能力,现代汉语的书面语言和口头语言也有一些区别,但语音、语汇、语法系统基本上是一致的。说话,要解决为什么说、说什么和怎样说,听话也要弄清说话者说了些什么、说话的意图和怎样说的问题。这些都可以从阅读教学中"迁移"过来。所以,阅读能力的提高必然会促进口语交际能力的发展。阅读是吸收的过程,说话和作文是表达的过程。提高表达能力,有赖于多方面的条件,最重要的是认识能力和语言修养,而这就离不开阅读和阅读教学。

1.3　阅读教学可以扩大学生视野,发展学生智力

打开语文课本,所选编的文章内容十分广泛,包含了丰富的社会科学知识和自然科学知识。还有作为阅读教学重要组成部分的课外阅读,其延伸性的文章,有助于加深学生对课文的理解;鉴赏性的作品,有助于丰富学生的文学底蕴;知识性的作品,则有助于充实学生的各种知识。这样课外课内相互结合的阅读教学,使学生的知识面得到拓展,使学生的视野变得更为广阔。阅读教学的过程,既是一个理解和吸收语言文字的过程,也是一个理解和吸收知识的过程。

阅读教学在开阔学生视野,丰富学生知识的同时,也促进了学生智力的发展。学生的阅读离不开形象思维。借助形象思维,学生才能从文章所描写的景物、事物、人物的具体情境,具体过程,具体形象中唤起联想和想象,才能具体地理解内容。学生的阅读也离不开逻辑思维。读一篇文章,首先要把文章的写作对象弄明白,理清作者的思路,才能理解语言,理解内容。另外,背诵优美的诗文,可以锻炼记忆力,进入文学作品的境界,锤炼想象力。而有些文章,更给学生提供了科学的思维方法。因此,阅读教学可以促进学生智力的发展。

1.4 阅读教学可以使学生提升人文素养,陶冶道德情操,培养审美情趣

文道统一是语文课文的特征。语文教材中的每一篇课文,都蕴含着一定的思想内容。尤其是那些文学作品或文学性较强的文章,更是思想性和文学性的完美统一。人类优秀的文化和文明精神,大都积淀在优秀作品之中。阅读教学让学生通过对大量优秀作品的阅读和感悟,受到熏陶和感染,可以吸收前人创造的文明结晶,从而提升自己的人文素养。这些作品通过对人生真谛的揭示,对真善美的讴歌与对假丑恶的鞭挞,以一种无法抗拒的力量潜移默化地影响学生的思想,陶冶学生的情操,净化学生的心灵,使学生受到美的熏陶。在阅读教学中,要走出脱离教材的思想内容进行单纯工具训练的误区,将社会的主流价值观贯穿于阅读教学的全过程。社会的主流价值观内化为学生个人的价值观需要一个过程,要通过熏陶感染和学生在阅读过程中的独特的体验逐步生成。

2. 阅读教学基本理念

阅读教学的基本理念,就是指阅读教学的总的指导思想。先进的阅读教学理念来自成功的阅读教学实践。理念指导实践,实践孕育理念。阅读教学基本理念是阅读教学实践和改革的产物。根据《语文课程标准》,阅读教学的基本理念包括以下几个方面:

2.1 "三维目标"——阅读教学的目标理念

《语文课程标准》明确指出:"课程目标根据知识和能力、过程和方法、情感态度和价值观三个维度设计。三个方面相互渗透,融为一体,注重语文素养的整体提高。""三维目标"的提出,是当今语文教学改革的必然趋势,为阅读教学实践和改革指明了方向。

工具性和人文性的统一,是语文课程的基本特点。语文的工具性,决定了语文教学的主要目标是培养学生理解和运用语言文字的能力,即听说读写能力;语文的人文性,就要求在语文基本能力的训练过程中,进行思想政治教育和道德品质教育,发展学生的智力,培养良好的学习习惯。它不是"一维目标",而是"三维目标"。阅读教学的凭借是一篇篇课文,而任何一篇课文都是语言形式和思想内容的统一体。语文教师引导学生学习一篇篇课文,着眼点固然主要应该放在语言文字的教学上,但事实上,语言形式是不能脱离思想、感情独立存在的,任何形式都是为内容服务的。就阅读而言,无论是谁,读任何一篇文章,他所感受到的不仅仅是语言文字这种外在的形式,同时也必然受到蕴含在语言形式内部的思想、感情的影响。

在阅读教学中如何正确把握"三维目标"以提高教学效率呢?第一,在教学的

指导思想上,要认清三维目标是一个有机的整体,三维目标的实施,绝不是三维之间的几何相加,它是在阅读教学的一体化过程中实现的。第二,在实施的策略上,要采取灵活多样的方法,选择恰当的突破口。例如:可以从创设情境,激发学生的兴趣,促进学生情感态度的变化入手,实施三维目标;可以从诱发学生的认知冲突入手,让学生经历自主探究的学习过程,丰富他们的内心体验,实施三维目标;还可以从交流个性化的学习方法入手,让学生运用自己喜欢的方法,进行探究性阅读和创造性阅读,在阅读中享受探究和创造的乐趣,使三维目标得以落实。第三,在评价的方法上,要采用综合评价的方法。

2.2 "多元解读"——阅读教学的价值理念

长期以来,由于受应试教育的干扰,片面追求"唯一答案"的"一元解读"已成为阅读教学的主要价值取向。教师按照"教参"上提供的"唯一答案"解读课文,并设计相关的问题,学生顺着教师预设的问题理解课文。这种阅读教学,不仅不能促进学生阅读素养的提高,而且泯灭了学生的个性。针对这个问题,《语文课程标准》明确指出:"语文课程丰富的人文内涵对学生精神领域的影响是深广的,学生对语文材料的反应又往往是多元的。因此,应该重视语文的熏陶感染作用,注意教学内容的价值取向,同时也应尊重学生在学习过程中的独特体验。""阅读是学生的个性化行为,不应以教师的分析来代替学生的阅读实践。"这就要求我们对传统的阅读教学的价值理念进行重新的审视,确立新的阅读教学的价值理念,也就是要树立"多元解读"的价值理念,变"一元解读"为"多元解读"。让学生在多元解读的过程中,张扬个性,完善人格,提高阅读的综合素养。"多元解读"是学生在阅读过程中对文本内涵进行不同的情感体验的方式及结果。在多元解读的过程中,由于学生个体在生活经验、知识储备、感悟能力、思维方式等方面存在着客观差异,因而他们在对同一文本的解读过程中,必然会出现丰富多彩的答案。对此,教师一方面要构建安全、民主、和谐的课堂生态环境,热情鼓励学生敢为人先,标新立异,发表自己独特的见解;另一方面,教师要学会多层次、多角度的倾听,面对学生"众多声音",教师既要听出"杂音",分辨对错,也要听出"高音",分清认识水平的高低,还要听出"奇音",觉察出见解的独特与新颖。在倾听的基础上,教师要善于捕捉多元解读中出现的有价值的争鸣问题,组织学生展开充分的讨论,让学生的个性得到充分的张扬。

在阅读教学中,要正确处理好"多元解读"与坚持正确的价值观和标准导向的辩证关系。一是不要把"多元解读"误解为"多元的价值观"。《语文课程标准》在

"总目标"的第一条中明确指出:"在语文学习过程中,培养爱国主义感情、社会主义道德品质,逐步形成积极的人生态度和正确的价值观,提高文化品位和审美情趣。"二是不要把"多元解读"误解为"多元标准"。例如,教师为尊重学生独特的阅读体验,采用"放羊式"教学,让学生用个体对文本解读的结果来代替文本原本的意义,对文本意义的理解缺乏大体统一的标准,结果使阅读教学陷于混乱、无序状态。虽然一千个读者有一千个林黛玉,但毕竟是林黛玉,而不可能是薛宝钗。尊重个性差异,倡导多元理解,是建立在一定的标准或共识的基础上的。

2.3 "以学生为主体"——阅读教学的主体理念

在阅读教学中,谁是阅读的主体,这是阅读教学中必须解决的根本性问题。传统的阅读教学是以"教师为中心",学生完全处于一种被动的接受状态。久而久之,学生的个性被泯灭,创造的天赋被扼杀。为此,《语文课程标准》强调:"阅读是学生的个性化行为,不应以教师的分析来代替学生的阅读实践。"从阅读心理学的角度看,阅读主体需要借助自身的生活经验和语文积淀唤醒直觉经验,来重构文本的具体化形态。由于不同主体之间的个体差异,即使在同一教师的指导下,阅读同一篇课文,主体之间阅读时的心理活动也会不同,甚至差别很大。

在阅读教学中,要积极引导学生开展自主阅读,把阅读的主动权还给学生。一是要给学生充分的阅读时间,让他们潜心读书,促使他们主动地读,专心地读,兴致勃勃地读,让学生在积极的思维和情感活动中加深理解和体验,从而产生独特的个性化感悟。二是要为学生在文本言语与主体生活经验之间架起桥梁。阅读的过程是在文本的言语形式与阅读主体的生活经验之间进行相似选择、相似匹配、相似激活的过程。文本中蕴含的生活底蕴往往是丰富多彩的,但对于学生来说,文本所反映的生活是间接的,学生对此没有直觉的经验,这就需要教师启发学生唤醒记忆,借助自己在长期生活实践中积累起来的直觉经验去解读文本的内容。

在阅读教学中,要积极鼓励学生通过批判性阅读,培养问题意识,让他们在自主探究的阅读实践中寻找问题的答案。事实上,学生阅读一篇课文,不应是被动接受型的同构解读,而应是主动批判性的异构解读。异构解读的过程,实际上是一个不断发现问题、探究问题和解决问题的过程。因此,在阅读教学中,教师一方面要营造一个平等、和谐的课堂生态环境,指导学生学会发现问题,敢于提出问题,引导学生通过合作探究的方式有效地解决问题。这样做,既可以确保学生的主体地位,又可以充分发挥教师的主导作用。

2.4 "对话教学"——阅读教学的过程理念

《语文课程标准》在教学建议中明确指出:"阅读教学是学生、教师、文本之间对话的过程。"这就要求我们树立阅读教学的过程理念——对话教学。阅读教学中的"对话"教学,包含了"阅读对话"和"教学对话"两层意思。"阅读对话"是说阅读是读者与文本之间的对话过程,包括"师本对话"和"生本对话"。"教学对话"是讲阅读教学是教师与学生、学生与学生之间的对话过程,包括"师生对话"和"生生对话"。

在阅读教学中,建立平等的师生关系,是进行有效对话的前提。只有这样,才能在师生的互动中形成体验、探究的课堂氛围。教师一方面要平等对待每一位学生,使每一位学生享有平等参与对话的机会,不能使一小部分学习好的学生成为对话的主角,绝大部分学生沦为对话的"听众"。另一方面,教师要充分尊重学生的个体差异,当发现学生在对话过程中有独特见解时,要及时表扬和鼓励,以激发他们对话的热情,让他们在对话中体验到成功的欢乐,从而促进他们认知与情感的协调发展。

在阅读教学中,师生共同走进文本,是进行有效对话的基础。阅读教学的对话一般是围绕文本中的话题或由文本生成出来的相关话题来展开的,这就要求教师和学生都必须走进文本,与文本对话,并形成各自的想法和认识。师生双方与文本的契合程度越深,师生之间的对话水平就会越高,越有效。教师与文本对话就是要钻研教材,就是要对教材多读多想。读,要读出文章的精妙之处,读出自己的独到发现。想,要考虑学生在阅读时可能会遇到哪些问题,有哪些有效策略来解决它?学生与文本对话时,教师一方面要引导学生认真读好课文,要读正确、读流利、读出感情、读出自己独特的感受;另一方面教师要为学生与文本对话架起"桥梁"。例如,为学生提供相关的背景资料,向学生介绍有关文体阅读的基本知识等等。学生阅读文本,不仅仅是单方面吸收文本所负载的信息,更重要的是要与文本展开心灵的对话,既包括与文本作者的对话,也包括与文本中的人物、事件、景象等方面内容的对话。由于各种原因,学生与文本对话时会出现一些靠自身努力不能排除的阅读障碍,需要教师及时排除,及时架设学生与文本沟通的桥梁。

在阅读教学中,抓生成性教学,是进行有效对话教学的关键。生成性就是指对话的话题及问题的结论主要靠对话过程中生成,而不是教师预先设定的。阅读教学的实践告诉我们:课堂上可能发生的一切,不是教师在课前备课中能够完全预见的,课堂教学的过程是一个动态发展的过程。在围绕某一话题进行对话教学时,教师首先要学会倾听,欣赏学生的"真情告白"。与此同时,教师要及时捕捉有价值生成性话题,组织学生展开思维的碰撞,引发学生进行深入的思考,提高对话教学的质量,从而帮助学生完成知识意义的建构。

2.5 "整体把握"——阅读教学的方式理念

《语文课程标准》明确指出:"语文课程还应考虑汉语言文字的特点对识字写字、阅读、写作、口语交际和学生思维发展等方面的影响,在教学中尤其要重视培养良好的语感和整体把握的能力。"这就明白地要求阅读教学必须具备"整体把握"的新的方式理念。"整体把握"是针对传统的阅读教学的弊端提出来的。传统的阅读教学通常采用"解题→识字、解词、析句→分析归纳段意→归纳文章的中心思想→总结写作方法"的僵化的教学模式,压抑了学生的思维发展,学生对课文中蕴含的深刻的思想和生动的形象缺乏整体的感悟,对课文写什么,怎么写,为什么写一知半解。这种肢解分析长此以往还会使学生产生逆反心理,导致对语文学习的厌恶感。所以课程标准强调"整体把握"的理念。"整体把握"符合学生学习语文的认知规律和心理规律。从认识论角度看,学生学习语文的过程是一个特殊的实践认识过程。学生的认识一般先从具体的、感性的语言文字抽象为理性的中心思想,再从中心思想的高度品赏具体的语言文字和谋篇布局的方法。这是一个由浅入深、由低到高,呈螺旋状向上发展的过程。从学生学习语文的心理过程来看,这是一个"直观→表象→抽象→具体"的过程。应该说学生在学习语文的过程中,认知过程和心理过程是融为一体的,两者建构了学习语文的合理的认知结构,这为形成一种较为稳定的、具有一般意义的整体阅读教学模式提供了认识论依据和心理学依据。

"整体把握"作为一种阅读教学的理念,有着非常丰富的内涵,不会导致教学上的千篇一律。事实上,面对教材丰富多彩的体裁、五彩缤纷的内容,以及古今中外众多作者各具特色的写作风格,如果用一成不变的模式进行教学显然是行不通的。因此,就教学方法而言,"整体把握"的方法应该是丰富多彩的。例如,有的课文可以采用诵读的方法,让学生整体感悟文章的思想内容,品味美妙的语言文字;有的课文可以采用思路教学的方法。理清文章思路的过程就是训练学生逻辑思维的过程。文章的思路不是架空的,它是由字、词、句、段按一定的逻辑法则组合起来的有机体,并以篇章结构的形式表现出来。字、词、句、段是"目",篇章是"纲",抓思路教学就会纲举目张。

3. 阅读教学目标

根据课程标准的规定,阅读教学的核心目标是"具有独立阅读的能力,注重情感体验,有较丰富的积累,形成良好的语感"。围绕这一目标,总目标又从阅读方法、文学作品阅读、文言文阅读、课外阅读等方面作了要求。阶段目标根据不同学段的特点有所区别。概括起来,主要有以下四个方面:

3.1 激发兴趣,培养习惯

兴趣是学生学习的直接动因。激发学生的阅读兴趣,让学生喜欢阅读,感受阅读的乐趣,并养成良好的阅读习惯,不仅是提高阅读教学效率的需要,也是促进学生可持续发展和终身发展的需要。因为我们已进入了终身学习的时代,学习将陪伴着人的一生,而阅读是学习最常见、也是最重要的学习方式。

要激发学生的阅读兴趣,一是要根据不同学段学生的认知特点,引导他们选择合适的阅读材料。二是要拓展自由阅读的空间,倡导学生自由阅读,学生想读什么,就读什么,想怎么读,就怎么读。三是开展形式多样的读书活动,让学生在丰富多彩的活动中提高阅读的兴趣,养成良好的读书看报的习惯。

学习习惯的培养,尤其是早期培养,对人一生的发展至关重要。良好的阅读习惯一般包括:爱好阅读的习惯;认真阅读的习惯,阅读时注意力高度集中,不囫囵吞枣,不马虎草率;一边读一边想的习惯,口诵心惟,眼到口到心到;不动笔墨不读书的习惯,阅读时随时圈、点、画、批,画出重点、难点,标出不理解的地方,批注自己的理解、体会等;使用工具书的习惯,遇到不认识的字、不理解的词语,随手翻检字典、词典;课外阅读的习惯,经常阅读有益的书籍、报刊,等等。

3.2 教给方法,培养能力

为了培养提高学生的阅读能力,教师必须结合阅读教学,有目的地教给学生有关如何阅读的方法,让学生运用多种阅读方法进行自主阅读,从而提高学生独立阅读的能力。因此,教师要引导学生在朗读、诵读、精读、略读、浏览、猜读、探究性阅读等多样化的阅读实践中学会阅读,要以阅读实践活动为纽带,让学生把掌握阅读方法的过程与提高独立阅读能力的过程有机结合起来。此外,在阅读的类型和方式上,要注意把自主性阅读与合作探究性阅读、接受性阅读与创造性阅读、理解性阅读与欣赏性阅读有机结合起来。

3.3 丰富积累,培养语感

《语文课程标准》强调要使学生"有较丰富的积累,形成良好的语感"。丰富语言积累,培养语感,不仅对提高学生的阅读能力,而且对促进学生的全面发展和终身发展有着极其深远的意义。成功的阅读教学实践证明,在丰富的积累中培养学生的语感,是提高学生阅读能力的关键。没有语言积累,语言能力的提高就成了无源之水，无本之木。学生阅读能力的发展，必须经历一个由量变到质变的过程，这个过程是非线性的，没有大量的阅读积累，不可能有阅读能力"质"的飞跃。

积累主要包括：字的积累，即掌握读写必需的足够数量的字；词的积累，即掌握丰富的词汇；名言佳句的积累，即掌握大量的脍炙人口的名言佳句；典范诗文的积累，即会背一定数量的古今精美诗文。在这几种积累中，典范诗文的积累是最重要、最高级的积累，它不仅仅是语言积累，而且是文化积累。《语文课程标准》明确规定了课外阅读总量和要求背诵的优秀诗文篇数，就是为了保证学生达到一个基本的积累量。

要丰富积累，培养语感，首先要扩展学生的阅读视野，使学生养成良好的读书看报的习惯。其次要花大力气研究课程标准中规定的积累量和课外阅读量如何得到有效的落实。

3.4 注重体验，发展个性

《语文课程标准》明确指出：阅读是"获得审美体验的重要途径"，是"学生的个性化行为"。阅读教学要注重学生的审美情感体验，要注重学生"自己的"个性化体验。长期以来，我们的阅读教学从整体上看，存在着重认知理解、轻审美情感体验，重共性统一、轻个性差异的倾向，这种倾向所反映的是以学科知识为本位，而不是以人的发展为本位的课程观。要解决这个问题，就要求我们在阅读教学中强化审美情感体验，注重学生的个性发展。一是要变过去的"一元解读"为"多元解读"，让学生在对文本的多元解读中获得情感体验；二是要尊重学生在阅读中的独特体验，让学生在多元解读中张扬个性，完善人格。

第二节　阅读教学的过程

阅读教学过程就是教师与学生统一合作完成阅读教学任务的过程。阅读教学可以划分出一个学年、一个学期、一个单元、一篇课文、一个课时、一个片段等种种不同的教学过程。现将一个片段、一篇课文（分讲读课文和自读课文）、一个单元的教学过程简介如下。

1. 片段教学的一般过程

片段教学的过程一般是以教师组织学生弄懂片段"写什么—怎样写—为什么这样写"三类逻辑问题为主线来组织教学的过程，大体可以分为四个阶段：读—解—赏—拓。

1.1 读

"读"即阅读片段。至于怎样读则要根据片段的内容与形式特点以及实际的教学需要而定。"读"是"解"、"赏"、"拓"的基础,并贯穿在"解"、"赏"、"拓"的过程之中。

1.2 解

"解"即理解。从片段的理解来说,主要包括片段内容解和形式解两个方面。

片段内容解就是引导学生弄懂片段"写什么"和"为什么写"的问题,即理解片段的写作内容、写作材料及其特点,作者所要表现的思想感情与观点等。内容解的基本方法有:(1)语境索解法,即联系时代背景、作者和上下文等语境来推断其含义。(2)语法索解法,即通过辨明句子结构、句间关系,理清语脉以把握句子的主要意思。(3)修辞索解法,即通过破译修辞,还原语句本意。(4)联想、想象索解法,即针对语句提供的情景,调动学生的知识积累和生活经验进行联想、想象和补充。(5)工具索解法,即借助工具书进行索解。

片段形式解就是引导学生弄懂片段"怎样写"的问题,即理解片段的表达形式。主要从"法"、"序"、"言"三个方面引导学生进行理解和把握。

"法"即方法,与表达方式(说明、议论、叙述、描写、抒情)相联系,为表达方式中带技术性的侧面。具体表现为说明方法、论证方法、叙述方法、描写方法、抒情方法等。

"序"即顺序,与表达方式(说明、议论、叙述、描写、抒情)相联系,为表达方式中带程序性的侧面。它往往通过文章或片段的结构层次来体现。

"言"即语言。语言形式的理解大体上可以从修辞格的运用、句式的选择和字词的锤炼等方面进行。

1.3 赏

"赏"即赏析,评价文章或片段内容与形式的得与失。主要是将片段内容解与形式解结合起来,赏析什么样的内容通过怎样的形式表达出来,运用这样的表达形式对于表现这样的内容起到了怎样的作用。

1.4 拓

"拓"即拓展,或说迁移。主要有两种方式:一是由课内阅读向课外阅读迁移;二是由课内阅读向写作迁移。体现语文教材的范例作用,学以致用。

2. 讲读课文教学的一般过程

讲读课文教学要注意精读指导。一篇讲读课文的精读指导大体要经历如下三个阶段：

2.1 整体感知阶段

所谓整体感知，就是学生在教师引导下，调动原有的知识经验，把握文章概貌，力求内容上知大意，形式上识大体，对文章形成总的印象。这一阶段的一般教学步骤有：

导入。即导入课文。它包括"定向"和"激发"两个环节。"定向"即确定方向，指出课文的教学目标、提出初读的要求。"激发"即创造良好的学习情境，使学生产生求知的欲望和学习的兴趣。"定向"的做法是教师引导学生参读课前的"学习重点"、"预习提示"以及课后的"思考练习题"。"激发"的做法是专门设计"导语"导入课文。

引读。即教师引导学生初读课文。可先引后读，也可边引边读。引读前，教师应向学生提出初读的要求。

概述。即学生按照初读的要求，概略陈述课文的基本内容和主要特点。一般反映为学生辨认生字、新词，回答教师预先提出的问题等项活动。这个步骤是学生初读的反馈环节。

2.2 分析课文阶段

分析课文，就是教师指导学生深入研讨初读未解决或未发现的问题，掌握课文的全貌，力求对课文的整体和局部、内容和形式都有比较精细的了解。分析的过程主要是对课文进行分分合合的辩证发展过程，可大致分为两步：

第一步：分析局部。这个过程是一个"以文悟道"的过程，是由形式追究内容的过程。分析局部按片段教学的"读"、"解"、"赏"的步骤进行。

第二步：综合整体。就是把局部分析的种种结果联系起来作理性思考，用文章的主旨统贯全篇，用整体观点规范各个局部，使文章的各个局部与总体精神、体表材料与内在思想、语言形式与思想内容统于一体，呈现形神兼备的完貌。因而综合整体的过程是一个"因道解文"、凭借内容规范形式的过程。这一步所经历的大体环节是：

总括。即概括文章各个局部的要点，归纳文章的中心思想。方法是先将各个局部的基本内容结合起来，其次将各个局部的核心意义结合起来，然后再将两者与客体文章结合起来。这一环节既是局部分析的结束，又是整体综合的开始。

区分。即用归纳出来的中心思想反观文章各个局部，以同析异，比较各个局部在表达同一中心思想的前提下其地位和作用有何不同，将各个局部归结为表达同一中心的不同方面：如主要与次要、重点与一般、主体与陪衬、正面与反面、侧面等等，此即通常所说的"弄清整体与部分的关系"。

衔接。即在区分的基础上，调动知识积累中的逻辑关系概念，如相承、并列、层递、相因、统属等等，将整体文章的各个部分纳入一定的顺序，使之彼此联系，构成一个有机的整体。此即通常所说的"弄清部分与部分的关系"。

表述。即用相适应的内容、准确地再现作者的思路，用自己的语言阐释课文在立意、选材剪裁、布局谋篇、遣词造句等方面的特点。

在学生分析理解课文的过程中，教师要善于不断发现学生理解活动中的矛盾，提出问题，组织学生的学习活动；要善于抓住学生理解中的疑难处、疏漏处以及课文的紧要处，组织自身的教授活动，要善于根据学生解疑答难的需要指导读书方法和提示规律性知识，或看准火候作必要的讲述等。

2.3　拓展练习阶段

拓展练习主要有两种方式：一是由课内阅读向课外阅读迁移；二是由课内阅读向写作迁移。体现语文教材的范例作用，学以致用。

练习的项目主要是诵读和作业。

3. 自读课文教学的一般过程

自读，是指学生在教师的提示下，应用从精读中获得的阅读知识经验，练习理解课文。自读课文教学要注意略读指导。一篇自读课文的略读指导大体分为如下三个阶段：

3.1　自读阶段

在学生自读阶段，教师要引导学生提出阅读要求，提示阅读要领。

确定自读的方向。就是提出自读应解决的主要问题，使学生心有目标，读有方向，练有重点。主要问题的提出，首先要联系同一单元讲读课文的教学重点来考虑，一般是讲读课文学什么，自读课文就用什么。其次要结合学生实际和教材实际来考虑。通常的做法是教师先指点学生参读课文前的"学习重点"、"自读提示"以及课文后的"思考练习题"，而后强调自读各项要求和应解决的主要问题。

确定自读的步骤。一般都以理解文章的三步"整体感知——局部分析——整体综合"为主轴，将课后"思考练习题"中的问题相应地分布于轴上组织自读活动，构成自读的研讨活动程序。

提示阅读的方法。提示学生根据读物的性质、阅读的目的和阅读活动的不同阶段使用不同的阅读方法。要特别提醒学生读书应作辩证思考，注意分析和综合交织,讲求局部和整体统一,形式和内容相互为用。

规定自读的方式。学生自读一般采用独立阅读的方式,也可以采取讨论的方式,以培养学生互相帮助、共同讨论的习惯。

交代阅读的常规。要求学生"不动笔墨不看书",在自读过程中自觉养成翻查工具书,使用参考资料,做读书记号,编提纲、提要,写读书笔记等习惯。

启发学生质疑问难。一般应围绕自读课文的主要问题,提出难以解决的问题。

3.2　检验阶段

检验,就是教师组织学生汇报、交流自读阶段的读书体会,以检验学生自读达标的程度。这是前一阶段学生自读的信息反馈,又是下一阶段教师施教的凭借。检验可采取多种形式进行。

3.3　补偿阶段

补偿,就是教师根据自读检验的结果,紧扣自读重点,校正学生自读的误差,并指导学生对照自读目标整理自读的成果。也可以采用拓展迁移的方式进行。

4. 单元教学过程

语文教学实行单元教学,是近代教学历史上的一大进步。它使语文教学具有方向性、启发性和整体性。语文单元教学的一般过程是:

4.1　整体感触阶段

整体感触,主要是教师指导学生大体接触教学单元的目标、内容系统,对整个单元形成总体印象。一般分为两个步骤:

(1)感知目标。即大体了解教学单元的目标系统。在现行语文课本中,一个单元的"教学要求"是单元教学的主要目标,课文的"教学重点"或"提示"、单元后知识短文的内容、写作或口语交际的"训练要求"是主要教学目标的分解。学生对此心中有数,学习就有方向。

(2)接触内容。即通观、浏览教学单元的内容系统,包括多篇课文、知识短文、写作或口语交际训练材料等。学生对此有个轮廓,则能大体上把握教学进程。

4.2　讲读领悟阶段

这是单元内讲读课文的教学阶段。讲读课文既是学生学习知识,练习技能的凭借,又是教师施教"示范"的凭借。教师要教给学生规律性知识和阅读这类文章的基本方法和步骤。讲读领悟,是指教师引导学生根据"学习重点"或"预习提示",精读一两篇课文,领悟知识经验,为下阶段自学这类课文提供范例。具体步骤参"讲读课文教学的一般过程"。

4.3 自读操作阶段

自读操作,是指学生在教师的启发、提示下,根据"学习重点"或"自读提示",运用从讲读中所获得的知识、方法去自读几篇课文,以习得阅读的技能。

4.4 总结强化拓展迁移阶段

这一阶段是指学生在教师指导下,依据单元教学要求,整理巩固新学知识经验,并进行多项语文训练,促使阅读知能的迁移,强化单元教学目标。

第三节 阅读教学的方法

阅读教学中的方法主要是训练的方法,即教师指导学生自己练习读书的方法。

1. 朗读、默读和诵读的教学方法

1.1 朗读教学方法

朗读是一项最经常、最重要的阅读基本功训练。各年级都要重视朗读,充分发挥朗读对理解课文内容,发展语言、陶冶情感的作用,逐步提高学生的朗读能力。

(1) 朗读教学的要求

一是能正确地朗读课文。要用普通话读,发音标准,吐字清晰,声音响亮;要一字一句读准确,不读错字,不丢字,不添字;要按句逗停顿,不重复字句,不顿读;要有良好的朗读习惯,不指读,不唱读。二是能流利地朗读课文。要把句子读完整,不读断句;要读出句与句之间、段与段之间的间歇;要读得连贯流畅,速度适中,节奏自然。三是能有感情地朗读课文。要读出不同的语气,语调适当;要读出轻重缓急、抑扬顿挫,能比较准确地读出课文的思想感情;情感的表露要朴实、自然,要用自己声音的本色表情达意。这三项要求中,正确是最基本的要求,对第一学段学生来说,正确地读尤为重要,这不仅是培养学生朗读能力的需要,也关系到学生能否养成认真阅读的习惯。

(2) 朗读训练的方法

① 指导学生读正确

要使学生学会正确地朗读,教师既要严格要求,又要作具体指导。学生开始学习朗读时,无论是指名读或齐读,教师都要在朗读之前提出明确要求,读后按要求检查。对于学生朗读中常常出现的丢字、添字、一字一顿、重复、拿腔拿调等现象,教师要做具体分析,有针对性地加以指导。如:有的学生读错字音,是受方言的影响,教师就要利用汉语拼音进行正音,直到学生读准确为止。有的学生丢字、添字,

是因为他们还没有养成一丝不苟地读书的习惯,教师就要严格要求他们仔细地看课文,把每个字都看在眼里,并准确地读出来;也可以要求他们认真听别人朗读,指出别人朗读中出现的错误,这也有助于养成认真看书的习惯。有的学生读破词句,是因为对一些字词不熟悉,不理解,这就需要帮助他们掌握生字新词,训练他们按词连读。有的学生读不出感情来,是因为对课文内容还理解不深,还不了解应当表达出什么样的感情,这就要帮助他们深入理解课文,体会思想感情,并启发学生想象出课文所描述的形象和情景,就会比较容易做到有感情地读了。

② 把朗读训练贯穿于阅读教学的全过程

在阅读教学中要多给学生创造朗读的机会。把朗读训练和理解课文内容结合起来,做到在理解的基础上朗读,通过朗读加深理解。

在阅读教学过程中指导朗读的方式多种多样,主要有以下几种:

范读,就是示范性的朗读。可以由教师范读,也可以用朗读磁带代替教师范读,还可以让朗读水平较高的学生范读。

领读,就是带着学生读。可以读词语、读句子,或是读一个层次、读一个段落。低年级可以一句句或一段段的领读全文,高年级可以领读重点的片断。领读时,教师应要求学生仔细倾听并认真模仿领读者的语气、声调与节奏;学生读错,教师可以随时停下来给予纠正,教给朗读的方法。

齐读,就是全班同学或一组同学一起读。齐读的优点是全班同学都参加朗读,得到训练,教师也可以统一指导。不足之处是:个别学生可能随大流,不用心,成了"南郭先生"。所以,在齐读中,教师要好好组织与领导,并注意检查。在齐读进行中,要用心捕捉声音中的异常声音,迅速分析问题并予以指出。每一课的开始阶段,不宜使用齐读,一般在讲读后进行较好。

自由读,就是全班同学在同一时间里就一篇课文或一段课文自己出声朗读。或者是让学生边读边思考,准备回答问题;或者是进行复习,为背诵作准备。自由读时,要求学生读轻一些,以免声音嘈杂,互相干扰。教师还要加强巡回检查,看学生是否在认真读书。

个人读,就是由教师指定一个学生朗读。一般先找读得好的学生读,再找中等和差的学生读。读得好的学生读,可以起示范的作用。中等的学生读,可以了解一般学生的理解程度、朗读水平、存在的问题和困难。差的学生读,可以进行具体的指导和帮助。胆小的学生还可以在指名读中得到锻炼。指名读是朗读教学中最经常采用的一种形式,但指名的面要宽,不要老是让几个好的学生读。要针对学生朗读中的具体问题进行指导,使好、中、差学生都能得到当众朗读和老师指导的机会。

分角色朗读,就是由两个以上的学生分别读出人物的有关语句。分角色朗读,学生兴趣浓,积极性高,注意力集中,而且可以深入体会人物的思想感情和理解课文的内容。

引读,就是教师用语言引导学生读出课文中相关的部分。引读导语可以是教师根据需要设计的,也可以是课文中能够引起某些内容的一句或几句话。引读能帮助学生理解和掌握课文内容,弄清课文的行文顺序和层次关系。

轮读,就是轮流读。可以是个人轮流读,也可以是小组轮流读,还可以是男生和女生轮流读。可以读同一内容,也可以按课文一节一节地轮流读下去。轮读可以使更多的学生参加练习,可以抓住学生的注意力,激发学生的上进心,起到互相学习、互相竞赛的作用。这些指导学生朗读的方法,教师要根据课文的特点和教学的需要恰当地选用,讲求实效。

朗读教学要注意教给学生朗读的技巧,如语速、语调、重音、停顿等。朗读的速度应当根据文章的内容和文体来决定。如记叙、说明的内容一般用中速读;儿歌、快板则可以读得较快;人物对话应根据人物性格和对话内容来决定。语调是用来表达句意和感情的抑扬顿挫的调子。陈述句的语调一般是句末降低的降调,音强中等,应读得不快不慢;疑问句的语调一般是句末升高的升调,声音较陈述句强。重音和停顿相辅相成,共同构成朗读的节奏。启发学生确定重音的过程,实际上加深理解课文的过程。停顿的长短是由表达感情的需要来决定的,不仅仅受标点符号的限制。这些,主要应在实际朗读过程中让学生模仿体会,不宜架空讲授朗读知识与技巧。

1.2 默读教学方法

默读是不出声的阅读,是一种最基本的阅读方式。平时看书看报都要默读,默读在日常生活中使用相当广泛,它不受环境限制;默读时由于省去了发音器官的活动,视觉和思维直接建立联系,因此速度比朗读要快得多;默读又有助于对文章的理解,因为它省去了发音器官的活动,可以集中注意力去理解文章,边读边思考,也可以自由停下来重复读一读,想一想。阅读教学所要培养的阅读能力和阅读习惯,主要指的是默读能力和默读习惯。

(1)默读训练的具体要求

① 读的时候,做到不出声,不动唇,不指读;认真阅读,精力集中,边读边勾画批注。

② 能按阅读目的、要求读课文,理解主要内容,体会思想感情。

③ 能运用通读、摘读、跳读、浏览等各种不同的阅读方法,适应不同的需要。

④ 要有一定的速度,到第三学段每分钟默读应不少于 300 字。

(2)默读训练的方法

默读,要在学生在具有一定朗读能力的基础上进行。要指导学生逐步学会边默读边思考。还应随着年级的升高,适当提高默读的速度。

① 在学生具有一定朗读能力的基础上指导学生逐步掌握默读的技能

默读训练和朗读训练的关系十分密切。学生默读能力和习惯的形成,一般经历两个阶段:一是小声读阶段,二是无声读阶段。小声读阶段,嘴唇不断微动,口中发出轻而急促的声音。这时,学生还不能用视觉从书面语言中理解所表达的内容,一般需要读出字音,才能领会。朗读的模式仍在默读中起作用。小声读阶段,是由朗读向默读过渡的阶段。无声读阶段,才是真正的默读阶段。根据这样的发展过程,教学时,首先要加强朗读训练。在学生具有初步的朗读技能的基础上,不失时机地开始默读训练,让学生较快地度过小声读阶段。

② 指导学生一边读一边想,逐步训练默读的"三到"

默读教学,要训练学生眼到、心到、手到。眼到,就是要求学生认清每一个字,不能一目十行,避免养成不求甚解的习惯。心到,就是集中注意力,一边读一边想,对读物中的词句能边读边分析综合,理解词句的意思和内在联系。读后能提出自己不懂的问题。为了训练学生"心到",要把默读训练与有关作业练习配合起来,要带着任务读,要有检查。默读前,提出某些作业要求,可以提高默读的自觉性与积极性,提高默读的质量。这些练习作业可以有:准备回答教师口头或书面提出的问题;复述;挑选或分析课文语句;概括和归纳等等。手到,就是训练学生边读边动笔。学生边读边动笔,能促进思考,提高默读效果。学生默读课文,往往容易出现这样一些现象:一是漫不经心,匆匆读一遍就算了,不动脑筋去思考;二是只求字面的了解,以大体懂得句子的意思为满足;三是只求了解课文的主要内容,不去体会课文的思想感情,也就是说,学生不能通过默读深入地理解课文。默读教学时应致力于培养学生认真阅读的习惯,让学生集中注意力,围绕内容和形式理解课文,防止匆匆过目,不求甚解。

③ 逐步提高学生的默读速度

读得快,而又理解得深刻,才是高水平的默读。因此在默读教学中还要注意速度的问题。在我们的生活、学习、工作中,需要阅读的书报杂志非常多,默读的速度快,就能在较短的时间内阅读较多的材料,获得较多的知识,这是很有好处的。要重视提高默读速度的训练。在阅读教学中,帮助学生掌握积累一些常用词语是十分必要的,这是提高默读速度的前提。因为学生牢固而熟练地掌握字词,默读时不需要把注意力放在字词上,而放在对内容的理解上,这既能提高默读的速度,也能更好地理解内容。另外还要重视默读技能的训练。首先要眼睛看得快。要学会"扫读",扩大视觉的范围,也就是由原来一字一词地看书,变为一眼就扫过一句、一行、甚至几行;眼停的时间与次数要逐渐减少;尽量不出现回视。其次要由眼入脑想得快。脑子要跟着眼睛扫读思考,弄清楚眼睛扫过的文字说的是什么。为了提高学生的默读速度,可以提出要求,让学生在限定的时间内默读课文,然后检查默读的效果。不断地这样训练,就能使学生逐步做到眼睛看得快和脑子想得快。但这些与读物内容深浅、要求高低有关系,教师要适当掌握。

1.3 诵读教学方法

诵读是我国传统的学习语文的方法之一。它是要求学生在初步理解的基础上,反复熟读课文,逐步加深理解,直到可以背诵。在口诵心惟的过程中,可以加深学生对课文情感的体验和内容的领悟,可以积累大量的词汇、句式和精彩段篇,训练学生的语感,提高学生的语言表达能力。诵读还可以锻炼学生的记忆能力,培养认真读书、勤奋学习的学风,让学生的思想感情受到感染和熏陶。在阅读教学中要重视诵读的训练,让学生诵读优秀诗文,并熟记背诵一些名篇佳作。

(1) 诵读训练的要求

《语文课程标准》在阶段目标中对诵读教学的要求作了明确规定。诵读教学就是要求对优秀诗文品读吟咏,熟读成诵。对教材中提出的要求背诵的诗文,每个学生都要做到正确熟练地背诵。

(2) 诵读训练的方法

诵读训练,要抓好养成教育。抓诵读,决不能靠戒尺,而是要千方百计地激发学生诵读的兴趣和热情,激发学生的求知欲和积极性。好读书,勤诵读,认真做好读书笔记,这些良好习惯的养成,是诵读训练取得成功的前提。

诵读训练,要改革课堂教学结构。课堂教学毕竟是语文教学的主阵地。课堂上要加强诵读训练,每课必读,恬吟密咏,培养语感。不同类型的课文,诵读应该有不同的具体安排和方法。大多数课文必须在整体把握的基础上选出精当文段,既作为精讲巧练的重点,又要求学生熟读或背诵。应当努力优化组合现代教学媒体和手段,提高课堂教学效率。

诵读训练,要指导学生发挥想象,进入意境。要将诵读过程作为欣赏佳作的过程,边读边想象画面,把自己融入作品的意境之中。在此基础上,让学生熟读成诵,自然水到渠成。有条件的学校还可以运用多媒体手段创设情景,使学生有身临其境之感,加深理解和记忆。

诵读训练,要指导学生在理解的基础上熟读成诵。理解是背诵的前提。学生理解了课文内容,理清了课文的层次结构,才容易背诵下来并牢固记忆。这里所说的理解,指的是基本理解,大体理解,不是指理解深透。特别是古诗,要让学生理解深透,不仅现在有困难,到将来也不一定能做到。要特别强调的是,背诵要在熟读的基础上进行,而且应安排在讲读课文之后。朗读是使无声的书面语言变为有声的口头语言,眼、口、脑、耳多种器官并用,有助于记忆。要通过朗读、熟读把课文背诵下来。

诵读训练,要指导学生记忆课文内容的方法。有些课文中,具有显示课文层次的语言单位,如重点词语、中心句、过渡句、过渡段等,这些都可以作为记忆课文的联系点。要启发学生学会寻找记忆的联系点,使之成为帮助自己记忆的凭借。有些要求背诵的课文较长,就要采取整体记忆与分段记忆相结合的方法。整体记忆,就是把要背诵的内容作为一个整体来记忆;分段记忆,就是要把背诵的内容分成几个部分来记忆。分段背诵时,一定要从整体出发,注意该段与整体的联系,分段背诵以后还要回到整体背诵上来,防止肢解所要背诵的内容,破坏内容的完整性。而短小精悍的诗文,则宜于采用整体记忆的方法,即从头至尾一遍遍地读,直到熟读成诵。

总之,朗读、默读、诵读是一个有机结合的整体,要根据课程标准的要求和教材的安排,在阅读教学的过程中全面地、综合地体现,既不能片面地顾此失彼,也不能孤立地一项一项地进行。

2. 精读、略读与浏览的教学方法

精读、略读与浏览是三种阅读方法,也是三种阅读技能,它们的目的、功能有所不同。这三种阅读方法、技能都重要,都应很好地训练。在阅读教学中,要以训练精读为主,以训练略读、浏览为辅。要有意识地整合阅读资源,扩大阅读量,把精读、略读、浏览结合起来进行训练。"一篇带多篇",课堂上教科书和整套读物结合,精读、略读结合,都是值得提倡的做法。

2.1 精读教学方法

精读就是仔细地读,重在培养感受、理解能力。它要凭借文本语言,对表达的内容、情感有所感受,对文章的语言和写法有所感悟,在精读的过程中习得阅读方法,培养阅读能力,养成阅读的良好习惯,为略读、浏览打下良好基础。精读,各个年级都是重点。精读教学虽然并不排斥教师的讲,但至少应该是以读为主。精读是一种重要的阅读方法。教师要通过精读课文的教学,加强对阅读方法的指导,让学生逐步学会精读。

(1) 精读教学的要求

精读教学的要求是:学生在教师的指导下,对精读课文的内容和形式准确地认知,深刻地理解,并能做适当的评价,从而养成独立阅读能力和良好阅读习惯。说得具体些,应该做到:A. 仔细看清每个字的字形,弄清读音,不错不漏。B. 对词、句、段、篇都要进行深入的分析和思考。对于词,不仅要弄懂它的表面意义,还要理解它的表达作用和感情色彩;对于句子,不仅要了解它的表层意思,还要领会它的深刻含义;对于段落,不仅要能概括它的大意,还要弄清它的内部层次和在全篇中的地位作用;对于篇,不仅要能归纳出它的主旨,还要明了它的结构方式、表现手法和作者的思路。C. 要把作品所描绘的情景或介绍的道理与其他作品或现实生活相联系,仔细品味。D. 能客观地对作品的思想内容和表现形式作出比较恰当的评价。

(2) 精读教学的特点

① 它强调教师的指导

从阅读方式上看,略读和浏览强调的是学生的主动性和独立性,学生为任务所驱动去独立解决问题。而精读则强调教师引导和学生自主相结合。整个精读课文教学的过程,应该是一个在教师的组织、引导、指点下的学生自主学习的过程。教师的指导包括多方面的工作,大体上说,主要有以下几个方面:A. 激发学生的读书兴趣,调动学生自主学习的主动性、积极性;B. 设计、组织、调控整个教学过程;C. 提示阅读要求,指点读书方法;D. 通过示范、点拨和精要的讲解,解决学生读书中的疑难。

② 它强调学生自主的精细研读

精读课文,不是读一二遍粗知文章大意就行了,而是要求学生精心地读,细细地品味。教师必须引导学生在词句理解、要点概括、文意把握、内容探究、作品感受和表现形式等方面能动地下工夫,充分地读,在读中整体感知,在读中有所感悟,在读中培养语感,在读中受到情感的熏陶。

③ 它强调全面进行阅读能力的培养

包括理解课文内容,体会作者的思想感情,领悟表达方法,积累语言材料和练习朗读、默读、诵读等。当然,这并不意味着每一篇课文的教学都要做这样的工作,但有一些是必做的,如理解课文内容,体会感情,语言的学习和积累,朗读、默读等。

（3）精读教学的一般策略

精读课文的教学特点决定了精读教学的一般策略:突出重点,导读结合,渗透读书方法。

① 突出重点

一篇课文包含的教学内容十分丰富。一篇课文的教学体现了词、句、段、篇和听、说、读、写的综合训练。但这并不是要不分轻重缓急,平均用力,而应该是有侧重点的综合训练。

突出重点,进行综合训练,一要突出学段特点,体现训练的阶段性。在第一学段着重进行词、句和朗读训练,第二、第三学段在继续重视词句和朗读训练的同时,可适当进行段、篇的训练,注意进行默读、复述的训练。二要处理好重点和非重点的关系。每个学段应当有重点,每一课的教学也应当有重点。但应当注意,重点和非重点是相互转化的,这一课的重点,到下一课可能转化为非重点。所以在突出重点时,应当充分考虑学生已经获得的知识和技能,充分利用它们去学习新的重点。三要做到重点与一般相结合。像词语和句子的教学,朗读、默读和诵读的指导等,不管是第二学段还是第三学段,都要给以足够的重视。

② 导读结合

语文教师在教学中的主要任务不是"讲",而是"导"。什么是"导"呢? 导,就是引导学生自己学习,自己探索,自己发现。导,包括教师在阅读教学中的一系列活动,如组织、提示、提问、示范、指点和必要的讲解。

教师导的目的,要使学生学会读书,而学会读书的基本途径是学生自己的阅读实践。因此,阅读教学中主要活动应该是学生的读书、思考。

学生的读,离不开教师的导;教师的导,着眼点在学生的读。两者紧密联系,互相依存,不可分割。因此,在精读课文的教学中,只有把二者紧密结合起来,才能收到理想的效果。导读结合有两个不可缺少的要素:一是教师有启发性和层次性的指导;一是学生在教师指导下主动的阅读、思考、讨论和练习。

③ 渗透读书方法

指导学生掌握基本的语文学习方法,并鼓励他们采用适合自己的方法学习,逐步提高自学能力,是教师在阅读教学中的一项重要任务,因为只有学生学会学习,才可能有真正意义上的"自主学习"。在精读课文的教学中,教师不应当满足于学生得出正确的理解,说出正确的结论,还要引导他们说出这样的理解、这样的结论是怎么得出来的,使学生悟出一些学习方法。需要注意的是,指导学生掌握学习方法,并不是由教师生硬地讲述、灌输有关读书方法的知识。主要的途径应该是渗透。所谓"渗透",就是在学生的阅读实践中,教师有意识、有计划地通过实例让学生从感性上接触某种读书方法,再逐步地从更多的同类实例中领悟、理解这种方法,进而反复运用,掌握这种方法。比如,学生联系上下文说出词句的意思后,再让学生说说自己是怎样理解这个词句的,从中领悟联系上下文理解词句的方法,并在以后的阅读实践中运用这样的方法。这个渗透的过程,实质是引导学生通过多次反复的阅读实践,发现并尝试运用读书方法的过程。

精读课文的教学,要渗透"基本的语文学习方法"。基本的语文学习方法,包括的范围很广,诸如学习词、句、段、篇的基本方法,朗读、默读和诵读的基本方法等。这里不可能一一列举。应该特别注意的,是下列一些基本的精读课文的方法:

A. 从感知语言文字到理解思想内容,体会思想感情,再到揣摩、吸收语言文字。这是学习书面语言作品的一般规律。因此应该是精读课文的最基本的方法,也是精读这种阅读方法的基本法则。当然,在整个读书过程中,对形式和内容的掌握是并行的、统一的,但由于先后有所侧重,才形成对形式、内容认识的循序渐进、螺旋上升。在感知语言文字阶段,包含着对思想内容的初步理解,而在揣摩、吸收语言文字阶段,则包含着对思想内容更深的理解。为了渗透这一基本的学习方法,教师在指导学生自读课文时,可以把整个自读的过程设计成一个"感知语言文字——理解思想内容——揣摩、吸收语言文字"的过程。先初步通读课文,主要是读正确,并感知课文的大体内容。然后细读课文,借助语言文字理解主要内容,体会思想感情。要求细读语段,理解语言;品读语段,体味语境;诵读语段,增强语感。最后再通读课文,着重领悟表达的一些方法,特别是遣词造句的精妙之处,还可以通过诵读等形式,积累语言。长期这样渗透,学生就会逐步掌握精读课文的方法。

B. 联系语境理解词、句、段。这也是一种最基本的读书方法。"书读百遍,其义自见",原因就在于反复阅读之后,读者对整篇文章以及文章的各个部分都有了较为深入的理解。在这种情况下,把原来不甚了然的词、句、段放在已经理解了的语言环境之中,其含义就可不讲自明。运用这种方法,有两个要点:一是要让学生"充分地读",不要在学生读上一两遍课文之后就急于解词释句;二是不要孤立地去解词、释句、析段,而要把它们放在段落里甚至全篇中去领悟。

此外,边读边思考、边勾画批注的方法,运用工具书及相关资料帮助读书的方法等,也应该有计划地在教学中渗透。

2.2 略读教学方法

(1) 略读教学的要求

略读,是粗略的、不作深究的阅读,旨在运用精读训练中的方法,基本上依靠自己的努力,通过比较快的阅读,粗知文章大意。中年级开始学习略读,使学生阅读速度逐渐加快,粗知大意的水平逐渐提升,以适应平日读书看报的需要,进而养成读书看报的习惯。目前的语文教材,从三年级上册开始有略读课文。略读课文是相对于精读课文而言的,它是介于精读课文与课外阅读之间的一种课文类型。略读课文的教学承担着指导学生略读方法,训练学生略读技能的任务。《语文课程标准》明确指出:"学习略读,粗知文章大意。""加强对阅读方法的指导,让学生逐步学会精读、略读和浏览。"

(2) 略读教学与精读教学的区别

叶圣陶曾经说过:"就教学而言,精读是主体,略读只是补充;但是就效果而言,精读是准备,略读才是应用。""如果只注意于精读,而忽略了略读,功夫便只做得一半。""略读指导需要提纲挈领,期其自得。"内容上,略读教学理解内容的要求要低于精读课文,一般是"粗知文章大意"。学生要认真阅读,但不必像精读课文那样精读细研。一般来说,只要基本上读懂课文,能正确、流利、有感情地朗读即可。学生不理解的问题,老师可以略作讲解,但不能逐字逐句地解释。方法上,教师要更加放手,不必像精读课文的教学那样作过细的指导。要让学生运用在精读课文中获得的知识与方法,自己把课文读懂,并在以后的大量阅读中进一步掌握读书方法,提高阅读能力。

2.3 浏览教学方法

浏览是一种非常重要的阅读方法。阅读学研究认为,大略地看,泛泛地阅读叫浏览。它是一种默读的方式,但它的目的不同于一般默读,因此具体读法也有别于一般默读。根据采用的阅读方法的区别,浏览可以分为扫描式、跳跃式两种。扫描式,其特点是在阅读时视线快速运动,按行按段扫视读物,每次扫视只注意其中少数几个重要的字。跳跃式,着重扫视段落的开头、结尾,注意标题、特殊字句和专门用语,把书中的引文和推理过程略过,有的段落根本不看,甚至整页整页翻过去。扫描式和跳跃式不是截然分开、彼此独立的,它们往往结合在一起,交替运用。根据阅读的目的不同,浏览还可以分为随意性浏览、选读性浏览等。

《语文课程标准》明确规定:"学习浏览,扩大知识面,根据需要搜集信息。""加强对阅读方法的指导,让学生逐步学会精读、略读和浏览。""评价浏览能力,重在考查能否从阅读材料中捕捉重要信息。"浏览,重点在高年级培养。要教会学生带着任务,有目的地进行浏览,要努力提高速度,学会扫读、跳读,培养捕捉有用信息的能力。

浏览,多用于收集有关材料。拿小学生来说,如举办一次主题班会,准备一次语文活动等,可能都要求学生先收集有关材料,而这些材料往往是这本书里有一点,那篇文章里有一点。既是收集有关材料,就用不着细读整本书、整篇文章,只要从文章或书籍中找到自己想用的材料就可以了。这样就要用浏览的方法。

浏览的基本方法是扫视,无关的材料,眼睛一扫就过去。浏览一本书,要先看目录,从目录中找出哪些章节可能有自己需要的材料,然后浏览这些章节。浏览一篇文章,一般来说,先看这篇文章的小标题,从小标题中找出哪些部分可能有自己需要的材料,然后浏览有关部分。如果文章没有小标题,那就要逐段浏览。

浏览的训练,最好结合活动来进行。如举办一次以保护环境为主题的中队活动。活动前,老师就可布置学生收集有关保护环境的材料,收集到以后,根据这些材料编写出各种形式的节目。这样就把收集信息和运用信息结合起来了。

指导学生运用浏览法阅读时,要注意以下要领:

(1) 为了保证能快速地阅读,并在读的过程中有一定程度的理解,浏览应采取无声阅读的方式。

(2) 浏览的主要目的是要从材料中发现有价值的信息或值得留心的东西,因此,在扫视时,注意力要高度集中。

(3) 书名、作者、序、前言、目录、大小标题、插画、图表、段落的起句结句、参考文献、索引等一般是浏览注意的目标。但并非要一一过目,要因时间、环境、目的而异。

(4) 浏览完毕,要合上书回忆扫视所得,形成总的印象。如果发现其中有值得深入探究的东西,应该及时捕捉,或作卡片记下,或进一步阅读。

第四节　语文说课

"说课"是一种新兴的教研形式。什么是"说课"? 或者说,"说课"的内涵是什么? 由于学者的视野不同,所下的定义也不完全一样。对以上问题的回答,比较有代表性的有以下两种观点:一种观点认为,"'说课',就是教师以教育理论为指导,在精心备课的基础上,面对同行、领导或教学研究人员,主要用口头语言和有关的辅助手段阐述某一学科课程或某一具体课题的教学设计(或教学得失),并与听者一起就课程目标的达成、教学流程的安排、重点难点的把握及教学效果与质量的评价预测或反思,共同研讨下一步改进和优化教学设计的教学研究过程"。这里的"课"是从广义上来讲的,不但指课程也指课题。而另一种观点则认为:"'说课'是教师根据课程标准、教育教学理念,口头表述自己对教学内容、教学目标、教学重点难点、教学方法、教学程序等进行创造性设计的一种教研形式。"这个定义中的"课"侧重于课题。我们倾向于后者对"说课"这一名词的解释。本节主要说明基于新课程视野下的说课稿的编制。

1. 说课稿所应包含的内容

说课是一种新型的教研活动,说课教师应依据课程标准或教学大纲,对教学内容、教学对象、教学目标、教学方案的设计和教学程序等进行创造性设计和阐述,说课者既要有深厚的学科知识,又要深刻领会新课标理论或教学大纲,更要有理论联系实际,解决实际问题的能力,否则,说课活动很容易陷入尴尬境地。下面分别对语文说课应注意的几个方面进行阐述。

1.1 说教材

说教材就是说明"教什么内容"和"为什么要教这些内容"的道理。也就是说课者通过钻研教材,在吃透教材的前提下,抓住教学内容的主要特点并说清楚它在整个教材中的位置、作用和前后联系,属于哪一单元,单元与单元之间又有怎样的联系;有时,还应该说清是如何根据教学目标、教学内容来确定教学重点和教学难点的。具体地说,说教材主要包括说教材的地位和作用、教学内容的确定、教学重点与教学难点的确定。

说教材要根据教材本身的特点,说明对教材的知识结构作必要的调整,对于篇幅过长的教材应当进行适当的删节,而对于较为短小的文章则要进行延伸,更要突出重点。

1.2 说学情

在教案中对学生的分析当然不必写出来,而是体现在具体的教学实践当中,体现在课堂中,教师运用何种教学手段让学生获取知识。而编制说课稿时一定要写出来,说课时也一定要说出来,让听课的人了解你对学生的分析这一块到底是怎样做的,看看你是否真正深入到学生当中了解情况,然后做出正确的分析。在分析学生时应突出学生现有的认知状况、学生的年龄、心理状态,这些都是学生是否具备学习新知识所必需的前提条件。

1.3 说教学方法

教学方法是教学过程中通过教师和学生的共同活动来实现教学目的的具体的方式和方法。说教学方法就是说明"怎样教学"和"为什么要这样教学"的道理。教学方法的选择,教学手段的运用,直接关系到教学质量的提高,说课者必须对此做出明确的回答。当然,说课者还要说出教者在教学中是如何发挥主导作用,如何设计多边互动,引导学生合作探究,落实新课程的理念的。不仅要说出如何落实探究式、讨论式、互动式的教学方法,还要说清在什么地方使用,为什么使用,如何打破传统的以教师为中心的课堂教学。

1.4 说教学过程

教案中的教学设计是"我"将怎么做,步骤、顺序是什么,是一个操作"备忘录"。而说课稿是对教案中设计的教学过程或教学中所实践的教学过程进行说明,说明"我"为什么要这样设计这个过程,"我"将运用怎样的教学方法,这种方法能否起到我期望的结果。说课稿在说教学过程时应该给人的感觉是一个整体策划方案,说课者应当在整体构思的基础上,作分步设计。应当说清楚准备运用哪些教学环节或方式来实现自己的教学目标,并说明各个教学环节中各个阶段安排的意图,以利于学生获取知识,而且每一个教学环节都应该是环环相扣,成为一个整体,环节中的问题由浅入深,这样才能符合学生的认知基础和现有的知识水平。

2. 撰写说课稿应注意的问题

说课是说者向听者展示其教学设想的一种方式,是教学与研究相结合的一种活动。因此,在撰写说课稿时,一定要把自己的教学构想,所运用的教学手段,教学依据一一撰写清楚,将教育理论与说课实践有机地结合起来,做到理论与实践相统一,这样的说课稿才称得上是成功的,说者才能在说课活动中游刃有余,做到心中有数。

2.1 在新的课程理念下,突出理论依据

理念是行为的先导,是活动的灵魂。课程与教学理念是教学经验的升华,也是教学活动所能达到的状态与水平的前提。因此,在撰写说课稿时不能不体现这一点。

有些说者的说课活动只落实了"怎样教学"的问题,而对于"为什么要这样教学"则缺少理论的阐述。还有的教师的说课稿教学理论、思想、观念过于陈旧,跟不上时代。因此,教师在撰写说课稿时一定要充分理解新的课程与教学理念在说课

中的主导作用。

我们经常说的"教书匠"与教育家的区别就在于教育家是在一定的理论指导下,进行有目的的教学,而"教书匠"则不然,仅仅凭经验教学。由此可见,以理论指导教师的教学活动趋于科学化,在撰写说课稿时也应该是这样的。说课稿应将教案或教学过程所运用的教育学、心理学或其它理论阐述出来,并回答在说课稿中的"为什么",以接受听者的检验,这样使听者一目了然,也让自己的说课更觉自然。

2.2 语言凝炼,紧扣"标准"

说课中要语言简明,把一堂课 45 分钟能进行完的教学内容,在最多不超过 15 分的时间内说完,而且让听者听得明白,知道你这节课准备达到什么目标,并且为实现这些目标采用了哪些科学的教学方法作保证。语言凝炼还能让听者"如坐春风"。当然,即使你的说课再简明也不能脱离课程标准。精通教材、精通课程标准是说课的指南。特别是在说课稿的编制中说课时用的知识和方法要充分体现"标准"精神。脱离标准,夸夸其谈是说课中的大忌。不要因一味地追求理论上的深度和方法上的新颖而脱离课纲的精神。

2.3 个性鲜明,增强美感

说课毕竟不是上课,它仅是一次教研活动,就算是失误了也不会有多大的影响。说课的方法也很多,可以根据自己的实际情况进行选择。因此教师要解放思想、放下包袱、针对不同的教材类型和将要施教的学生实际,充分展示教者的理论修养和个性特点,这样听者既能听出"问题",又能"学到长处"。力戒千篇一律的说课活动。

语文说课和上课一样,应处处体现美,给人以美的享受:内容美——要从教材里感受美,揭示美,提炼美,升华美;语言美——这也是衡量说课成败的关键;情感美——情感是说课魅力的关键因素,不投入强烈的情感,以情感来感染人,就不可能把说课说好;板书美——板书是教师备课中构思的艺术结晶,是重点教学内容的凸现,它有独特的魅力,给学生以美的熏陶,并能吸引学生的注意力。

2.4 深入分析,突出特色

在撰写说课稿时,不必面面俱到。说者应把那些自己认为最值得告诉别人,又最能体现自己的教育教学思想的内容写出来和说出来,而不是教案的翻版或条目的罗列。关键还在于你的说课能否在具体的课堂教学中达到你预先设计好的教学理念、目标。这主要取决于说者对学生的分析,对学生学习态度的分析。学生对新知识的学习愿望和积极性直接影响他们的学习热情、兴趣,也直接影响他们能力发挥、潜能激发、知识建构、价值认同等等。对教材分析主要还体现于对教材重点难点的处理，看看说者是否把准了课文（或课程）的精髓，看看说者又是怎样理解这篇教材的。

新一轮的课程改革赋予了说课新的形式、新的手段，为说课的理论研究提供了丰富的素材，使说课理论更趋科学化、个性化和精品化，说课及说课稿的撰写对教师提出了更高的要求，教师要不断地对自己的教学进行反思和推陈出新。加之，说课稿本无固定的程序或格式，正因为如此，它才更具个性化，更能体现一个教师的风格。对说课的研究工作也应该不断地探索创新，让说课焕发新的活力，为基础教育，为广大教师的专业成长发挥"助燃剂"的作用。

3. 说课应遵循的原则

随着新课程的逐步推进，"说课"这一教研活动形式已引起教育界的广泛关注并得到深入的发展，无论从理论上还是实践上都探索并积累了不少有益的经验，正日渐成为促进教师专业成长的一条简捷、有效的途径。笔者认为，说课也和其他形式的教研活动的开展一样，应该在一定的原则指导下进行，才能取得较好的说课质量。

3.1 科学性原则

科学性原则是教学应遵循的基本原则，也是撰写或编制说课稿应遵循的基本原则，它是说课质量的基础。科学性原则对说课稿的基本要求是：(1) 科学分析教材。说者不仅要从宏观上正确把握本节课教材内容在本学科、本章节的地位、作用及本课内容的知识结构体系，深刻理解各个知识点之间的关系，还要从微观上弄清各知识点的内涵和外延。(2) 科学分析学情。说课中教师要从学生学习本课的原有基础和现有困难两个方面，分层次客观准确地分析学情，为采取相应的教学对策提供可靠的依据。(3) 科学确定教学目标。制定教学目标要与学生的实际情况、教材分析、学情分析保持高度一致，符合学生实际、大纲要求、教材内容。(4) 科学设计教学方法。要紧扣教学目标、课型特点和课程特点。选择有利于发展学生智能、可行性强的教学方法，重点、难点突出。使教学方法设计思路清晰、具有较强的可操作性。(5) 科学设计教学过程，有步骤地分析，让听者做到心中有数。

3.2 创新性原则

说课是深层次的教学研究，既可以是准教师走上岗位的测验，也是关系到你的教学构想能否成为一种成功的课前预演。因此，在说课活动中一方面要立足自己的教学特长，将自己的教学经验总结并提高，形成自己的教学风格。另一方面更要借助同行成功的范例,"他山之石,可以攻玉"。从而不断提高自己的业务水平,进而不断提高教学质量。而准教师在说课之前,更应该吸取同行的成功经验。只有在说课中不断发现问题、解决问题,才能使说课活动永远充满生机和活力。

3.3 实效性原则

实效性是说课活动效果的核心。任何活动的开展,都有其鲜明的目的,说课活动也不例外。说课的目的就是要通过"说课"这一简易、速成的形式或手段在短时间内集思广益,检验和提高教师的教学能力、教研能力,从而优化课堂教学过程,提高课堂教学效率和质量,促进学生的发展。因此,"实效性"就成了说课活动的核心。为保证每一次说课活动都能达到预期目的、收到一定的实效,至少要做到以下几点:(1)说课目的一定要明确,对教材分析要到位,对学情分析要准确,对重点、难点的讲解要有度,对教学内容分析要有步骤。(2)针对性强,评说准确,不能乱七八糟地引用。(3)说者在说课之前一定要准备充分。

3.4 理论联系实际原则

说课是教学与研究相结合的活动,所说的内容是教学设想和理论依据,教者既要说清教学设计,又要说清教学设计的依据,教学理论与课堂教学要有机地结合起来,做到理论与实践的高度统一。不但在说课中对教材的分析应以学科基础理论为指导,对学情的分析以教育学、心理学理论为指导,对教学的设计以教学论为指导;而且还应该将这些理论系统化,在说课中接受其检验。避免在说课中空谈理论,只讲做法,不讲依据,做到理论切合实际,理论与实践高度统一。

附:《我的空中楼阁》说课稿

1. 说教材

《我的空中楼阁》是湖南省中等职业教育一年级第一册第二单元第二篇讲读课文。本单元所选的五篇课文均为散文。根据单元提示,本单元的学习重点是学会"观察"和"积累"并通过鉴赏品味语言,深层次赏析作者的情感,领悟文章的主旨。《我的空中楼阁》通过描写一座玲珑的小屋,寄托了作者对独立的、安宁的、自然生活的向往,表现了作者热爱大自然的纯真情怀。在观察方法和写作方面,作者主要采用定景换点和定点换景的方法,即文章前半部分采用定景换点的方法,立足小屋之外,按照从远处看到近看再到远观的顺序,描写小屋与山、树的关系;文章后半部分则采用定点换景的方法,立足小屋,描写小屋与周围其他景物的关系。文章语言灵气飞动,表现在运用多种修辞手法描写景物,语言生动形象,化用古典诗词,语言具有典雅之美,长句与短句,整句与散句交错运用,节奏富于变化。根据单元提示和对课文的分析,我们可以将《我的空中楼阁》的教学目标确定为:(1)学习课文运用定景换点和定点换景的方法描写小屋与周围环境的关系的方法,学会观察;(2)品味文章语言,体会作者热爱大自然的纯真情怀;(3)体会"我的空中楼阁"的双重含义,把握文章的主旨。其中第1、2个目标确定为教学重点,第三个目标确定为教学难点。

2. 说学情

学生是学习的主体。教学时,我们要考虑到学生在学习本课时的原有基础、现有困难及学习心理特征,从而有针对性地确定教学重点、难点与教学方法。我的教学对象是职业中专一年级的学生,大部分学生的语文基础不是太好或者说较差,但他们对散文并不陌生。在学本课之前学生已经学过朱自清的《荷塘月色》,季羡林的《清塘荷韵》等散文,感受过散文的语言美、意境美,进行过初步的鉴赏。调查得知,许多学生课外都喜欢看散文,兴趣比较浓厚,尤其是女生。所以教学时要充分利用学生的兴趣,要引导他们进入特定的审美意境,培养学生具有宁静、适宜地接纳美的事物的心胸。

3. 说教学方法

《我的空中楼阁》与《清塘荷韵》一样,是本单元的讲读课文,对后面的散文教学有着领起、示范的作用。教学时既要教学生鉴赏课文,又要指导学生学会鉴赏的方法。本课的教学指导思想是:以教师为主导,以学生为主体,以诵读、设疑、讨论为主线,培养学生的阅读和鉴赏能力。

3.1 朗读感受,重视诵读、美读

提示学生诵读宜慢不宜快,认真体会景物描写所蕴含的思想感情,读出课文中美好的感情来。以朗读来贯穿整个教学过程,培养学生良好的语感。

3.2 设疑讨论

抒情散文重在抒写作者的情志与意趣,但这种抒写往往不是直接的,而是通过精巧的构思,富有情感与哲理的语言,在写景、状物、叙事中实现的。如何鉴赏抒情散文的情志与意趣,我认为重点在于弄清其表现手法,理解描写中寄托的浓厚的思想感情;其次,要细细品味其优美、含蓄、隽永的语言。

4. 说教学过程

《我的空中楼阁》属精读指导课文。其精读指导过程大体上分为以下几个阶段:

4.1　整体感知阶段

4.1.1　温故知新,导入新课

4.1.2　听朗读录音,正音正字

4.1.3　从内容上整体感知大意

学生阅读课文并思考:全文围绕小屋描写了哪些景物? 作者观察景物的立足点发生了怎样的变化?

4.1.4　从形式上整体感知结构

根据作者观察景物立足点的变化,将课文分为两大部分:第一部分,作者立足小屋之外,描写小屋与山,树的关系;第二部分,作者立足小屋,描写小屋与周围环境的关系。

通过整体感知,引导学生对课文内容上知大意,形式上识大体,并将感知结果作为下一教学步骤的起点。

4.2　分析课文阶段

4.2.1　分析第一部分

(1)引导学生根据第三自然段分层。"小屋点缀了山,什么来点缀小屋呢? 那是树!"据此将第一部分分为两层。

(2)分析第一层

按"写什么——怎样写——为什么这样写"的逻辑顺序组织教学过程。"怎样写"的问题引导学生从以下几个方面展开讨论:

A. "法"——表达方式中带技术性的侧面,课文中表现为描写方法;

B. "序"——表达方式中带程序性的侧面,课文中表现为描写顺序;

C. "言"——语言(三个层次:修辞、句式、字词锤炼)。

(3)分析第二层次

指导学生根据教师对第一层次的研讨方法自主分析三类问题,体现教师举其一,学生反其三,"教是为了达到不教"的目的。

(4)小结:

A. 写景抒情散文要抓住景物特点,展开多角度、多层次描写,使文章言之有物;

B. 描写景物要按照一定的顺序,根据观察景物立足点的变化组织材料,使文章言之有序;

C. 恰当运用修辞方法,合理选择句式,准确使用描写性词语进行表达,使文章语言生动、形象。

4.2.2　分析第二部分

在第一部分教师示范分析,学生在教师引导下进行自主分析,在此基础上放手让学生运用学到的方法独立分析第二部分。在这个教学步骤里,教师的主导作用逐步减弱,学生的主体作用逐步加强。

4.3　综合整体

引导学生把局部分析的种种结果联系起来作理性思考,用文章的主旨统贯全篇,用整体观点规范各个局部。这个过程就是"因道解文"的过程,凭借内容规范形式的过程。

4.4　拓展迁移

指导学生学习本文运用定景换点、定点换景的方法观察事物,进行片断作文或大作文写作训练,体现"教材是个例子"的特点,学以致用。

【思考与练习】

1. 阅读教学的基本理念和目标分别是什么?

2. 根据阅读教学的一般过程,设计一个片段、一篇课文或一个单元的教学过程。

3. 从中小学语文教材中选一篇课文,撰写一篇说课稿。

第五章　常用文体教学

常用文体，又称实用文，包括说明文、议论文、记叙文、应用文等四种文章体裁。常用文体教学是语文教学的重点。鉴于应用文本身具有固定体式，本章只介绍前三种文体的教学。

第一节　说明文教学

说明文是一种科学性文体。说明文教学是语文教学的重要内容之一。进行说明文教学，既是开拓学生知识视野，激发爱科学学科学的兴趣、培养科学探索精神的需要，也是训练学生细致观察、科学认识、准确表达，提高观察力、思维力和表达力的需要，又是帮助学生适应未来社会生活的需要。

1. 说明文的特点

1.1　说明内容的特点

说明文是以说明为主要表达方式解释客观事物的文章，文章标题的语言形式一般是一个泛指某类客观事物的语词（词和短语），如《中国石拱桥》。一篇说明文表达的全部内容，概括起来，就是对文章语词标题所指客观事物的种种解释，展开在正文中，便是使用"什么是什么"等一类表陈述的语句具体阐释文章语词标题所指客观事物自身的属性和它与其他事物的关系，以及性质、关系的发展变化，还有它所辖所属的种类或组成部分、构成因素、结构层次等等，简言之，即具体阐释语词标题所指客观事物的含义和范围。如从逻辑的角度相应概括，则说明文对语词标题所指某客观事物种种解释，就是思维对反映某客观事物的概念的一切加以揭示，文章语词标题所体现的思维形式是一个概念，而正文中对某客观事物的含义和范围的具体解释，就是对这个概念的内涵和外延的揭示，用以解释的一些类如"什么是什么"的陈述句，所体现的思维形式，就是揭示这个概念的一系列判断。如将说明文表达的全部内容作内容、形式两分，则文章语词所显示的意义，即语词指称的客观对象以及它的特征、性质、关系、发展变化等具体内容,体现的是反映在某概念中的对象及其属性,也就是某概念的内涵、外延,某概念的具体内容;而文章语言的结构形式,如语词、语句的主谓式、偏正式等等,则体现的是反映在某概念中的对象及其属性之间既相互联系又相互区别的这种普遍关系的定式,也就是某一概念的内涵、外延结构、某概念的逻辑形式。应当明确:概念的逻辑形式是概念的具体内容间普遍关系的逻辑抽象,与概念的具体内容一样,同是概念所反映的全部客观内容的一个部分。

阅读一篇说明文一般只要求把握它的具体内容、明确所说对象及其属性。但要准确把握说明文的具体内容,却不能不顾及它的抽象内容,也就是它的逻辑形式,注意"对象范围"(外延)与"属性内容"(内涵)之间相对相应的关系。只有兼顾"对象"与"属性"两面,相对相应地明确"说谁"和"说它的什么",这样所抓住的具体内容才是合乎逻辑而准确无误的。某些语文教科书论及说明文阅读只提"抓特征"而不提"抓对象",显然是不讲逻辑的,也是很难准确把握说明文的具体内容的。

1.2 说明方法的逻辑特征

说明文是以说明为主要表达方式的文章体裁。文章表达方式是思维活动方式的物化形式。思维方式是思维反映客观事物的方法过程,它可以分为"法"(方法、技术、手段)和"序"(程序、条理、结构)两个侧面。依据语言思维的相应关系,思维方法由表达方式中带技术性的侧面——表达方法来体现,思维条理由表达方式中带程序性的侧面——表达条理来体现。说明方法指的是说明文中解释客观事物的手段,它就是"说明"这一表达方式中带技术性的那个侧面。它所体现的思维方法具有如下两个方面的逻辑特征:

(1) 说明方法体现的是明确概念内涵、外延的逻辑方法

前文已明,从逻辑的角度概括,一篇说明文的具体内容就是揭示某个概念的内涵和外延。作为解释客观事物手段的说明方法,它们的落脚点,自然与其所体现的揭示概念的逻辑手段一样,就在于明确这个概念的内涵和外延。所以,就方法的客观作用和要达到的目的而言,说明方法体现的就是明确概念内涵和外延的逻辑方法。一切常用的说明方法都可以逻辑地分为明确概念内涵的说明方法和明确概念外延的说明方法。

(2) 说明方法体现的是分析与综合相结合的逻辑方法

逻辑学告诉我们:明确一个概念的内涵、外延,形成某个概念,有赖于发挥思维自身的分合功能,在思维中对客观事物加以分分合合,进行分析、综合。所以,从方

法自身的功能和起作用的形式说,说明方法体现的是以分合为基础的分析和综合这对逻辑方法。比较复杂的分析、综合,它的思维环节不是单一的,其中合并使用了分解与合成、抽象与概括、求同比较与求异比较等思维方法。这些都体现在说明文的"说明"之中。

一般地说,局部分析起始于分解而结束于抽象、整体综合发端于合成而完成于概括。分解、抽象是分析法的主要环节,合成、概括是综合法的主要环节,而比较为诸环节的中介。在理性认识的过程中、思维通过对认识对象的分解与合成,便能把握对象存在的范围、即反映某对象的概念的外延;思维通过对认识对象的抽象与概括,便能把握对象的特有属性或本质属性,即反映某对象的概念的内涵。所以说,一切以阐释事物范围、明确概念外延为目的常用说明方法,都具有分解、合成法的逻辑特征;一切以阐释事物含义、明确概念内涵为目的常用说明方法都具有抽象、概括法的逻辑特征。

必须明确,在实际的思维过程中,分析与综合本是我中有你,你中有我,互为前提,相互为用的。分解是合成的基础,而合成是分解的前导;抽象中寓有概括,而概括是抽象的完成。人们就是在辩证交替使用这些方法作用于客体而形成对于客观事物的概念的。值得注意的是:第一,由于分解与合成,抽象与概括,有时密切到难分难解的程度,以致在讲究界限分明的形式逻辑中,与分解相配的合成、与概括合辙的抽象都失去了它应有的独立地位。例如普通逻辑就只提定义(概括)是明确概念内涵的逻辑方法,划分是明确概念外延的逻辑方法,而很少,甚至没有提到与定义(概括)、划分相反相成的抽象与集合,反映到说明方法上,就是仅有定义、诠释、分类、分部之说。第二,由于分解与合成、抽象与概括有时密切到难分难解的程度,所以在许多语言表达场合,人们往往习惯于用分解的说法来表达合成的结果,用概括的说法来表达抽象的结果,以致一旦脱离语境就不能断定,某个定义、诠释是在作分析性的抽象还是在作综合性的概括;某种分类、分部是在作分析性的分解还是在作综合性的合成。要明确这些方法究竟是分析还是综合,便只能依据分合交替的逻辑并结合上下文、前后语(即语境)来推断了。

综上所述,一切常用的说明方法,依据它所体现的逻辑特征的不同,可以分为:

① 抽象概括,明确概念内涵的说明方法,包括定义说明法和类似定义说明法(诠释、描述、比较、示例等)。

② 分解合成,明确概念外延的说明方法,包括分类归类说明法和类似分类归类说明法(组合、分部、系统、排次等)。

　　每种说明方法都是与其他说明方法相配使用的，其与相配的说明方法，一体现综合，一体现分析。

　　阅读说明文，要通过说明方法的学习，养成运用分合思维方法剖析事物的习惯，为此必须把握说明方法的逻辑特征，既知方法作用于对象的目的，又知方法作用于对象的形式，而仅仅知道在说明事物时使用了某种说明方法是远远不够的。

　　1.3　说明条理的逻辑特征

　　说明条理是说明方式中带程序性的那个侧面，通常亦称说明的程序或结构。如前所述，表达条理是思维条理的物化形式。所谓思维条理，就是思维方法展开的路数。说明方法，所体现的是分析和综合相结合的逻辑方法，因而说明条理所体现的就是分析法和综合法展开的条理，即分合交替的条理。

　　（1）篇的条理结构

　　依据分合交替形式的不同，一篇说明文的条理结构，可分四个类型：

　　甲、分析型

　　基本路数是先合后分，体现的是在综合的前导下进行的分析。综合部分在前，称为"总说"，分析部分在后，称为"分说"。其模式如下：

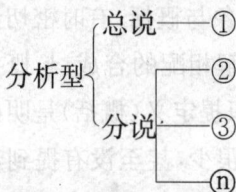

$$
\text{分析型}
\begin{cases}
\text{总说} \quad\text{——①} \\[4pt]
\text{分说}
\begin{cases}
② \\
③ \\
n
\end{cases}
\end{cases}
$$

（"n"代表大于2的数。）

　　乙、综合型

　　基本路数是先分后合，体现的是在分析的基础上进行的综合。综合部分在后，称为"总结"。其模式如下：

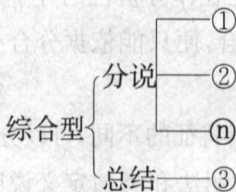

$$
\text{综合型}
\begin{cases}
\text{分说}
\begin{cases}
① \\
② \\
n
\end{cases} \\[4pt]
\text{总结} \quad\text{——③}
\end{cases}
$$

　　丙、分合型

　　基本路数是先综合、次分析、再综合，体现的是在综合的前导下分析，在分析的基础上进行新的综合。其模式如下：

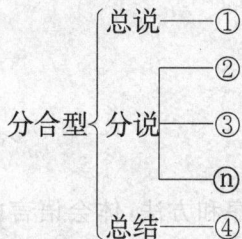

```
          ┌ 总说──①
          │        ┌②
 分合型 ┤ 分说 ┤③
          │        └ⓝ
          └ 总结──④
```

丁、分说型

这是说明文全篇条理结构的特殊形式,基本路数是几个分说相并相承、互相联合,与综合性的文章标题的内容相对相应,是在隐含的综合前导下的分析。这种形式看似简单,实际上每个分说的内部构成都比较复杂,可以是分析型、综合型、分合型、分说型中的任何一型。其模式如下:

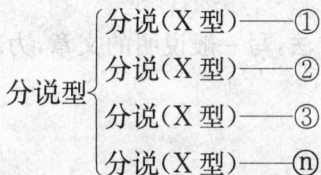

```
          ┌ 分说(X 型)──①
          │ 分说(X 型)──②
 分说型 ┤
          │ 分说(X 型)──③
          └ 分说(X 型)──ⓝ
```

("X 型",表上述四种全篇条理结构类型中的任何一型。)

(2) 章的条理结构

甲、总说、总结章的结构成分

一个典型的总说、总结章由以下三种成分构成:

① 说点:就是对客观事物所解释的要点,指的是说明对象及其属性。

② 说因:就是引起对客观事物进行解释的原因。

③ 申说:就是对"说点"的引申和补充。

值得注意的是:并非每一总说、总结章都具有上述三种成分;而作为总说、总结章必有"说点"这一成分。只有"说因"、"申说"而缺少"说点",就不能称为总说、总结章。

乙、分说章的结构类型

① 篇式章:章的条理结构模式为篇的条理结构模式的缩影,亦有分析型、综合型、分合型之分。

② 联合章:由两个以上的分说构成,各分说之间无主次之分,呈并列、相承、递进、对比等关系。

③ 主从章:由两个以上的分说构成,各分说之间有主次之分,呈因果、条件、转

折、解证等关系。

④ 独句章：章为一个句子，因体现综合而独句成章。

2. 说明文的教学目标与教学要点

2.1 以往的课纲对说明文教学目的的规定

阅读说明文，能理解说明的事物的特征，说明的顺序和方法，体会语言的准确性。

阅读比较复杂的说明文，能够理清层次，领会内容的科学性和语言的准确性，分析主要的说明方法。

能写五六百字的说明文，做到表达准确，条理清楚，抓住事物特征，运用分类、举例、列数字、作比较等说明方法。

根据不同表达方式和体裁的特点阅读课文。

着重培养说明能力，掌握说明事物的要点和方法，写一般说明的文章，力求比较准确、清楚、有条理。

学习逻辑思维的基本规律。

2.2 语文新课标三维目标设计要求

语文新课标要求根据知识和能力、过程和方法、情感态度和价值观三个维度设计语文教学目标。在"阶段目标"第三学段（5—6 年级）阅读目标中规定："阅读说明性文章，能抓住要点，了解文章的基本说明方法。"第四学段（7—9 年级）阅读目标中规定："阅读科技作品，注意领会作品中所体现的科学精神和科学思想方法。"写作目标中规定："写简单的说明文，做到明白清楚。"

2.3 说明文教学目标概述

综合以上规定，我们可以将说明文的教学目标概括为：

指导学生学习说明文课文和必要的说明文知识，进行说明文听说读写能力的严格训练，培养学生具有说明能力，能读会写说明文。其中，初中阶段，要求学生能够阅读一般的科技读物，能写简单的说明文；高中阶段，要求学生能够比较熟练地阅读一般的科技读物，能写一般的说明文。具体来说，说明文教学目标应包括以下几个方面：

（1）通过说明文的教学，使学生学好说明文知识

A. 跟叙述文和议论文相比较，说明文的特点是什么；

B. 怎样通过实践，通过调查研究来认识客观事物，收集有关的感觉材料，从而确定一篇说明文的主旨，并根据主旨的需要来选定材料；对这些材料有什么要求；

C. 说明文的结构方式常见的有哪几种,它们是按照什么样的顺序把材料组织起来的;

D. 对说明文的语言有哪些要求,要达到这些要求应该注意些什么;

E. 怎样运用抽象的分析综合的写作方法和逻辑思维形式;

F. 其他语文知识:课文中的常用字、词、句型、语法知识、修辞知识、逻辑知识等。

(2) 通过说明文课文的教学,培养学生阅读说明文的能力

A. 把握文章所反映的事物要点——事物的形状、构造、成因、方法、关系、效能、用途,特别是事物的特征、本质或规律性等(说明对象及其属性);

B. 把握文章的主旨和表达主旨所用的主要材料;

C. 把握文章所使用的说明方法以及说明方法作用于说明对象的形式和目的;

D. 把握文章的结构安排——组织材料的主要方式;

E. 把握文章语言的特点;

F. 把握文章的逻辑性。

(3) 通过说明文写作的教学,培养学生写作说明文的能力

A. 能写出事物的要点;

B. 主旨明确,所选用的主要材料能为表达主旨服务;

C. 能较好地运用说明方法来说明事物;

D. 条理清楚;

E. 语句通顺;

F. 前后一贯,不互相冲突。

2.4 关于说明文文体知识的教学

说明文文体知识的教学,是在一篇篇说明文的教学过程中进行的。说明文的教学过程是根据每篇说明文的特点,针对一定年龄和一定程度的学生,为了达到一定的教学目标而有计划地组织起来的教学活动序列。在这一过程中,要指导学生学习课文的思想内容和语文形式,突出重点、解决难点。要结合课文指导学生学习有关说明文文体的知识,学好这些知识才能真正理解课文。

(1) 教学任何一篇说明文,都需要使学生准确地理解它所要反映的客观事物的要点。我们知道,说明事物,往往要解说事物的形状、构造、成因、方法、关系、效能、用途等等,特别是事物的特征、本质及其规律性。

(2) 说明文为了有效地说明客观事物的要点,充分地表达主旨,必须运用若干

必要的材料。主旨统率材料,而材料则为表达主旨服务。在一篇文章里,主旨和材料是紧密结合着的一个有机的整体。

说明文的材料要经过科学的精心选择。选择材料时应当注意真实、典型、精确的数字和最新最近的材料四点。

(3)抽象的分析综合的写作方法与思维方法的训练

说明文作为一种科学性文体,它必须依据工农业生产、科学技术研究的实际情况进行分析综合,把这些事物的特征、本质及其规律性等解说明白;它必须从客观事物的实际出发,实事求是地对事物进行具体的、科学的分析,并在分析的基础上进行科学的概括综合。分析综合既是一种逻辑思维形式,又是一种写作方法。分析综合的知识,是说明文文体知识的重要组成部分。

(4)说明文结构知识的教学

在确定了主旨,选定了材料之后,便要解决怎样把材料组织起来以表达主旨这一问题,即说明文的结构问题。说明文的条理结构与分析综合的写作方法、思维方法有着密切的联系。关于说明文的条理结构,前文已有阐释。在说明文的教学中,我们要注意把说明文结构知识的教学与分析综合的逻辑思维形式、写作方法的具体运用有机统一起来。

2.5 关于说明文阅读能力的训练

说明文的阅读能力训练,为的是使学生达到语文课纲的要求。要使学生阅读说明文的能力达到语文课纲的要求,必须有计划地进行训练。

不论指导学生学习哪一类课文,都需要注意培养学生认真阅读,积极思考,勤查、勤记的良好习惯。要通过一篇篇课文的教学,指导学生学习字、词、句、篇章结构的基础知识,提高他们理解、分析课文的能力,并且随时注意锻炼他们听、说的能力。同时,还要结合课文进行必要的单项写作训练和综合性写作训练,这些是同作文教学密切联系着的。在上述教学过程中,逐步提高学生观察、思维的能力,培养分析问题、解决问题的能力,从而发展学生的智力。说明文的阅读教学也是如此。

我们曾经说过,说明文往往要解说事物的形状、构造、成因、方法、关系、效能、用途等等,而解说的主要之点则是事物的特征、本质及其规律性。这些便是说明文所解说的事物要点。说明文的阅读教学,要指导学生学习包括事物要点在内的有关说明文的基础知识,提高学生阅读说明文以及听取别人的口头说明的能力,同时进行有关说明性质的单项写作训练和综合性写作训练。在上述教学过程中,培养学生的观察能力、辩证地认识事物的能力和分析综合的逻辑思维能力,从而发展学生的智力。同是说明文,每一篇又有自己的特点。教师要根据每篇课文的特点,针对学生的年龄特点和实际程度,采取适当的教学方法,有计划地教学每篇说明文。

一篇文章是思想内容和语文形式的统一体。指导学生深入领会文章的思想内容和语文形式,是对学生进行阅读能力训练的最重要的一步。内容决定形式。语文形式是为表达思想内容服务的。引导学生理解语文形式,从而领会它所表达的思想内容,受到思想教育;结合思想内容使学生更进一步理解语文形式,受到语文教育。认识语文形式越透彻,对思想内容的理解就会越深刻;而越深刻地理解思想内容,就会更透彻地认识语文形式。语文教育和思想人文教育就是这样密切结合逐步深入地进行的。在这样的教学过程中,思想内容是核心,而语文形式的教学是重点。

2.6 关于说明文写作能力的训练

说明文的写作能力训练,为的是使学生达到语文课纲的要求。要使学生写作说明文的能力达到语文课纲的要求,必须有计划地进行训练。

(1)说明文课文教学过程中的写作训练

说明文课文教学过程中的写作训练主要采取单项写作训练和综合性小型写作训练的形式进行。可以是词语方面的,也可以是结构方面的或内容方面的。单项写作训练和综合性小型写作训练的形式多样,教师可以根据具体情况加以运用。结合课文教学对学生进行这种写作训练,能够为学生的作文训练打下基础。没有这种训练,单靠作文教学是不能顺利完成课纲所提出的要求的。

(2)作文教学过程中的说明文写作训练

根据课纲的要求,对初中阶段说明文的写作训练可以提出如下的标准:说明事物的要点——事物的形状、构造、成因、方法、关系、效能、用途,特别是事物的特征、本质或规律等;主旨明确,所选用的主要材料能为表达主旨服务;条理清楚;语言准确、简明。对高中阶段说明文的写作训练可以提出如下标准:说明事物的要点符合实际;主旨正确鲜明,材料选择适当;条理分明,结构完整;语言准确、简明、周密。为了达到这样的标准,需要有计划地对学生进行训练。说明文的内容颇为广泛。在中学阶段,可以指导学生练习实物的说明、事物发展变化过程的说明、事物各方面所表现的主要次要因素的说明、事物的内部联系和事物彼此之间的关系的说明等等。教师要深入了解学生的生活——学习生活、家庭生活、社会生活,针对他们的实际程度,在命题、指导、批改、讲评这几个方面有计划地对他们进行训练。

指导学生练习写说明文,应当要求他们紧紧抓住事物的要点,也就是事物的形状、构造、成因、方法、关系、效能、用途，特别是事物的特征、本质或者规律性等进行分析，从中概括出主旨，围绕主旨选择材料，然后把材料理出顺序，尽量用准确而简明的语言表达出来。

批改学生的说明文习作，先要看写的基本上是不是说明文。如果不是，就要对学生进行具体的指导。批改的目的是鼓励学生进一步发扬优点，克服缺点，使他们逐步达到说明文的写作标准。批改的内容包括文章所反映的事物要点、主旨、材料选择、结构安排和语言运用，而以初、高中学生的说明文写作标准为尺度，按照学生的年龄和实际程度来评定成绩。就大多数学生说，批改的原则是：多就少改；按照每篇作文提出的不同要求进行重点批改；以鼓励为主。批改的方式有教师改、学生自改、互改和集体改几种，而以教师指导下的学生自改效果最好。要注意把学生引上说明文写作的正轨，逐步提高写作能力。对写得好的习作既要表扬，更要指出存在的不足之处，并进行具体的指导，使他们继续进步；对写得差的或比较差的习作应细心指点，使学生奋发努力而不自馁。

作文讲评是推动学生写作训练的重要环节之一，应根据每次作文提出的要求作出评定。对大多数学生说，哪些地方达到了要求，哪些地方没有达到，都需要举出典型例证加以说明（对没有达到要求的学生不指名）；下次作文应当注意什么，也要作出明确的指示。针对一般学生的讲评是重要的，但还需要做个别讲评：对优秀的作文要指出下一步如何提高，对水平低的作文要作具体分析，多加帮助。优秀的作文，让学生在班上朗读、传观或登在墙报上，这些做法都是可取的，对全班学生能起鼓舞作用。讲评也需要启发学生思考，有些问题可以让学生讨论。对于个别学生的特殊问题，则以个别谈话为宜。

对于说明文课外写作训练来说，需要教师从多方面进行指导。一方面是指导学生学好课本上的说明文，使学生认清说明文的特点，喜欢这种文章。另一方面是指导学生学会细致地观察事物，认真地分析事物的各个侧面，抓住事物的要点，并如实地写出来。指导学生认真地观察、分析自己接触的各种事物，可以使他们开阔视野，活跃思想，培养对新鲜事物的敏感，提高观察、分析能力，从而发展他们的智力。

2.7 口头说明能力的训练

（1）培养学生口头说明能力，往往运用复述这一方式。通过复述，可以使学生熟悉课文，学习课文的语言，这对提高学生口头说明的能力有重要作用。

（2）朗读。通过朗读，不仅可以使学生进一步熟悉课文，而且能培养他们的说话能力，包括口头说明能力在内。

（3）在指导学生分析课文的过程中，要通过多种途径训练学生的口头说明能力。

（4）对学生进行分析综合的逻辑思维训练。

第二节　议论文教学

议论文是一种科学性文体。议论文教学是语文教学的重要教学内容之一。进行议论文教学可以引导学生深入观察社会和人生，训练辩证思维，发展思维能力，受到是非教育，提高认识水平。

1　议论文的特点

1.1　议论内容的逻辑特征

议论文是以议论为主要表达方式，发挥自己的见解或批评他人的意见的文体。文章标题的语言形式一般是一个陈述作者对客观事物规律性的某种见解的语句，如《改造我们的学习》。有些虽以语词标题，究其实，则多为语句的省略，如《拿来主义》。一篇议论文表达的全部内容，概括起来，就是对文章句式标题所述对客观事物规律性的某种见解的种种发挥，或是对与这种见解相反的意见的种种批评。展开在正文中，就是使用一系列类似于"因为什么，所以怎样"的句群，具体论述这种见解的真实性或与之相反的意见的虚伪性。如从逻辑的角度相应概括，则议论文对句式标题所述见解的发挥或与之相反的意见的批评，就是思维对客观事物情况有所断定的某个判断或与之相否定的判断的反复论证，文章句式标题所体现的思维形式是一个判断。而正文中对"见解"的真实性或对与之相反的"意见"的虚伪性的种种论述，就是对这个判断所作的一系列的具体证明，或是对与之相否定的判断所作的多方面的具体反驳，那用以证明或反驳的一系列句群所体现的思维形式乃是一系列推理。如将议论文表达的全部内容作内容、形式两分，文章语词所显示的意义，即语词指称的客观对象以及它的性质、关系、发展变化等具体内容，体现的是反映在某个判断中的事物概念和属性概念，即要论证在某个判断中的要领概念与概念之间既相互联系又相互区别的这种普遍关系的定式，也就是要论证的某个判断的"主项—联项—谓项"或相类似的逻辑形式。判断的逻辑形式也不是外在于判断内容方面的东西。

议论文的全部内容和说明文的全部内容集中体现的逻辑内容：一为判断的论

证,一为概念的揭示,两者似乎全然不同,其实并非这样。在逻辑思维的过程中,概念与判断这两种思维形式本是相互为用的。没有概念,无以组成判断;而没有判断,则概念无从揭示。逻辑学告诉我们,只有单一结构的概念形式,是一个隐含着很多矛盾内容的整体,这些矛盾着的内容只有通过判断的形式才能充分展开并获得明确的规定。正因为"判断是在概念本身中建立起来的概念的规定性"(黑格尔:《逻辑学》),某个判断即是某个概念的内涵与外延间特定关系的展开,即是某个概念的内涵与外延的进一步的规定,所以,一篇议论文要论证的逻辑内容,即要论证的某个判断,也可以说,要论证的是某个概念的内涵与外延间的特定关系,是某个概念的内涵与外延的规定性,这与说明文要揭示的逻辑内容并无本质上的区别。唯一不同的是:说明文要揭示的是某个概念的内涵与外延的全部规定性,而议论文要论证的只是某个概念的内涵与外延的某一规定性。

阅读一篇议论文,首先要求把握文章的中心论点,也就是作者对事物规律性的见解。要把握中心论点也得顾及论点所体现的逻辑形式,注意作者论及的事物情况是对象与属性、概念与概念之间哪一特定规定,还是情况与情况之间何种逻辑联系。其次,还必须弄清,作者是依据什么来论证这一关系和联系的。

1.2 论证方法的逻辑特征

论证方法指的是议论文中发挥自己的见解或者批评他人的见解的手段,它是议论这一表达方式中带技术性的那个侧面。它所体现的逻辑方法具有如下两个方面的特征:

(1) 论证方法体现的是归纳和演绎相结合的逻辑方法

从逻辑的角度讲,所谓论证就是借助推理的形式,由一个或几个判断的真实性,进而确定另一个判断的真实性或虚伪性。逻辑学告诉我们:要证实一个判断的真伪,有赖于发挥思维的推导功能,依据存在于判断之中的逻辑联系来展开思维活动,或者从许多反映同类的个别或特殊的事物判断中归结出来反映一般事物的原则性判断,或者从某个反映一般事物的原则性判断中导演出反映特殊或个别事物的判断。所以,从方法的自身功能和起作用的形式说,论证方法体现的是归纳和演绎这对逻辑方法。在实际的思维过程中,归纳和演绎是辩证结合在一起的,两者互为前提,相互渗透,相互补充,相互转化,这些辩证因素在一篇议论文的具体论证中都有不同程度的体现。

(2) 论证方法体现的是分析和综合相结合的逻辑方法

归纳、演绎与分析、综合之间没有不可跨越的鸿沟。在一定意义上说,归纳和演绎是分析和综合的进一步发展,是分析和综合在推理过程中的特殊表现。细而言之,归纳中包含着综合,归纳的结论即是对诸个别、特殊事物情况本质属性的综合;演绎中包含分析,演绎的过程即是对事物情况逻辑关系或联系的分析过程;归纳也离不开分析,归纳的过程即是对个别、特殊事物情况本质属性的抽象分析过程;演绎也离不开综合,演绎的结论即对事物情况逻辑关系或联系的具体概括。所以说,体现着归纳和演绎的论证方法又体现了分析和综合。

论证方法的分类都紧扣着它的逻辑特征。依据推理论证中的逻辑联系方向的不同,论证方法可分为类比论证(个别——个别),归纳论证(个别——一般),演绎论证(一般——个别)。由于类比论证中作为前提的"个别",要求具有典型性,是大致体现"一般"的"个别",故亦常纳入演绎论证的范围。演绎论证又依据推理系统中的逻辑关系是否单一,分为直言演绎论证和其他演绎论证,如选言论证、假言论证、关系论证。类比论证,归纳论证和直言演绎论证都局限于单一主体,一类对象的范围,是依据对象的类属关系,在一类的"一般——特殊——个别"这三个逻辑层次之间展开的推理论证;选言论证虽仍局限于单一主体,一类对象,但却是依据对象有多种可能的或然关系所进行的推理论证。假言论证则突破了单一主体的范围,进入了两个主体和两个属性之间的关系——实际上是两种情况、两个关系的关系——的领域,它是依据两个情况、两个关系之间的因果关系进行的推理论证。关系论证更进了一步,它是依据群体对象之间的传递性、对调性等多样关系进行的推理论证。从依据单一主体属性关系的推理论证到依据群体多样关系的推理论证,是由简单到复杂,由初级到高级逐步上升的。

依据论据性质的不同,论证方法则可分为事理论证和事实论证。事理论证即通常说的"讲道理"。论据的性质是抽象概括、理念性的。事实论证即通常说的"摆事实",论据的性质是具体可感,经验性的。事实论证主要有分合论、比喻论、因果论。

"分合论"是依据论据与论点之间的属种关系或全体与部分的关系展开的事实证明。它包括两式:① 以分证合式。"分"指代表"个别"的具体性事例,"合"指代表"一般"的概括性论点,这是以典型事例为据的论证形式,多属不完全归纳论证。② 以合证分式。"合"指整体事实,"分"指部分事实。这是以全体事实为据的证明形式,多属联言分解式论证。

"比喻论"是依论据与论点之间的类似关系展开的事实证明。这是一种宽泛的类比论证形式。

"因果论"是依据论据与论点之间的因果联系展开的事实论证。它包括两式：① 以因证果式。"因"指表原因的具体事实，为论据；"果"指表结果的一般论断，为论点。这是依据"有因必有果"的假定，引用属"因"的具体事实为据的论证形式，属于充分条件的假言论证。② 以果证因式。"果"指表结果的具体事实，为论据；"因"指表原因的一般论断，为论点。这是依据"有果必有因"的假定，引用属"果"的具体事实为据的论证形式，属必要条件的假言论证。

依据论据与论点的联系是否连续直接，论证方法还可分为直接论证和间接论证。间接论证主要包括反证法和选言证法。

应当明确，反驳也是一种论证，即对某一判断的虚伪性的论证。反驳的这一实质决定反驳方法与论证方法大体一样。依据被反驳方面的不同，反驳方法有反驳论点、反驳论据、反驳论证之分。这为反驳中有反方论点、论据、论证所决定，似乎是反驳独有的方法，但严格地说，这还只是反驳的着眼点，算不得"方法"、"手段"意义上的规定。依据论据与反方论点的联系是否直接，反驳方法尚可分为直接反驳和间接反驳。间接反驳一般包括独立证明和归谬法。所谓直接反驳就是对某判断虚伪性的直接论证，所谓独立证明就包括对某判断真实性的论证，所谓归谬就包含在间接论证的反证法之中。

阅读议论文，要通过论证方法的学习，养成运用归纳、演绎这对特殊的分合思维方法剖析事物的习惯。为此，必须把握论证方法的逻辑特征，明了由简单到复杂的归纳，演绎论证系列，并懂得归纳演绎与分析综合的渊源关系。

1.3　议论条理的逻辑特征

议论条理常称论证程序、论证结构，它是议论方式中带程序性的那个侧面，是论证方法，也就是归纳法和演绎法，分析法和综合法在文中交织展开的条理。

（1）篇的条理结构

依据归纳演绎，分析综合交织形式的不同，一篇议论文的条理结构，可分四个类型。

甲、析论型

基本路数是从综论到析论，体现的是在综合论证前导下的分析论证。综论部分在前，称为"总论"，析论部分在后，称为"分论"。每一分论，或使用归纳析取事物情况的本质属性，或使用演绎剖明事物情况的逻辑关系或联系，故每一分论与总论之间是"个别———一般"或"一般———个别"的路数。总论多是对诸分论所析事物情况的本质属性或逻辑关系、联系的大体概括，故总论与诸分论之间是"综合———分析"的路数。其模式如下：

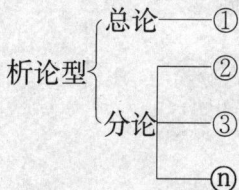

$$
析论型
\begin{cases}
总论——① \\
分论
\begin{cases}
② \\
③ \\
ⓝ
\end{cases}
\end{cases}
$$

（"n"代表大于2的数。）

乙、综论型

基本路数是先析论、后综论，体现的是在分析论证基础上的综合论证。综合论证在后，称为"结论"。每一分论，或使用归纳析取事物情况本质属性，或使用演绎剖析事物情况的逻辑关系或联系，故每一分论与结论之间是"个别——一般"或"一般——个别"的路数。结论是对诸分论所析事物情况的本质属性或逻辑关系、联系的总的概括，故分论与结论之间是"分析——综合"的路数。其模式如下：

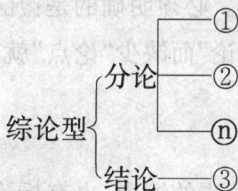

$$
综论型
\begin{cases}
分论
\begin{cases}
① \\
② \\
ⓝ
\end{cases} \\
结论——③
\end{cases}
$$

丙、综析型

基本路数是先综论、次析论、再综论，体现的是在综合论证的前导下作分析论证，在分析论证的基础上进行新的综合论证。每一分论与总论、结论之间是"个别——一般"或"一般——个别"的路数。总论与诸分论之间是"综合——分析"的路数；诸分论与结论之间是"分析——综合"的路数。其模式如下：

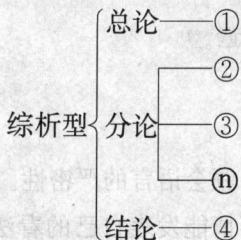

$$
综析型
\begin{cases}
总论——① \\
分论
\begin{cases}
② \\
③ \\
ⓝ
\end{cases} \\
结论——④
\end{cases}
$$

丁、分论型

为全篇条理结构的特殊形式，基本路数是几个分论相并相承，互相联合，一般与综合性的文章标题的内容相对应，是在隐含的综合论证前导下的分析论证。形式看似简单，实际上每一分论的内部构成都较复杂，可以是析论型、综论型、综析型、分论型中的任何一型。其结构模式如下：

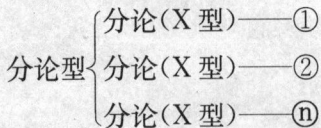

$$分论型\begin{cases}分论(\text{X 型})——① \\ 分论(\text{X 型})——② \\ 分论(\text{X 型})——ⓝ\end{cases}$$

（"X"型，表上述四种全篇条理结构中的任何一型。）

（2）议论文章的条理结构

甲、总论、结论章的结构成分

一个典型的总论、结论章由以下三种成分构成：

① 论点：就是作者要论证的揭示事物规律性的某种见解，即对事物情况有所断定的判断。

② 论因：就是引起对事物规律性进行论证的原因。

③ 申论：就是对论点的引申、补充乃至大体上的论证。

值得注意的是：并非每一总论或结论都有这三种成分。必须明确的是：凡作为"总论"、"总结"都必须有论点这一成分，只有"论因"和"申论"而缺少"论点"就不能称为"总论"、"结论"。

乙、分论章的结构类型

① 篇式章：章与篇同构，章的结构模式为篇的结构模式的缩影，也有析论型、综论型、综析型之分。

② 联合章：由两个以上分论构成，各分论之间无主次之分，呈并列、相承、递进、对比等关系。

③ 主从章：由两个以上分论构成，各分论之间有主次之分，呈转折、解释、引申、补充等关系。

④ 独句章：章为一个句子，因体现综合论证而独句成章。

2. 议论文的教学目标与教学要点

2.1 以往的课纲对议论文教学目的的规定

阅读议论文，能把握文章阐述的观点，了解论证方法，领会语言的严密性。

能写五六百字的一事一议的议论文，对周围发生的事情能发表自己的看法，做到论点明确，有根有据，有点分析。

听说能力：1. 参加讨论，能听出不同的意见和分歧所在。听议论性讲话，能把握住对方的论点和论据。2. 能借助自拟提纲演说，做到中心明确，思路清楚。能做简短的即席发言。3. 对别人的意见或对某一事件，能发表自己的看法，做到观点明确,有条有理。

阅读比较复杂的议论文,能理清层次,把握中心论点,分析论证方法,注意文章的逻辑性。

学习写比较复杂的议论文,论点明确,论据比较充分,能运用常见的论证方法,有一定的逻辑性和说服力。

说话能力:能就某一个问题进行辩论,观点鲜明,思路清楚,论据比较充分,有一定的说服力。

要重视学生思维能力的发展。在语文教学的过程中,指导学生运用比较、分析、归纳等方法,发展他们的观察、记忆、思考、联想和想象的能力,尤其要重视培养学生的创造性思维。

学习逻辑思维的基本规律。

2.2 《全日制义务教育语文课程标准(实验稿)》对议论文教学目标的规定

《全日制义务教育语文课程标准(实验稿)》阶段目标中第四学段(7—9 年级)的阅读目标规定:"阅读简单的议论文,区分观点材料(道理、事实、数据、图表等),发现观点与材料之间的联系,并通过自己的思考,作出判断。"写作目标规定:"写简单的议论文,努力做到有理有据。"口语交际目标规定:"能就适当的话题作即席讲话和有准备的主题演讲,有自己的观点,有一定说服力。""课堂内外讨论问题,能积极发表自己的看法,有中心、有条理、有根据。能听出讨论的焦点,并有针对性地发表意见。"

2.3 议论文教学目标概述

综合以上规定,我们把议论文的教学目标概括为:

指导学生学习议论性文章和必要的议论文知识,进行议论文听说读写的严格训练,培养学生具有议论能力,能读会写议论文。其中,初中阶段,要求学生能够阅读和写作简单的议论文;高中阶段,要求学生能够比较熟练地阅读和写作一般的议论文。而议论文教学的根本任务是训练思维,即:学习思维的基本规律,训练思维的语言表达技巧,培养思维的能力。具体来说,议论文教学目标应包括以下几个方面:

(1) 通过议论文的教学,使学生学好议论文知识

A. 跟叙述文和说明文相比较,议论文的特点是什么;

B. 怎样通过实践,通过调查研究来认识客观事物,收集有关的感觉材料,从而确定一篇议论文的主旨,并根据主旨的需要来选定材料;对这些材料有什么要求;

C. 议论文的结构方式常见的有哪几种,它们是按照什么样的顺序把材料组织起来的;

D. 对议论文的语言有哪些要求,要达到这些要求应该注意些什么;

E. 怎样运用抽象的分析综合的写作方法和逻辑思维形式;

F. 其他语文知识:课文中的常用字、词、句型、语法知识、修辞知识、逻辑知识等。

(2)通过议论文课文的教学,培养学生阅读议论文的能力

A. 把握文章的中心论点;

B. 把握文章的主旨和表达主旨所用的主要材料;

C. 把握文章所使用的论证方法以及论证方法作用于论证对象的形式和目的;

D. 把握文章的结构安排——组织材料的主要方式;

E. 把握文章语言的特点;

F. 把握文章的逻辑性。

(3)通过议论文写作的教学,培养学生写作议论文的能力

A. 能提出自己的观点;

B. 主旨明确,所选用的主要材料能为表达主旨服务;

C. 能较好地运用论证方法进行论证;

D. 条理清楚;

E. 语句通顺;

F. 前后一贯,不互相冲突。

2.4 关于议论文文体知识的教学

议论文文体知识的教学,是在一篇篇议论文的教学过程中进行的。议论文的教学过程是根据每篇议论文的特点,针对一定年龄和一定程度的学生,为了达到一定的教学目标而有计划地组织起来的教学活动序列。在这一过程中,要指导学生学习课文的思想内容和语文形式,突出重点、解决难点。要结合课文指导学生学习有关议论文文体的知识,学好这些知识才能真正理解课文。

(1)教学任何一篇议论文,都需要使学生准确地理解作者对所议论的问题所持的观点和看法。

(2)议论文为了有效地论证观点,充分地表达主旨,必须运用若干必要的材料。主旨统率材料,而材料则为表达主旨服务。在一篇文章里,主旨和材料是紧密结合着的一个有机的整体。

议论文的材料要经过科学、精心的选择。选择材料时应当注意材料的真实、典型、新颖。

A. 议论文的材料要求真实可靠。对于一切虚伪不实的东西要坚决剔除，去伪存真。凡是被选用的材料，都必须能反映事物的某些真实性，为表达主旨服务。

B. 议论文的材料要求典型。典型材料最富于代表性，它代表一般，概括一般，反映事物的本质属性及其特征。

C. 议论文的材料要求新颖。新颖的材料反映事物的最新情况，说服力更强。

（3）抽象的、分析综合的写作方法与思维方法的训练

议论文作为一种科学性文体，要求针对实际情况提出问题、分析问题和解决问题；它必须从客观事物的实际出发，实事求是地对事物进行具体的、科学的分析，并在分析的基础上进行科学的概括综合。分析综合既是一种逻辑思维形式，又是一种写作方法。分析综合的知识，也是议论文文体知识的重要组成部分。

（4）议论文结构知识的教学

在确定了主旨，选定了材料之后，便要解决怎样把材料组织起来以表达主旨这一问题，即议论文的结构问题。议论文的条理结构与分析综合的写作方法、思维方法有着密切的联系。关于议论文的条理结构，前文已有阐释。在议论文的教学中，我们要注意把议论文结构知识的教学与分析综合的逻辑思维形式、写作方法的具体运用有机统一起来。

2.5 关于议论文阅读能力的训练

议论文的阅读能力训练，为的是使学生达到中学语文课纲的要求："初中阶段，能够阅读一般的政治读物"；"高中阶段，能够比较熟练地阅读一般的政治读物"。要使学生阅读议论文的能力达到这些要求，必须有计划地进行训练。

指导学生学习议论文课文，要注意培养学生认真阅读，积极思考，勤查、勤记的良好习惯。要通过一篇篇课文的教学，指导学生学习字、词、句、篇章结构的基础知识，提高他们理解、分析课文的能力，并且随时注意锻炼他们听、说的能力。同时，还要结合课文进行必要的单项写作训练和综合性写作训练，这些都是同作文教学密切联系着的。在上述教学过程中，逐步提高学生观察、思维的能力，培养提出问题、分析问题、解决问题的能力，从而发展学生的智力。

议论文的阅读教学，要指导学生学习包括论点、论据和论证在内的有关议论文的基础知识，提高学生阅读议论文以及听取别人的口头议论的能力，同时进行有关议论性质的单项写作训练和综合性写作训练。在上述教学过程中，培养学生的观

察能力、辩证地认识事物的能力和分析综合的逻辑思维能力,从而发展学生的智力。同是议论文,每一篇又有自己的特点。教师要根据每篇课文的特点,针对学生的年龄特点和实际程度,采取适当的教学方法,有计划地教学每篇议论文。

一篇文章是思想内容和语文形式的统一体。指导学生深入领会文章的思想内容和语文形式,是对学生进行阅读能力训练的最重要的一步。内容决定形式。语文形式是为表达思想内容服务的。引导学生理解语文形式,从而领会它所表达的思想内容,受到思想人文教育;结合思想内容使学生更进一步理解语文形式,受到语文教育。认识语文形式越透彻,对思想内容的理解就会越深刻;而越深刻地理解思想内容,就会更透彻地认识语文形式。语文教育和思想人文教育就是这样密切结合逐步深入地进行的。在这样的教学过程中,思想内容是核心,而语文形式的教学是重点。

2.6　关于议论文写作能力的训练

议论文的写作能力训练,为的是使学生达到中学语文教学大纲、课程标准的要求:"初中阶段,能写简单的议论文";"高中阶段,能写一般的议论文"。要使学生写作议论文的能力达到以上要求必须有计划地进行训练。

（1）议论文课文教学过程中的写作训练

议论文课文教学过程中的写作训练主要采取单项写作训练和综合性小型写作训练的形式进行。可以是词语方面的,也可以是结构方面或内容方面的。单项写作训练和综合性小型写作训练的形式多样,教师可以根据具体情况加以运用。结合课文教学对学生进行这种写作训练,能够为学生的作文训练打下基础。没有这种训练,单靠作文教学是不能顺利完成大纲或课标所提出的要求的。

（2）作文教学过程中的议论文写作训练

根据大纲或课标的要求,对初中阶段议论文的写作训练可以提出如下标准:针对具体问题或现象,提出自己的观点和看法;主旨明确,所选用的主要材料能为表达主旨服务;条理清楚;语言准确、简明。对高中阶段议论文的写作训练可以提出如下标准:提出的观点深刻,材料选择适当;条理分明,结构完整;语言准确、简明、周密。为了达到这样的标准,需要有计划地对学生进行训练。议论文的内容颇为广泛。在中学阶段,可以指导学生练习一事一议、一事多议、多事一议、多事多议。教师要深入了解学生的生活——学习生活、家庭生活、社会生活,针对他们的实际程度,在命题、指导、批改、讲评这几个方面有计划地对他们进行训练。

指导学生练习写议论文,应当要求他们选好角度,提出观点,紧紧抓住事物或现象的本质进行分析,从中概括出中心思想,围绕中心思想选择材料,然后把材料理出顺序,尽量用准确而简明的语言表达出来。

批改学生的议论文习作,先要看写的基本上是不是议论文。如果不是,就要对学生进行具体的指导。批改的目的是鼓励学生进一步发扬优点,克服缺点,使他们逐步达到议论文的写作标准。批改的内容包括文章所提出的观点、材料选择、结构安排和语言运用,而以初、高中学生的议论文写作标准为尺度,按照学生的年龄和实际程度来评定成绩。就大多数学生说,批改的原则是:多就少改;按照每篇作文提出的不同要求进行重点批改;以鼓励为主。批改的方式有教师改、学生自改、互改和集体改几种,而以教师指导下的学生自改效果最好。要注意把学生引上议论文写作的正轨,逐步提高议论文写作能力。对写得好的习作既要表扬,更要指出存在的不足之处,并进行具体的指导,使学生继续进步;对写得差的或比较差的习作应细心指点,使学生奋发努力而不自馁。

作文讲评是推动学生写作训练的重要环节之一,应根据每次作文提出的要求作出评定。对大多数学生说,哪些地方达到了要求,哪些地方没有达到,都需要举出典型例证加以说明(对没有达到要求的学生不指名);下次作文应当注意什么,也要作出明确的指示。针对一般学生的讲评是重要的,但还需要做个别讲评:对优秀的作文要指出下一步如何提高,对水平低的作文要作具体分析,多加帮助。优秀的作文,让学生在班上朗读、传观或登在墙报上,这些做法都是可取的,对全班学生能起鼓舞作用。讲评也需要启发学生思考,有些问题可以让学生讨论。对于个别学生的特殊问题,则以个别谈话即面批为宜。

对于议论文课外写作训练来说,需要教师从多方面进行指导。一方面是指导学生学好课本上的议论文,使学生认清议论文的特点,喜欢这种文章;另一方面是指导学生学会认真地分析事物的各个侧面或现象的各个方面,抓住事物或现象的本质,并如实地写出来。指导学生认真地分析自己接触的各种事物或现象,可以使他们开阔视野,活跃思想,培养对新鲜事物的敏感,提高观察、分析能力,从而发展他们的智力。

2.7 口头议论能力的训练

(1)培养学生口头议论能力,往往运用新闻评论,特别是班级新闻评论这一方式。新闻评论对提高学生口头议论的能力有重要作用。

(2)朗读。通过朗读,不仅可以使学生进一步熟悉课文,而且能培养他们的说话能力,包括口头议论能力在内。

（3）在指导学生分析课文的过程中，要通过多种途径训练学生的口头议论能力。

（4）对学生进行分析综合的逻辑思维训练。

第三节　记叙文教学

记叙文是一种叙述加描写的复合性的艺术性文体。记叙文教学是语文教学的重要内容之一。通过记叙文教学可以引导学生提高艺术观察能力、形象思维能力、叙事能力和审美能力。

1. 叙述文的特点

1.1　叙述内容的逻辑特征

叙述文是以叙述为主要表达方式，陈述某具体事物或人物的文章。文章标题的语言形式一般是一个特指某具体事物、人物情况的语句，如《回忆我的母亲》。一篇叙述文表达的全部内容，概括起来，就是对文章语句标题特指的某具体事物、人物情况的一系列陈述。展开在正文中，就是使用一系列类似于"谁怎么样""什么是什么"的语句，具体陈述文章语词标题特指的某具体事物、人物性状特征发展变化情况。从逻辑的角度说，叙述文对某具体事物、人物情况的陈述，就是对形象思维所反映的某个具体事物、人物性状特征发展变化的显示，文章语句形式的标题，所体现的是一个示象，而正文中对具体事物、人物性状特征发展变化情况进行陈述的类似于"谁怎么样"的语句，就是具体陈述这个示象的一系列示象，或曰示象系列。叙述文的内容就是使用示象系列历史陈述某个示象。

1.2　叙述方法的逻辑特征

叙述方法是"叙述"这一表达方式中带技术性的侧面，它体现的是历时性的形象思维方法。

叙述方法与叙述条理，即"法"和"序"有着合二为一的一面，顺叙、倒叙、插叙、平叙，无论哪种叙述法，都离不开"发生——发展——高潮——结局"这一程序。这是因为对于个体事物、人物性状特征发展变化的显示，只能遵照个体事物存在的时间逻辑，注意时间经历，讲究历时性，或顺时推移或逆时而动，显示事物、人物性状特征的发展变化。顺叙、倒叙等叙述方法，正是这种历时性形象思维方法的体现。

历时性形象思维方法，具体可分：

（1）正象法：即顺时显示对象性状特征的方法。

（2）反象法：即逆时显示对象性状特征的方法。

由于时间上的先后联系有时也存在因果联系，故也将历时性的形象思维方法名之为具体（形象）的因果思维方法。

1.3 叙述条理的逻辑特征

叙述条理是"叙述"这一表达方式中带程序性的侧面，它体现的是历时性形象思维方法展开的条理，即历时性形象思维方法中聚象法和散象法展开或交织展开的条理。

（1）叙述文篇的条理结构

甲、正象型

即正象法展开的条理，其模式如下：

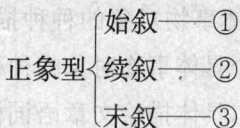

```
        ┌ 始叙──①
正象型 ┤ 续叙──②
        └ 末叙──③
```

乙、反象型

即反象法展开的条理，模式如下：

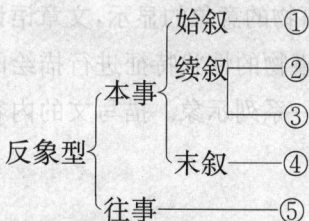

```
              ┌ 始叙──①
              │      ┌②
        ┌ 本事┤ 续叙┤
反象型┤      │      └③
        │      └ 末叙──④
        └ 往事──⑤
```

丙、正反型

为正象法与反象法交织展开的条理。模式如下：

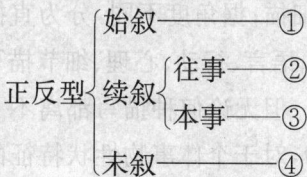

```
        ┌ 始叙──①
        │      ┌ 往事──②
正反型┤ 续叙┤
        │      └ 本事──③
        └ 末叙──④
```

丁、平象型

数个事物情况相关相承展开，每一事物情况的展开，可为正象型、反象型、正反型、平象型中的任何一型。其模式如下：

$$
平象型
\begin{cases}
分叙（X 型）——① \\
分叙（X 型）——② \\
分叙（X 型）——③
\end{cases}
$$

（2）叙述文之章的结构条理

叙述文之章的条理结构类型亦有篇式章、联合章、主从章、独句章。但叙述的章法多联合。

2. 描写文的特点

2.1 描写内容的逻辑特征

描写文是以描写为主要表达方式描绘某具体事物的文章，文章标题的语言形式一般是一个特指某个具体事物的语词，如《我的空中楼阁》。一篇描写文表达的全部内容，概括起来说，是对文章语词标题特指的某个具体事物对象的种种描绘。《我的空中楼阁》就是对标题中的"空中楼阁"即"小屋"这个具体事物对象的种种描绘。展开在正文中，就是使用"谁怎么样"等一系列陈述句，具体描绘文章语词标题特指的某个具体事物的性状特征。《我的空中楼阁》就是使用"山怎么样"、"树怎么样"等一系列陈述句具体描绘小屋的性状特征。从逻辑的角度说，描写文对某个具体事物的描绘，就是对形象思维所反映的某个具体事物的意象的显示，文章语词形式的标题所体现的是一个意象，而正文中对某具体事物的性状特征进行描绘的许多类如"谁怎么样"的陈述句，就是显示这个意象的一系列示象。描写文的内容就是使用一系列示象来显示一个意象。

2.2 描写方法的逻辑特征

描写方法是"描写"这一表达方式中带技术性的侧面，它所体现的是方位性形象思维方法。

描写方法，在写作学中，据风格不同分为白描、细描；据角度不同，分为直接描写、间接描写；据对象不同，分为人物描写（包括肖像、语言、行动、心理、细节描写）、景物描写（包括社会环境、自然环境和场面的描写）。但无论何种描写都离不了整体描写（总描）和局部描写（分描）的方法。这是因为，对于个体事物性状特征的显示，只能遵循个体存在的空间逻辑，注重空间方位，讲究三维性，或三维一体，显示其整体特征（总描），或分别从三维显示其局部特征（分描）。整体描写（总描）和局部描写（分描），正是方位性形象思维方法的体现。

描写文所体现的思维方法较说明文所体现的思维方法，两者有"分分合合"之同，但有"具体"（即"形象"）和"抽象"之异。描写文所体现的思维方法可以名之为具体的分合思维方法,说明文所体现的思维方法可以名之为抽象的分合思维方法。

方位性形象思维方法具体可分为:

(1) 聚象法:即三维合一,显示对象整体形象的方法,由总描体现。

(2) 散象法:即分别从三维显示对象局部形象的方法,由分描体现。

2.3 描写条理的逻辑特征

描写条理是"描写"这一表达方式中带程序性的侧面,它体现的是方位性形象思维方法,即聚象法和散象法交织展开的条理。

(1) 篇的条理结构

依据聚象法和散象法交替形式的不同,可分四个类型:

甲、散象型

先聚象,后散象。聚象在前,称"总描",散象在后,称分描。模式如下:

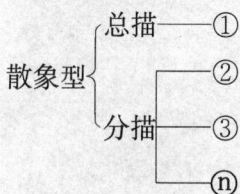

$$
散象型\begin{cases} 总描——① \\ 分描\begin{cases} ② \\ ③ \\ ⓝ \end{cases} \end{cases}
$$

乙、聚象型

先散象、后聚象。聚象在后,称"结描"。模式如下:

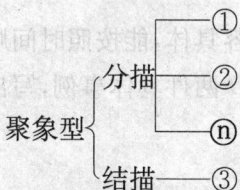

$$
聚象型\begin{cases} 分描\begin{cases} ① \\ ② \\ ⓝ \end{cases} \\ 结描——③ \end{cases}
$$

丙、聚散型

先聚象,次散象、再聚象。模式如下:

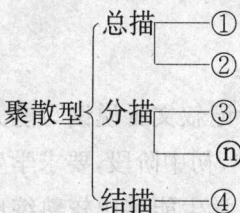

$$
聚散型\begin{cases} 总描\begin{cases} ① \\ ② \end{cases} \\ 分描\begin{cases} ③ \\ ⓝ \end{cases} \\ 结描——④ \end{cases}
$$

丁、分象型

几个散象相关相承,模式如下:

$$
分象型\begin{cases}分描（X型）——① \\ 分描（X型）——② \\ 分描（X型）——ⓝ\end{cases}
$$

（2）章的条理结构

章的条理结构类型，亦有篇式章、联合章、主从章、独句章之分。

A. 篇式章：章与篇同构，章的结构模式为篇的结构模式的缩影，也有散象型、聚象型、聚散型、分象型之分。

B. 联合章：由两个以上分描构成，各分描之间无主次之分，呈并列、相承、递进、对比等关系。

C. 主从章：由两个以上分描构成，各分描之间有主次之分，呈转折、解释、引申、补充等关系。

D. 独句章：章为一个句子，因体现总描而独句成章。

3. 记叙文教学目标与教学要点

3.1 关于记叙文的教学目标

（1）课纲对记叙文教学目的的规定

阅读记叙文，能理解文章的意思和记叙的特点。

阅读比较复杂的记叙文，能够理清层次，正确理解文章的思想内容，领会和分析语言特点和表现方法。

能写五六百字的记事写人的文章，做到中心明确，内容具体，能按照时间顺序组织材料，写清楚事情发生的起因、经过和结局。能运用一两件具体事例，写出人物的某些特点。

掌握记叙文的一般特点。

学习写比较复杂的记叙文，线索清楚，能根据内容的需要，运用议论、抒情等方法表达中心思想。

（2）记叙文教学目标概述

综合以上规定，我们可以将记叙文的教学目标概括为：

指导学生学习记叙文课文和必要的记叙文知识，进行记叙文听说读写能力的严格训练，培养学生具有记叙能力，能读会写记叙文。其中，初中阶段，要求学生能够阅读一般的记叙文，能写简单的记叙文；高中阶段，要求学生能够比较熟练地阅读比较复杂的记叙文，能写一般的记叙文。具体来说，记叙文教学目标应包括以下几个方面：

（1）通过记叙文的教学，使学生学好记叙文知识

A. 跟说明文、议论文相比较，记叙文的特点是什么；

B. 怎样通过观察，通过调查研究来收集有关的感觉材料，从而确定一篇记叙文的主旨，并根据主旨的需要来选定材料，对这些材料有什么要求；

C. 记叙文的结构方式常见的有哪几种，它们是按照什么样的顺序把材料组织起来的；

D. 对记叙文的语言有哪些要求，要达到这些要求应该注意些什么；

E. 怎样运用形象的分析与综合的写作方法和逻辑思维形式；

F. 其他语文知识：课文中的常用字、词、句型、语法知识、修辞知识、逻辑知识等。

（2）通过记叙文课文的教学，培养学生阅读记叙文的能力

A. 把握文章所记叙的具体事物、人物的性状特征和发展变化情况；

B. 把握文章的主旨和表达主旨所用的主要材料；

C. 把握文章所使用的记叙方法以及记叙方法作用于记叙对象的形式和目的；

D. 把握文章的结构安排——组织材料的主要方式；

E. 把握文章语言的特点；

F. 把握文章的逻辑性。

（3）通过记叙文写作的教学，培养学生写作记叙文的能力

A. 能写出具体事物、人物的性状特征和发展变化；

B. 主旨明确，所选用的主要材料能为表达主旨服务；

C. 能较好地运用记叙方法来叙述具体事物、人物的性状特征、发展变化；

D. 条理清楚；

E. 语句通顺；

F. 前后一贯，不互相冲突。

3.2　关于记叙文文体知识的教学

记叙文文体知识的教学，是在一篇篇记叙文的教学过程中进行的。记叙文的教学过程是根据每篇记叙文的特点，针对一定年龄和一定程度的学生，为了达到一定的教学目标而有计划地组织起来的教学活动序列。在这一过程中，要指导学生学习课文的思想内容和语文形式，突出重点、解决难点。要结合课文指导学生学习有关叙述文文体的知识，学好这些知识才能真正理解课文。

（1）教学任何一篇记叙文，都需要使学生准确地理解它所要记叙的客观事物

或人物的性状特征的要点。

（2）记叙文为了有效地记叙客观事物或人物的性状特征，充分地表达主旨，必须运用若干必要的材料。主旨统率材料，而材料则为表达主旨服务。在一篇文章里，主旨和材料是紧密结合着的一个有机的整体。

记叙文的材料要经过科学地精心选择。选择材料时应当注意真实、典型、感人。

A. 记叙文的材料要求真实可靠。对于一切虚伪不实的东西要坚决剔除，去伪存真。凡是被选用的材料，都必须能反映事物的某些真实性，为表达主旨服务。

B. 记叙文的材料要求典型。典型材料最富于代表性，它代表一般，概括一般。它最能反映事物的特征、本质及其规律性，表现人物的精神风貌，为表达主旨服务。

C. 记叙文的材料要感人。

（3）形象的分析与综合的写作方法与思维方法的训练

记叙文作为一种艺术性文体，它必须从客观实际出发，实事求是地对事物或人物进行形象的分析，并在分析的基础上进行形象的综合。形象的分析与综合既是一种逻辑思维形式，又是一种写作方法。形象的分析与综合的知识，是记叙文文体知识的重要组成部分。

（4）记叙文结构知识的教学

在确定了主旨，选定了材料之后，便要解决怎样把材料组织起来以表达主旨这一问题，即记叙文的结构问题。记叙文的条理结构跟形象的分析与形象的综合的写作方法、思维方法有着密切的联系。在记叙文的教学中，我们要注意把记叙文结构知识的教学跟形象的分析与形象的综合的逻辑思维形式、写作方法的具体运用有机统一起来。

3.3 关于记叙文阅读能力的训练

记叙文的阅读能力训练，为的是使学生达到记叙文的教学要求。初中阶段，阅读记叙文，能理解文章的意思和记叙的特点；高中阶段，阅读比较复杂的记叙文，能够理清层次，正确理解文章的思想内容，领会和分析语言特点和表现方法。要使学生阅读记叙文的能力达到这些要求，必须有计划地进行训练。

记叙文的阅读教学，要指导学生学习有关记叙文的基础知识，提高学生阅读记叙文以及听取别人的口头记叙的能力，同时进行有关记叙性质的单项写作训练和综合性写作训练。在上述教学过程中，培养学生的观察能力、形象的分析与综合的逻辑思维能力，从而发展学生的智力。同是记叙文，每一篇又有自己的特点。教师要根据每篇课文的特点,针对学生的年龄特点和实际程度,采取适当的教学方法,有计划地教学每篇记叙文。指导学生深入领会文章的思想内容和语文形式,是对学生进行阅读能力训练的最重要的一步。内容决定形式,语文形式是为表达思想内容服务的。引导学生理解语文形式,从而领会它所表达的思想内容,受到思想人文教育;结合思想内容使学生更进一步理解语文形式,受到语文教育。认识语文形式越透彻,对思想内容的理解就会越深刻;而越深刻地理解思想内容,就会更透彻地认识语文形式。语文教育和思想人文教育就是这样密切结合逐步深入地进行的。在这样的教学过程中,思想内容是核心,而语文形式的教学是重点。

3.4 关于记叙文写作能力的训练

记叙文的写作能力训练,为的是使学生达到如下要求:初中阶段,能写五六百字的记事写人的文章,做到中心明确,内容具体,能按照时间顺序组织材料,写清楚事情发生的起因、经过和结局。能运用一两件具体事例,写出人物的某些特点;高中阶段,学习写比较复杂的记叙文,线索清楚,能根据内容的需要,运用议论、抒情等方法表达中心思想。要使学生写作记叙文的能力达到以上要求必须有计划地进行训练。

(1) 记叙文课文教学过程中的写作训练

记叙文课文教学过程中的写作训练主要采取单项写作训练和综合性小型写作训练的形式进行。可以是词语方面的,也可以是结构方面的或内容方面的。单项写作训练和综合性小型写作训练的形式多样,教师可以根据具体情况加以运用。结合课文教学对学生进行这种写作训练,能够为学生的作文训练打下基础。没有这种训练,单靠作文教学是不能顺利完成大纲或课标所提出的要求的。

(2) 作文教学过程中的记叙文写作训练

根据记叙文的教学要求,对初中阶段记叙文的写作训练可以提出如下的标准:记叙事物或人物的性状特征;主旨明确,所选用的主要材料为表达主旨服务;条理清楚;语言准确、简明。对高中阶段记叙文的写作训练可以提出如下的标准:记叙事物或人物的性状特征符合实际;中心思想正确鲜明,材料选择适当;条理分明,结构完整;语言生动形象。为了达到这样的标准,需要有计划地对学生进行训练。在教学过程中需要指导学生练习事物发展变化过程的记叙。教师要深入了解学生的生活——学习生活、家庭生活、社会生活,针对他们的实际程度,在命题、指导、批改、讲评这几个方面有计划地对他们进行训练。

指导学生练习写记叙文,应当要求他们紧紧抓住事物或人物的性状特征进行形象的分析,从中概括出主旨,围绕主旨选择材料,然后把材料理出顺序,尽量用生动形象的语言表达出来。

批改学生的记叙文习作,先要看写的基本上是不是记叙文。如果不是,就要对学生进行具体的指导。批改的目的是鼓励学生进一步发扬优点,克服缺点,使他们逐步达到记叙文的写作标准。批改的内容包括文章所叙述的事物或人物的性状特征、中心思想、材料选择、结构安排和语言运用,而以初、高中学生的记叙文写作标准为尺度,按照学生的年龄和实际程度来评定成绩。就大多数学生说,批改的原则是:多就少改;按照每篇作文提出的不同要求进行重点批改;以鼓励为主。批改的方式有教师改、学生自改、互改和集体改几种,而以教师指导下的学生自改效果最好。要注意把学生引上叙述文写作的正轨,逐步提高写作能力。对写得好的习作既要表扬,更要指出存在的不足之处,并进行具体的指导,使学生继续进步;对写得差的或比较差的习作应细心指点,使学生奋发努力而不自馁。

作文讲评是推动学生写作训练的重要环节之一,应根据每次作文提出的要求作出评定。对大多数学生说,哪些地方达到了要求,哪些地方没有达到,都需要举出典型例证加以说明(对没有达到要求的学生不指名);下次作文应当注意什么,也要作出明确的指示。针对一般学生的讲评是重要的,但还需要做个别讲评:对优秀的作文要指出下一步如何提高,对水平低的作文要作具体分析,多加帮助。优秀的作文,让学生在班上朗读、传观或登在墙报上,这些做法都是可取的,对全班学生能起鼓舞作用。讲评也需要启发学生思考,有些问题可以让学生讨论。对于个别学生的特殊问题,则以个别谈话为宜。

对于记叙文课外写作训练来说,需要教师从多方面进行指导。一方面是指导学生学好课本上的记叙文,使学生认清记叙文的特点,喜欢这种文章。另一方面是指导学生学会细致地观察事物,认真地分析事物的各个侧面,抓住事物的要点,并如实地写出来。指导学生认真地观察、分析自己接触的各种事物,可以使他们开阔视野,活跃思想,培养对新鲜事物的敏感,提高观察、分析能力,联想和想象能力,从而发展他们的智力。

3.5 口头记叙能力的训练

(1)培养学生口头记叙能力,往往运用复述这一方式。通过复述,可以使学生熟悉课文,学习课文的语言,这对提高学生口头记叙的能力有重要作用。

(2)朗读。通过朗读,不仅可以使学生进一步熟悉课文,而且能培养他们的说话能力,包括口头记叙能力在内。

（3）在指导学生分析课文的过程中，要通过多种途径训练学生的口头记叙能力。

（4）对学生进行形象的分析与综合的逻辑思维训练。

第六章 文学作品教学

语文教材中,散文、诗歌、小说、剧本这四种文学作品占了相当大的比例。文学作品教学在整个语文教学中占有举足轻重的地位。

第一节 散文教学

散文是以形象思维为思维方式,综合运用叙述、描写、抒情、议论等表达方式的一种题材广泛、写法自由、个性鲜明、文情并茂的文学体裁。

1. 散文的分类及其审美特征

1.1 散文的分类

按作品内容和基本表达方式,散文可分为三类:叙述性散文、抒情性散文、议论性散文。

叙述性散文在内容上以记人叙事为主,表达方式上侧重于叙述、描写;抒情性散文在内容上强调抒发作者的主观情感,在表达方式上着力于主观抒情。但由于主观抒情常常借助于客观景物的描写进行,故在表达方式上也常运用描写;议论性散文主要运用文学语言发表作者对生活的见解,表达方式较多地使用议论,兼用叙述与描写。

1.2 散文的审美特征

(1)选材的生活化与广泛性

散文是一种艺术性文体,它以形象思维为思维方式。散文形象主要是一种写实性意象,它对日常生活做了一种逼真性和间接性的反映。散文意象经过散文作者主观体验的过滤和加工,带上了散文作者鲜明的个性色彩。这种写实性与个性化的特征奠定了散文形象最重要、最关键的再现与表现并举的审美规范。

与诗歌相比,诗歌呈现的是偏重于表现的艺术形象,散文虽然也具有体现作者主观性的表现性审美元素,但散文的意象是写实的,不具备诗歌的那种概括性和变形性。与小说相比,小说展示的是偏重于再现的艺术形象,散文虽然也具有描摹生活的再现性的审美元素,但散文的再现更加真实。

（2）情境的个性化与主观性

散文侧重于描述情境。散文的"境"是指人们日常生活中的人、事、物、景、理的具象,"情"是指散文作者接触了日常生活中的人、事、物、景、理而激发的独特体验与感悟。特定散文情境的构成前提是作者对人、事、物、景、理的独特感受和体验,因此散文描述出来的人、事、物、景、理便烙上了鲜明的个性色彩。

（3）表达的自由化与灵活性

散文情境个性化的特点导致了散文写作在表达上的自由化与灵活性。

2. 散文意象的组合

当形象化、情感化和概括化的散文意象形成后,就需要运用丰富的想象创造性地将它们组合成为完整的散文情境,这就是散文的结构。不同的组合与结构方式,将构成不同的散文情境,体现不同的散文立意和散文风格。

2.1 串联式结构

这种结构方式组合的散文意象来源于不同的时空,每一个意象都是一个独立的生活片段。一根"红线"像穿珠似的将它们连成了一个线性的叙事链或情思链。这根连接散文意象的"红线",可以是众多意象中某种相同的内涵,也可以是作者某种主观的情绪情感。

2.2 对比式结构

两个相似或相反的意象组合为一个散文情境,让它们形成鲜明的对比。在对比中让读者领悟作者的立意。

2.3 辐射式结构

以一个"物品细节"为中心,向各个方向去联结意象,每个散文意象都环绕着"物品细节"形成"辐射式"的散文情境。

3. 散文意象的描述

3.1 实写性描述

这是用实词实句对散文意象的特征进行描述。它几乎不用修辞手段,只依靠一些具象化的,可看、可闻、可触、有色彩、有声响的实词来描述散文意象,突出散文意象的质感。

3.2 感觉化描述

这是用修辞手段凸现、突出、强调、渲染某个被作者用内心独特的感觉体验过的散文意象。常用的修辞手段有比喻、比拟、通感、摹状、借代等，它们的使用，使散文意象的特征主观感觉化了，散文作者的各种独特的体验被那些有文采的文字一一细致兑现。

4. 散文的教学目标

历届课纲只笼统地对文学作品的教学提出要求，对散文教学目标没有做出具体规定。周庆元主编的《中学语文教学原理》将散文的教学目标概括为："引导学生阅读欣赏优美的散文，培养学生阅读欣赏和写作散文的兴趣；训练学生围绕中心选材组材、布局谋篇、遣词造句以及灵活运用各种表现方法的能力；赏析散文的意境，陶冶学生的思想情感，培养学生美的情趣。"具体来说，散文教学目标应包括以下几个方面：

4.1　通过散文的教学，使学生学好散文知识

（1）跟其他文学体裁相比较，散文的特点是什么；

（2）怎样通过观察来认识客观事物，收集有关的材料，从而确定一篇散文的主旨，并根据主旨的需要来选定材料；对这些材料有什么要求；

（3）散文的结构方式常见的有哪几种，它们是按照什么样的顺序把材料组织起来的；

（4）对散文的语言有哪些要求，要达到这些要求应该注意些什么；

（5）怎样运用形象的分析与综合的写作方法和逻辑思维形式；

（6）其他语文知识：课文中的常用字、词、句型、语法知识、修辞知识、逻辑知识等。

4.2　通过散文课文的教学，培养学生阅读欣赏散文的能力

（1）把握文章所描写的事物或人物的性状特征；

（2）把握文章的主旨和表达主旨所用的主要材料；

（3）把握文章所使用的表现方法以及表现方法作用于表现对象的形式和目的；

（4）把握文章的结构安排——组织材料的主要方式；

（5）把握文章语言的特点。

4.3　通过散文写作的教学，培养学生写作散文的能力

（1）能写出事物或人物的性状特征；

（2）主旨明确，所选用的主要材料能为表达主旨服务；

（3）能较好地运用多种表现方法来表现事物；

（4）条理清楚；

（5）语句通顺；

（6）前后一贯，不互相冲突。

5. 散文教学应注意的几个问题

5.1　关于散文文体知识的教学

散文文体知识的教学，是在一篇篇散文的教学过程中进行的。散文的教学过程是根据每篇散文的特点，针对一定年龄和一定程度的学生，为了达到一定的教学目标而有计划地组织起来的教学活动序列。在这一过程中，要指导学生学习课文的思想内容和语文形式，突出重点、解决难点。要结合课文指导学生学习有关散文文体的知识，学好这些知识才能真正理解课文。

（1）教学任何一篇散文，都需要使学生准确地理解它所要描写的客观事物或人物的性状特征。

（2）散文为了有效地描写客观事物或人物的性状特征，充分地表达主旨，必须运用若干必要的材料。主旨统率材料，而材料则为表达主旨服务。在一篇文章里，主旨和材料是紧密结合着的一个有机的整体。散文的材料要围绕文章主旨精心选择。

（3）散文作为一种艺术性文体，主要运用形象思维方式对客观事物或人物进行形象的分析，并在形象分析的基础上进行形象的综合。形象的分析与综合既是一种逻辑思维形式，又是一种写作方法。形象的分析与综合的知识，是描写文文体知识的重要组成部分。

（4）在确定了主旨，选定了材料之后，便要解决怎样把材料组织起来以表达主旨这一问题，即散文的结构问题。散文的条理结构跟形象的分析与综合的写作方法、思维方法有着密切的联系。关于散文的结构，前文已有阐释。在散文的教学中，我们要注意把散文结构知识的教学跟形象的分析与综合的逻辑思维形式、写作方法的具体运用有机统一起来。

5.2　关于散文阅读能力的训练

散文的阅读能力训练，为的是使学生达到教学目标的要求，即初中阶段，能够阅读欣赏一般的散文；高中阶段，能够比较熟练地阅读欣赏一般的散文。

散文往往要描写客观事物或人物的性状特征。散文的阅读教学，要指导学生学习有关散文的基础知识，提高学生阅读欣赏散文以及听取别人的口头叙述和描写的能力，同时进行有关叙述、描写性质的单项写作训练和综合性写作训练。同是散文,每一篇又有自己的特点。教师要根据每篇课文的特点,针对学生的年龄特点和实际程度,采取适当的教学方法,有计划地教学每篇散文。在散文教学过程中,指导学生深入领会文章的思想内容和语文形式,是对学生进行阅读能力训练的最重要的一步。内容决定形式。语文形式是为表达思想内容服务的。引导学生理解语文形式,从而领会它所表达的主观情感,受到情感熏陶;结合文章内容使学生更进一步理解语文形式,受到语文教育。认识语文形式越透彻,对文章内容的理解就会越深刻;而越深刻地理解文章内容,就会更透彻地认识语文形式。语文教育和人文教育就是这样密切结合逐步深入地进行的。在散文的教学过程中,情感内容是核心,而语文形式的教学是重点。

5.3　关于散文写作能力的训练

散文的写作能力训练,为的是使学生达到教学目标的要求,即初中阶段,能写简单的散文;高中阶段,能写一般的散文。要使学生写作散文的能力达到以上要求必须有计划地进行训练。

（1）散文课文教学过程中的写作训练

散文课文教学过程中的写作训练主要采取单项写作训练和综合性小型写作训练的形式进行。可以是词语方面的,也可以是结构方面的或内容方面的。单项写作训练和综合性小型写作训练的形式多样,教师可以根据具体情况加以运用。结合课文教学对学生进行这种写作训练,能够为学生的作文训练打下基础。没有这种训练,单靠作文教学是不能顺利完成散文教学要求的。

（2）作文教学过程中的散文写作训练

根据散文教学目标,对初中阶段散文的写作训练可以提出如下的标准:描写事物或人物的性状特征;主旨明确,所选用的主要材料能为表达主旨服务;条理清楚;语言准确、简明。对高中阶段散文的写作训练可以提出如下的标准:描写客观事物的性状特点要有独特的个性体验;主旨明确,材料选择适当;条理分明,结构完整;语言生动形象。为了达到这样的标准,需要有计划地对学生进行训练。在中学阶段,可以指导学生练习实物的描写、事物发展变化过程的描写等等。教师要深入了解学生的生活——学习生活、家庭生活、社会生活,针对他们的实际程度,在命题、指导、批改、讲评这几个方面有计划地对他们进行训练。

指导学生练习写散文,应当要求他们紧紧抓住事物或人物的性状特点,进行形象地分析,从中概括出主旨,围绕主旨选择材料,然后把材料理出顺序,尽量用生动形象的语言表达出来。

批改学生的散文习作,先要看写的基本上是不是散文。如果不是,就要对学生进行具体的指导。批改的目的是鼓励学生进一步发扬优点,克服缺点,使他们逐步达到散文的写作标准。批改的内容包括文章所描写的事物的性状特征、主旨、材料选择、结构安排和语言运用,而以初、高中学生的散文写作标准为尺度,按照学生的年龄和实际程度来评定成绩。就大多数学生说,批改的原则是:多就少改;按照每篇作文提出的不同要求进行重点批改;以鼓励为主。批改的方式有教师改、学生自改、互改和集体改几种,而以教师指导下的学生自改效果最好。要注意把学生引上散文写作的正轨,逐步提高写作能力。对写得好的习作既要表扬,更要指出他们的不足之处,并进行具体的指导,使学生继续进步;对写得差的或比较差的习作应细心指点,使学生奋发努力而不自馁。

作文讲评是推动学生写作训练的重要环节之一,应根据每次作文提出的要求作出评定。对大多数学生说,哪些地方达到了要求,哪些地方没有达到,都需要举出典型例证加以说明(对没有达到要求的学生不指名);下次作文应当注意什么,也要作出明确的指示。针对一般学生的讲评是重要的,但还需要做个别讲评:对优秀的作文要指出下一步如何提高,对水平低的作文要作具体分析,多加帮助。对优秀的作文,让学生在班上朗读、传观或登在墙报上,这些做法都是可取的,对全班学生能起鼓舞作用。讲评也需要启发学生思考,有些问题可以让学生讨论。对于个别学生的特殊问题,则以个别谈话为宜。

对于散文课外写作训练来说,需要教师从多方面进行指导。一方面是指导学生学好课本上的散文,使学生认清散文的特点,喜欢这种文章。另一方面是指导学生学会细致地观察事物或人物,分析事物或人物的各个侧面,抓住事物或人物的性状特征,并如实地写出来。指导学生认真地观察、分析自己接触的各种事物或人物,可以使他们开阔视野,活跃思想,培养对新鲜事物的敏感,提高观察、分析能力,从而发展他们的智力。

5.4 口头叙述、口头描写能力的训练

(1)培养学生口头叙述、口头描写能力,往往运用叙述和描述身边的人、事、物、景这一方式。

(2)朗读。通过朗读,不仅可以使学生进一步熟悉课文,而且能培养他们的说话能力,包括口头叙述、口头描写能力在内。

(3)在指导学生分析课文的过程中,要通过多种途径训练学生的口头叙述、口头描写能力。

（4）对学生进行形象的分析与综合的逻辑思维训练。

第二节　诗歌教学

诗歌是一种以形象思维为思维方式，综合运用抒情、描写等表达方式，用丰富新奇的想象和富有节奏、韵律的语言，高度概括地歌唱生活、抒发感情的文学体裁。

1. 诗歌分类及其审美特征

1.1　诗歌的分类

（1）以诗歌的表现内容和表达方式为标准，诗歌可分为抒情诗、叙事诗和哲理诗。

抒情诗是以作者的口吻抒发主观情感、情绪的诗体。

叙事诗是以叙述者的口吻来刻画人物、叙述事件的诗体。

哲理诗重在哲理的揭示，诗人往往通过形象的比拟来揭示生活中的道理与规律。

（2）以诗歌的表现形式为标准，诗歌可以分为格律诗、自由诗、民歌、散文诗。

1.2　诗歌的审美特征

（1）诗歌灵感与诗歌意象

诗歌意境的最小艺术结构单位是意象。诗歌的写作常常是从作者对生活中某个人、事、景、物、理产生了独特的诗美体验而获得的第一个意象开始的。诗歌创作的灵感就是诗歌作者对情感能够具象化，主观情志能够文字化的一种突然顿悟和把握。诗歌灵感出现后，将灵感体验到的内容及时地意象化，情感意象化后，将意象化为诗语和诗句。这就是诗歌写作"灵感——寻象——寻言"的三个阶段。

（2）诗歌意象的组合

诗歌意象的组合方法因为神奇想象的介入，显得比其他文学文体的组合方法更自由、更大胆、更出其不意，但作为诗歌艺术构思的基本规律和基本类型，主要有以下几种：

A. 并置式组合

这种组合方式是从意象开始又结束于意象，读者几乎直接读不到诗人隐藏很深的情感，而需要透过这些并置的意象系统来细心咀嚼它的深意。这是现代朦胧诗、意象诗比较常用的组合方法。

B. 交错式组合

这种组合方法也要组合众多意象,但是诗歌作者有意把完全相反、互相矛盾的意象组合在一起,构成一正一反、一平一奇的意象系统,造成一种出人意料、发人深省的审美效果。这种意象组合方式在中国古诗中十分常见。

C. 突反式组合

这种方法也要组合众多意象,诗歌写作者从一个核心意象出发,围绕它组合一些层层推进的相似的意象,待诗歌意象的渲染做足后,最后推出一个相反的意象,形成先扬后抑、先虚后实的诗歌情境,而最后一个意象,才是这首诗的真正旨趣。这种组合意象方法有其特殊的审美效果。

2. 诗歌的教学目标

历届课纲只笼统地对文学作品的教学提出要求,对诗歌教学目标没有做出具体规定。周庆元主编的《中学语文教学原理》将诗歌的教学目的概括为:"引导学生阅读欣赏优美的诗歌,培养学生阅读诗歌的兴趣,培养学生欣赏诗歌的能力;学习诗歌运用精炼语言描绘形象、创造意境、表达主题的方法,提高学生准确运用各种表达方法和驾驭语言文字的能力;陶冶学生的性情,美化学生的心灵,培养学生高尚的情操和健康的审美观念。"具体来说,诗歌教学目标应包括以下几个方面:

2.1 通过诗歌的教学,使学生学好诗歌知识

(1) 跟其他文学体裁相比较,诗歌的特点是什么;

(2) 怎样通过观察来认识客观事物,收集有关的材料,从而确定诗歌的主旨,并根据主旨的需要来选定材料;对这些材料有什么要求;

(3) 诗歌意象的组合方式常见的有哪几种;

(4) 对诗歌的语言有哪些要求,要达到这些要求应该注意些什么;

(5) 怎样运用形象的分析与综合的写作方法和逻辑思维形式;

(6) 其他语文知识:课文中的常用字、词、句型、语法知识、修辞知识等。

2.2 通过诗歌课文的教学,培养学生阅读欣赏诗歌的能力

(1) 把握诗歌所描写的意象的特征或意境的特点;

(2) 把握诗歌的主旨和表达主旨的主要意象;

(3) 把握诗歌所使用的抒情方式、描写方法以及描写方法作用于描写对象的形式和目的;

(4) 把握诗歌意象的组合方式;

(5) 把握诗歌语言的特点。

2.3 通过诗歌课文的教学，提高学生的一般写作能力

（1）学习诗歌运用精炼语言描绘形象、创造意境、表达主题的方法；

（2）提高学生准确运用各种表达方法和驾驭语言文字的能力。

3. 诗歌教学应注意的几个问题

3.1 关于诗歌文体知识的教学

诗歌文体知识的教学，是在一首首诗歌的教学过程中进行的。诗歌的教学过程是根据每首诗歌的特点，针对一定年龄和一定程度的学生，为了达到一定的教学目标而有计划地组织起来的教学活动序列。在这一过程中，要指导学生学习课文的思想内容和语文形式，突出重点、解决难点。要结合课文指导学生学习有关诗歌文体的知识，学好这些知识才能真正理解课文。

（1）教学任何一首诗歌，都需要使学生准确地理解它所要描写的意象和描绘的意境。

（2）诗歌为了有效地描写意象、描绘意境，充分地表达主旨，必须运用若干必要的材料。主旨统率材料，而材料则为表达主旨服务。在一首诗歌里，主旨和材料是紧密结合着的一个有机的整体。诗歌的意象要围绕诗歌主旨精心选择，诗歌的意境要围绕主旨来营造。

（3）诗歌作为一种艺术性文体，主要运用形象思维方式对诗歌形象进行分析，并在形象分析的基础上进行形象的综合。形象的分析与综合既是一种逻辑思维形式，又是一种写作方法。形象的分析与综合的知识，是诗歌文体知识的重要组成部分。

3.2 关于诗歌阅读欣赏能力的训练

指导学生学习诗歌课文，既要引导学生揣摩意境，又要注意培养学生认真阅读，积极思考，勤查、勤记的良好习惯。要通过一首首诗歌的教学，指导学生学习字、词、句和诗歌结构的基础知识，提高他们理解、分析诗歌的能力，并且随时注意锻炼他们听、说的能力。在上述教学过程中，逐步提高学生观察、思维的能力，培养联想、想象的能力，从而发展学生的智力。诗歌往往要描写意象、描绘意境。诗歌的阅读教学，要指导学生学习有关诗歌的基础知识，提高学生阅读欣赏诗歌的能力，同时进行有关描写、抒情性质的单项写作训练。同是诗歌，每一首诗又有自己的特点。教师要根据诗的特点，针对学生的年龄特点和实际程度，采取适当的教学方法，有计划地教学每首诗歌。

在诗歌教学过程中，指导学生深入领会诗歌的思想内容和语文形式，是对学生

进行阅读欣赏能力训练的最重要的一步。内容决定形式，语文形式是为表达思想内容服务的。引导学生理解语文形式，从而领会它所表达的主观情感，受到情感熏陶；结合诗歌内容使学生更进一步理解语文形式，受到语文教育。认识语文形式越透彻，对诗歌内容的理解就会越深刻；而越深刻地理解诗歌内容，就会更透彻地认识语文形式。语文教育和人文教育就是这样密切结合逐步深入地进行的。在诗歌的教学过程中，情感内容是核心，而语文形式的教学是重点。

3.3　关于诗歌教学中一般写作能力的训练

诗歌教学中的写作能力训练，为的是提高学生的一般写作能力。诗歌课文教学过程中的写作训练主要采用片段写作训练的形式。诗歌课文教学过程中的片段写作训练主要应从以下两个方面进行：

（1）运用精练的语言描绘形象的写作能力训练；

（2）综合运用多种表达方式的写作能力训练。

第三节　小说教学

小说是一种以叙述和描写为主要表达方式，以塑造人物为中心，通过描述完整的故事情节和具体的生活环境，形象、深刻、多方位地反映社会生活的叙事性文学体裁。按传统的观念，人物、情节和环境三要素构成了完整的小说世界。人们依据作品的篇幅和字数，将小说分为微型小说、短篇小说、中篇小说和长篇小说。

1. 小说的特点

1.1　小说内容的特点

（1）偏重再现的虚构性形象

小说创造的艺术形象的形态首先与现实生活形象的形态有着直接的联系。小说形象是对现实人生的一种实体性和过程性的描述，它以这种实体性、过程性的描述来赢得读者的信赖和欣赏。小说的这种客观描述与诗歌的主观抒情相比，它的艺术形象的审美特征明显地偏重于"再现"。

小说与散文都是创造"再现型"艺术形象，但是散文的"再现型"形象是趋于真实的，小说的"再现型"形象则是虚构的。客观现实的生活印象必须经过作者主观心灵的艺术改造才能成为小说写作的资源。为了在小说形象里完美地表达作者对生活的主观体验和主观理解，小说作者可以将他感受最深的生活形象分解后重组为一个新的艺术形象。假如在小说作者的生活经历中没有感受、体验过某种特定的生活形象,他甚至可以充分运用自己的想象去虚构某种特定的生活形象。这种分解、重组和虚构的文学加工方式是散文形象不可能具有的。小说形象的"虚构的写实再现性"特征为小说文体的创造提供了无限的艺术空间,也为小说作者艺术才能的发挥提供了广阔的天地。

(2) 人物形象是小说形象的核心

在小说偏重于再现的虚构性形象里,人物形象是其中的核心内容。小说文体确定人物形象写作的中心地位经历了两次历史性的质变。中国早期的志怪、志人小说中的主角多半是神灵怪异的"神"或"半神半人",发展到唐宋元明清以后,小说主角才开始变为达官贵人和平民百姓。西方中世纪后的古典小说《十日谈》的主要特征在于写故事,人物只是一般的类型描写。19 世纪后的现实主义小说出现了成熟的、个性鲜明的日常生活中的人物典型。20 世纪随着科学技术和心理科学的发展,人物形象的塑造开始走向人的深层心理,这是当代新潮小说人物创造的特征。小说从写神灵怪异到写人间百态,从侧重写故事情节到突出写故事中的人物与写人物内心的深层心理的历史证明,作者常常通过栩栩如生的人物性格和曲折起伏的人物命运来含蓄、隐晦地表达自己对生活的感悟和理解。

从小说文本的构成要素来看:小说有人物、情节和环境。小说的情节是人物性格形成和人物命运发展的过程;小说的环境是人物展开交往和活动的具体场所。而小说的情节与环境是由小说人物衍生出来的两个要素。小说中的主角有时是动物,但作者的用意是让动物寓意人的关系和人的性格,那实际上是人格化了的动物。当代新潮小说中有些是主要写情绪、写感受的实验小说,但这些情绪无论怎么奇特也仍然是人物主体的情绪。小说对读者产生的艺术感染力主要来自于小说人物生动的性格和曲折的命运。

1.2 小说创作方法的特点

小说创作方法遵循叙述方法和描写方法的逻辑。叙述方法体现的是历时性形象思维方法,具体可分为正象法和反象法。正象法:即顺时显示对象性状特征的方法;反象法:即逆时显示对象性状特征的方法。描写方法体现的是方位性形象思维方法,具体可分为聚象法和散象法。聚象法:即三维合一,显示对象整体形象的方法,由总描体现;散象法:即分别从三维显示对象局部形象的方法,由分描体现。小说在刻画人物方面有着诗歌、散文、影视不可比拟的优势。它可以多角度、全方位的刻画人物。

（1）完整多变的情节铺叙

小说人物的塑造依靠多变的情节铺叙。小说情节是一系列展示小说人物性格的大小事件的连贯有序的艺术组合。小说情节是完成小说人物性格具体化、个性化创造的必备条件。这比起抒情诗、抒情散文主要使用情感材料，比起叙事诗、叙事散文用片段情节写人，是明显不同的文学方法。

（2）细致生动的细节描写

小说情节由一系列写人细节、事件细节、景物细节等来连贯组合。

1.3　小说结构的特点

（1）小说篇的条理结构

小说篇的条理结构与叙述文篇的条理结构相同，有正象型、反象型、正反型、平象型。

（2）小说细节的联结形式

小说的核心细节和一般细节在联结为情节整体时有明显的因果脉络和时空线索，它不像诗歌意象那样呈飞宕式联结，也不像散文意象那样呈散跳式联结。小说细节之间的联结隐含着小说作者对生活的因果理解，可以说，小说作者有什么样的主观立意，小说细节就会产生什么样的运动方式和联结方式。

2. 小说的教学目标

历届语文课纲只笼统地对文学作品的教学提出要求，对小说教学目标没有做出明确的规定。周庆元主编的《中学语文教学原理》将小说的教学目标概述为："指导学生阅读优秀小说，培养学生阅读欣赏小说的能力；训练学生写景状物、叙事记人的各种表现手法，提高学生的写作能力；在读写过程中，使学生受到思想教育和提高认识生活、认识社会和人生的能力。"具体来说，小说教学目标应包括以下几个方面：

2.1　通过小说的教学，使学生学好小说知识

（1）跟其他文学体裁相比较，小说的特点是什么；

（2）怎样通过观察来认识客观事物，收集有关的材料，从而确定一篇小说的主旨，并根据主旨的需要来选定材料；对这些材料有什么要求；

（3）小说的结构方式常见的有哪几种，它们是按照什么样的顺序把材料组织起来的；

（4）对小说的语言有哪些要求，要达到这些要求应该注意些什么；

（5）怎样运用形象的分析与综合的写作方法和逻辑思维形式；

（6）其他语文知识：课文中的常用字、词、句型、语法知识、修辞知识、逻辑知识等。

2.2 通过小说的教学，培养学生阅读欣赏小说的能力

（1）把握小说所描写的人物的性状特征，了解故事情节；

（2）把握小说的主旨和表达主旨所用的主要材料；

（3）把握小说所使用的描写方法和叙述方法以及描写方法和叙述方法作用于描写对象和叙述对象的形式与目的；

（4）了解小说的结构特点；

（5）把握小说语言的特点。

2.3 通过小说课文的教学，训练学生一般的写作能力

（1）训练学生写景状物的能力；

（2）训练学生叙事记人的能力。

3. 小说教学应注意的几个问题

3.1 关于小说文体知识的教学

小说文体知识的教学，是在一篇篇小说的教学过程中进行的。小说的教学过程是根据每篇小说的特点，针对一定年龄和一定程度的学生，为了达到一定的教学目标而有计划地组织起来的教学活动序列。在这一过程中，要指导学生学习课文的思想内容和语文形式，突出重点、解决难点。要结合课文指导学生学习有关小说的文体知识，学好这些知识才能真正理解课文。

小说作为一种艺术性文体，主要运用形象思维方式对客观事物或人物进行形象的分析，并在形象分析的基础上进行形象的综合。形象的分析与综合既是一种逻辑思维形式，又是一种写作方法。形象的分析与综合的知识，是小说文体知识的重要组成部分。

在确定了主旨，选定了材料之后，便要解决怎样把材料组织起来以表达主旨这一问题，即小说的结构问题。小说的条理结构跟形象的分析与综合的写作方法、思维方法有着密切的联系。在小说的教学中，我们要注意把小说结构知识的教学跟形象的分析与综合的逻辑思维形式、写作方法的具体运用有机统一起来。

3.2 关于小说阅读欣赏能力的训练

指导学生学习小说课文，既要引导学生熟悉故事情节，了解结构特点，抓住具体描写，分析人物性格，把握小说主旨；又要注意培养学生认真阅读，积极思考，勤查、勤记的良好习惯。要通过一篇篇课文的教学，指导学生学习字、词、句、篇章结

构的基础知识,提高他们理解、分析课文的能力,并且随时注意锻炼他们听、说的能力。同时,还要结合课文进行必要的写景状物、叙事记人的写作训练,这些是同作文教学密切联系着的。在上述教学过程中,逐步提高学生观察、思维的能力,培养联想、想象的能力,从而发展学生的智力。

一篇小说是思想内容和语文形式的统一体。指导学生深入领会小说的思想内容和语文形式,是对学生进行阅读欣赏能力训练的最重要的一步。内容决定形式。语文形式是为表达思想内容服务的。应引导学生理解语文形式,从而领会它所表达的主观情感,受到情感熏陶;结合小说内容使学生更进一步理解语文形式,受到语文教育。认识语文形式越透彻,对小说内容的理解就会越深刻;而越深刻地理解小说内容,就会更透彻地认识语文形式。语文教育和人文教育就是这样密切结合逐步深入地进行的。在小说的教学过程中,情感内容是核心,而语文形式的教学是重点。

3.3 关于小说教学中一般写作能力的训练

小说课文教学过程中的写作训练主要采取单项写作训练的形式进行。可以从两个方面进行:

(1)训练学生写景状物的能力;

(2)训练学生叙事记人的能力。

3.4 口头描述能力的训练

(1)培养学生口头描述能力,可以运用复述的方式,也可以运用描述身边的人、事、物、景这一方式。

(2)朗读。通过朗读,不仅可以使学生进一步熟悉课文,而且能培养他们的说话能力,包括口头描述能力在内。

(3)在指导学生分析课文的过程中,要通过多种途径训练学生的口头描述能力。

(4)对学生进行形象的分析与综合的逻辑思维训练。

第四节　剧本教学

戏剧是一种历史悠久、普及化程度较高的艺术形式。它必须融合文学、音乐、舞蹈、雕刻、建筑等各种艺术手段来共同塑造戏剧形象。剧本是一种综合运用叙述、描写和说明等多种表达方式的文学体裁,一般指供演出用的文学底本,通称脚本或台本。剧本即戏剧文学。从戏剧的审美效果来分类有悲剧、喜剧和正剧;从戏剧的形式特点来分类则有歌剧、舞剧、话剧和戏曲;从戏剧场次容量来分类又有多幕剧、独幕剧和戏剧小品;如果以戏剧题材内容作标准来分类还有情节剧、社会问题剧、心理剧、纪实剧和历史剧。随着现代生活方式的改变和电视媒体的介入,话剧小品以强大的艺术生命力使古老的戏剧艺术焕发了新的生机。戏剧小品原来是戏剧院校培训和考核表演、导演人员的一种"表演练习"和"教学小品"。从 20 世纪 80 年代起,经过戏剧和影视艺术家的精心改造和电视媒介的传播、倡导,它逐渐地从"教学小品"的母体里脱颖而出,又与人们熟悉的独幕剧拉开了距离,形成了一种崭新的独立的戏剧样式——"表演性、比赛性小品"。与独幕剧不同,它仅仅截取生活中的一个片断,只叙述一个单一事件,一两个演员只用很少的修辞性和道具烘托性的表演,突出人物鲜明的个性特征,机智地展示某种生活情趣。

1. 剧本的特点

1.1 剧本内容的特点

(1) 以人物自身的言行创造逼真性形象

和小说一样,剧本创作的中心任务是要塑造个性鲜明并富有典型意义的人物形象;剧本的主题蕴涵在人物性格、人物命运的创造和表演中。但是,小说主要是通过描写、叙述和议论来勾画人物,戏剧却是通过人物自身的逼真性表演,来完成一种直观性的人物形象创造。这种来自于人物自身的艺术材料一是指人物的神态、动作。演员根据剧本和导演的意图,突出展示某种神态和某种特定的动作,观众从人物的神态和动作中可以揣摩、领悟人物的性格特征、心理特征以及人物与人物之间的特定关系。二是指人物的语言,这种语言经过了艺术提炼,显露了鲜明的个性化色彩。观众从人物说出的这种语言里把握了戏剧人物的内心和动机。演员自身的模拟性表演使戏剧人物活灵活现地展示着他们的性格和命运。

(2) 以组织戏剧冲突为中心

戏剧要在特定时间和特定的舞台空间里吸引和调动观众的观赏兴趣,让剧中的人物性格和人物命运感染、激活观众的情绪,戏剧和戏剧文学必须具备较强的可看性、可读性。这种可看性、可读性在相当大的程度上是通过组织强烈、真实的戏剧冲突来实现。

戏剧冲突是戏剧人物之间的抵触、矛盾和斗争。社会生活中到处都充满了人与人、人与自然、人与自身的矛盾冲突,但是戏剧文学作者经过提炼、加工把生活的矛盾冲突集中、概括,在短暂的时间和有限的空间里突出地组织人物的矛盾冲突,这种集中概括性和时空限定性使得戏剧冲突爆发,由此构成推动剧情发展、直观地表现人物心灵、含蓄地传达戏剧主题的基础,出现扣人心弦、促人深思的戏剧效果。

1.2 剧本创作方法的特点

剧本创作方法遵循叙述方法和描写方法的逻辑。叙述方法体现的是历时性形象思维方法。具体可分为正象法和反象法。正象法:即顺时显示对象性状特征的方法;反象法:即逆时显示对象性状特征的方法。描写方法体现的是方位性形象思维方法,具体可分为聚象法和散象法。聚象法:即三维合一,显示对象整体形象的方法,由总描体现;散象法:即分别从三维显示对象局部形象的方法,由分描体现。与剧本的内容特点相适应,剧本在叙事和刻画人物方面不同于小说,更不同于诗歌和散文。

1.3 剧本结构的特点

高度浓缩的戏剧场面和串珠式的场面组合是剧本结构的特点。

戏剧冲突的具体化和直观性是在一个一个的戏剧场面里实现的。戏剧场面是戏剧文学中最小的结构单位。由于戏剧表演的限制,一个戏剧小品很可能就是一个戏剧场面;一出大型的多幕剧,也就是由十几个戏剧场面连接而成。在一个戏剧场面里,首先由具体的时间和地点构置了人物活动的环境,由两个以上的人物围绕着某一件事出现性格和言行的差异与矛盾。这些差异与矛盾具体展开便形成了戏剧场面里的戏剧冲突。有了戏剧冲突,戏剧场面才真正开始,人物的活动和事件的衍化都是集中围绕着戏剧冲突展开的。

在一场多幕剧中,戏剧场面可能多达十几个,它们以戏剧冲突的起因、发展、变化、高潮、结局为线索,像串珠式地连接起来,场面与场面之间的空白将蕴含众多的场面上无法表现的内容,场面组合的这种功能可以调动观众的艺术想象来补充戏剧场面因高度集中、浓缩而安排在幕后的戏剧内容。

1.4 剧本语言的特点

剧本语言分为人物语言和提示语言两种。提示语言即舞台说明,它包括剧本的人物表、舞台说明和演出说明。除人物表外,其他说明性语言,一般都使用括号标明。这些说明性语言,是为了给导演、演员以必要的提示和启发,是塑造戏剧人物的一种辅助性手段。剧本人物语言包括台词(对话、旁白、独白)和唱词。对话是舞台上两个以上的人物互相之间说的话。它构成台词的主要部分,也是刻画人物性格的主要手段。旁白是指两个以上的戏剧人物同时出现在舞台上,一个人物背着其他人物向观众表白自己或评价他人言行的话,它能起到揭示人物心理活动的作用。独白即剧本人物的自言自语,一般用于表达人物内心的愿望、抒发感情和显露行为的动机。唱词则是戏曲或歌剧中具有诗意和音乐性的语言,主要用于抒发剧本人物内心的激情,有时也兼有叙事和交代身份的作用。剧本依靠剧中人物自身的语言和动作来塑造人物形象,因此,剧本人物语言具有以下特点:

(1)充分的个性化

从剧本人物口中说出的话,要符合人物的身份、性格、年龄,也要符合人物所处的特定的环境。

(2)富有动作性

剧本人物的语言要有明确的行动目的,能够引起更多的外部的直观动作,演员的说话配合着动作进行,并借以推动剧情的发展,这就是"话里有戏"。

(3)既有可听性又有含蓄性

剧本人物语言要演员便于"上口",观众听来"入耳"。但是这些明白动听的语言又充满了含蓄的潜台词,它能给观众和读者留下展开丰富想象的余地。

2. 剧本的教学目标

历届语文课纲只笼统地对文学作品的教学提出要求,对剧本的教学目标没有做出明确的规定。周庆元主编的《中学语文教学原理》将剧本的教学目标概述为:"指导学生阅读优秀剧本,帮助学生了解剧本的特点,培养学生阅读、欣赏剧本以及评论戏剧的能力;引导学生学习动作化、性格化的语言特点,提高学生语言表达能力;帮助学生扩大知识领域,陶冶情操,提高思想认识水平。"具体来说,剧本教学目标应包括以下几个方面:

2.1 通过剧本的教学,使学生学好剧本的有关知识

(1)跟其他文学体裁相比较,剧本的特点是什么;

(2)怎样通过观察来认识客观事物,收集有关的材料,从而确定一个剧本的主旨,并根据主旨的需要来选定材料;对这些材料有什么要求;

(3)剧本的结构方式常见的有哪几种,它们是按照什么样的顺序把材料组织起来的;

(4)对剧本的语言有哪些要求,要达到这些要求应该注意些什么;

(5)怎样运用形象的分析与综合的写作方法和逻辑思维形式;

(6)其他语文知识:课文中的常用字、词、句型、语法知识、修辞知识、逻辑知识等。

2.2 通过剧本的教学,培养学生阅读、欣赏以及评论剧本的能力.

(1) 把握剧本所刻画的人物的性状特征,了解剧本情节;

(2) 把握剧本的主旨和表达主旨所用的主要材料;

(3) 把握剧本所使用的描写方法和叙述方法以及描写和叙述方法作用于描写、叙述对象的形式和目的;

(4) 了解剧本的结构特点;

(5) 把握剧本语言的特点。

2.3 通过剧本课文的教学,提高学生的语言表达能力

(1) 引导学生学习动作化的语言;

(2) 引导学生学习个性化的语言。

3. 剧本教学应注意的几个问题

3.1 关于剧本文体知识的教学

剧本文体知识的教学,是在一个个剧本的教学过程中进行的。剧本的教学过程是根据每个剧本的特点,针对一定年龄和一定程度的学生,为了达到一定的教学目标而有计划地组织起来的教学活动序列。在这一过程中,要指导学生学习课文的思想内容和语文形式,突出重点、解决难点。要结合课文指导学生学习有关剧本的文体知识,学好这些知识才能真正理解课文。

剧本作为一种艺术性文体,主要运用形象思维方式对客观事物或人物进行形象的分析,并在形象分析的基础上进行形象的综合。形象的分析与综合既是一种逻辑思维形式,又是一种写作方法。形象的分析与综合的知识,是剧本文体知识的重要组成部分。

在确定了主旨,选定了材料之后,便要解决怎样把材料组织起来以表达主旨这一问题,即剧本的结构问题。剧本的条理结构跟形象的分析与综合的写作方法、思维方法有着密切的联系。在剧本的教学中,我们要注意把剧本结构知识的教学跟形象的分析与综合的逻辑思维形式、写作方法的具体运用有机统一起来。

3.2 关于剧本阅读、欣赏和评论戏剧能力的训练

指导学生学习剧本课文,既要引导学生熟悉故事情节,了解结构特点,抓住具体描写,分析人物性格,把握剧本主旨;又要注意培养学生认真阅读,积极思考,勤查、勤记的良好习惯。要通过一篇篇课文的教学,指导学生学习字、词、句、篇章结构的基础知识,提高他们理解、分析课文的能力,并且随时注意锻炼他们听、说的能力。同时,还要结合剧本人物语言的动作化、个性化特点提高学生的语言表达能

力,这是同作文教学密切联系着的。在上述教学过程中,逐步提高学生观察、思维的能力,培养联想、想象的能力,从而发展学生的智力。

一个剧本是思想内容和语文形式的统一体。指导学生深入领会剧本的思想内容和语文形式,是对学生进行阅读欣赏能力训练的最重要的一步。内容决定形式。语文形式是为表达思想内容服务的。应引导学生理解语文形式,从而领会它所表达的主观情感,受到情感熏陶;结合剧本内容使学生更进一步理解语文形式,受到语文教育。认识语文形式越透彻,对剧本内容的理解就会越深刻;而越深刻地理解小说内容,就会更透彻地认识语文形式。语文教育和人文教育就是这样密切结合逐步深入地进行的。在剧本的教学过程中,情感内容是核心,而语文形式的教学是重点。

3.3　关于剧本教学中语言表达能力的训练

剧本课文教学过程中的语言表达能力的训练主要采取单项写作训练的形式进行。可以从两个方面进行:1. 描写人物语言要动作化;2. 描写人物语言要个性化。

3.4　剧本教学中口头表达能力的训练

(1) 培养学生口头表达能力,可以运用复述的方式,也可以运用描述身边的人物这一方式。

(2) 课本剧表演。通过课本剧表演,不仅可以使学生进一步熟悉课文,而且能培养他们的表演能力和口头表达能力。

(3) 在指导学生分析课文的过程中,要通过多种途径训练学生的口头表达能力。

(4) 对学生进行形象的分析与综合的逻辑思维训练。

【思考与练习】

1. 概括各类常用文体的文体特点。

2. 比较各类常用文体的教学目标。

3. 从中小学语文课本中任选一篇属于常用文体或文学文体的课文,根据各类文体的教学要求,拟订该课文的教学设计。

第七章　文言文教学

　　文言文教学是语文教学的重要内容之一,对于帮助学生积累和丰富语言材料,吸收和传承中华民族优秀传统文化,培养阅读浅易文言文的能力,培植人文精神,具有不可替代的作用,语文教学务必认真抓好文言文教学。

第一节　文言文教学目标阐释

　　《语文课程标准》关于文言文教学的目标要求分总目标和阶段目标。它们分别是"能借助工具书阅读浅易文言文","阅读浅易文言文,能借助注释和工具书理解基本内容。背诵优秀诗文80篇"。

　　《普通高中语文课程标准(实验)》关于文言文教学的目标要求是:"阅读浅易文言文,能借助注释和工具书,理解词句含义,读懂文章内容。了解并梳理常见的文言实词、文言虚词、文言句式的意义或用法,注重在阅读实践中举一反三。诵读古代诗词和文言文,背诵一定数量的名篇。""学习中国古代优秀作品,体会其中蕴含的中华民族精神,为形成一定的传统文化底蕴奠定基础。学习从历史发展的角度理解古代作品的内容价值,从中汲取民族智慧;用现代观念审视作品,评价其积极意义与历史局限。"

1. 什么是文言文?

　　要了解什么是文言文,首先要了解什么是文言。文言,相对白话而言,一般指以先秦语言为规范的古代汉语的一种书面语言。文言文相对白话文而言,是用文言写成的文章。古代白话是接近口语的古代汉语的又一种书面语言。白话文就是用白话写成的文章。如唐代的变文、宋元明清的话本和小说以及其他通俗文学作品都是用古白话写的,不属于文言文。

　　文言文也泛指一切文言诗文;文言文教学则泛指所有文言诗文的教学。

2. 什么是"浅易"？

"浅易"是相对的，是针对一般学生的水平而言的，它不是一个科学概念，实质上是很难界定的，它属于经验性的模糊判断。一般来说，浅易的文言文是指思想内容不太深奥，凭借学生的思想水平和人生经验还可以理解，表达方法也比较合乎常规，不太怪僻，语言文字比较合乎规范，是古代典范语言，其中的名物、典故比较常见，故阅读难度不大的文言文。

3. 注重文言文阅读的实际能力

文言文教学的重点，是培养学生阅读文言文的实际能力。文言文阅读目标定位在"读懂"，即"能借助注释和工具书，理解词句含义，读懂文章内容"，而不是把重点放在文言知识上面。文言知识是需要掌握的，但"了解并梳理常见的文言实词、文言虚词、文言句式的意义和用法"，其目的是"注重在阅读实践中举一反三"，重在对古诗文语言的感受力，以及文言文实际阅读能力的提高。

注重文言文阅读的实际能力，应多读文言文，扩大阅读量，多积累文言词汇；应少做脱离课文语境的、所谓梳理规律的、机械操练性的客观化、标准化的练习。

4. 理解和评价古代文学作品的基本方法

理解和评价古代文学作品的基本前提，应该是具有历史的眼光，用一种"同情的理解"态度对待古代作家在作品中表现的政治立场、思想观念、情感取向、思维方式等等，他们在那个时代看待自然、人生、社会乃至宇宙万象的历史合理性。只有当我们有了这种"同情的理解"，才不会以今人的标准苛求古人，以现实的需要曲解历史，才谈得上"从中汲取民族智慧"。但任何阅读又都是当下的阅读和对话，读者必然会不自觉地表现出时代的意识，所以在评价古代作品的积极意义与历史局限时，当然应该从现实社会语境出发，根据今天的价值标准作出理解和判断，即"用现代观念审视作品"。因此，理解和评价古代文学作品的基本方法是历史眼光与现代观念的统一。

5. 重视文言文的诵读和背诵

书读百遍，其义自见。文言文学习要重视多读多背，加强积累。当然，在文言文教学中，我们应重视教师的言传和分析，但强调学生熟读成诵、反复品味、心口相应、烂熟于心是完全必要的。

第二节　文言文教学内容和教学方法

文言文教学内容受文言文教学目标的制约。文言文教学方法,和语体文相比,既有共性,又有个性。文言文教学既适用语体文教学的各种方法,又具有自己独特的教学方法。

1. 文言文教学的基本内容

文言文教学的基本内容是,通过具体课文的讲读,明确字、词、句的含义,从文字、词汇、语法和修辞等方面初步掌握古代汉语的某些规律,结合了解文章的时代背景和作者的生平及其写作意图,理解文章的思想内容和写作特色。根据历史眼光与现代观念的统一,学习正确理解和评价古代作家作品。了解一些古代社会文化知识。

1.1　文言文字词句的教学

文言文教学,一般要求落实字词句。落实字词句,要做到以下三点:

(1)认清字形,读准字音

阅读文言文的第一步工作是扫除文字障碍,这就要求准确认读课文中的文字符号,重点注意那些形似字、异体字、通假字、生僻字和异义异读字的形、音、义。

(2)理解词义,明确词序

读懂文言文的关键在于掌握文言词汇。重点掌握那些古今异义的文言实词和少数常用的文言虚词。主要应抓住四个方面:一是一词多义;二是古今异义;三是词类活用;四是词序颠倒。

(3)分析句子,掌握句式

文言文教学要经常引导学生分析一般的文言句子,了解常规的句式结构,牢固掌握常规句型,如判断句、省略句等,逐步掌握一些特殊句式,如倒装句、被动句等。

1.2　古代社会文化历史知识教学

学生难于读懂文言文,时代隔阂也是重要原因之一。解决的办法是在教学中针对具体篇目,帮助学生开阔视野,增长一些有关的古代社会文化历史知识。具体做法多种多样。

(1)简介时代背景和作者

简介时代背景和作者的目的是为学生理解课文内容,把握作者创作意图提供大语境。

（2）简介有关社会历史知识、史实和典故

在文言诗文教学中简介与课文有关的社会历史知识、历史事实和典故，可以促使学生更好地把握课文内容。

（3）简介名物典章制度和社会习俗

这类知识属于古代文化知识，引导学生了解它，不仅可以扫除阅读文言文的障碍，而且可以扩大知识视野。因此，凡是与课文密切相关的兵制、官制、科举制、礼仪、各种名物、社会习俗都要适时进行简要介绍。

（4）简介古代文体知识

古代文体和现代文体不很相同，有的差别很大。教学时引导学生学习一些古代文体知识，弄清古今文体的区别，可以帮助学生理解课文内容。

1.3 全面学习课文内容，正确理解和评价作品

教学文言文，不能停留在落实字词句上，而应在掌握字面意义的基础上，进一步把握文本内涵，领会文本意蕴，还要通过反复诵读优秀诗文，培养语感，使学生在诵读中体味祖国的优秀传统文化，陶冶性情，增强文化底蕴。

另一方面，由于时代和阶级的局限，古代作品中难免存在一些不足。我们要用历史眼光与现代观念相统一的方法正确理解和评价古代作品。

2. 文言文教学的基本方法

教学文言文，一方面，应当采取诵读、串讲、评点、译注和综合练习等方法，加强听说读写训练，以培养学生阅读浅易文言文的能力；另一方面，教学中还要采取一系列行之有效的具体方法，进行总结、归纳、对比，使学生所学知识条理化、系统化。

2.1 文言文听说读写训练的一般方法

（1）诵读法

诵读法就是通过反复诵读，疏通文字，体会感情，理解内容。诵读涵咏，自古而然。文言课文一般都要反复诵读，短文或长文中的精彩段落都要求熟读成诵。诵读要加强指导，注意读准音，断准句，明确句读，不读破句，逐步做到读得流利，读出感情。对于初学文言的学生，教师要注意范读、领读。个别难点，更要着重指点。

（2）串讲法

串讲法就是按照篇章结构顺序，逐层逐段乃至逐字逐句讲解，串通文意。串讲的步骤一般是：读——讲——串。读一段或句，讲一段或句，然后贯通文意。运用串讲法，除低年级和个别文字比较艰涩的课文外，一般不宜逐字逐句讲解，而应当突出重点和难点。重点一般是指思想内容或写作技巧方面在全篇中处于关键地位

或是有特色的句段。难点一般是教材中没有注释而又难于理解的或读了教材中的注释仍难理解的词语;多种用法的实词、虚词和不易理解的句式;可能有几种不同解释的词句;涉及古代社会历史情况以及名物典章制度的地方,等等。

（3）译注法

译注法就是以句段为单位,翻译文意,注解字词,直接弄清文章的字面意义,一般不作内容分析和写法品评。翻译要力求直译,注解要着重训诂。

译注法与串讲法有点类似,不同的是串讲法是先讲后串,先注后译,即先注解字词,后串通文意;而译注法则是先译后注,即先翻译全句,后注解字词。如:

串讲法:斗折蛇行。[斗,名词用作状语,像北斗七星那样;蛇,名词用作状语,像蛇那样。（溪流）像北斗七星那样弯曲,像蛇那样蜿蜒而行。]

译注法:斗折蛇行。[（溪流）像北斗七星那样弯曲,像蛇那样蜿蜒而行。斗,名词用作状语,像北斗七星那样;蛇,名词用作状语,像蛇那样。]

（4）评点法

评点法是指对文言课文的写作特色和思想内容加以评述,指出其突出之点,如指点炼字遣词的精当,品评修辞表达的巧妙,评议立意谋篇的奇特等等;同时也对重点字词或关键词语作出注解。评点要求评得中肯,点得准确,要言不烦,一语破的。评点时一般是逐句评点,逐段小结。评点法主要适用于中高年级。

（5）综合练习法

综合运用各种教学方法多方面训练学生的技能,指的既是诵读、串讲、译注、评点等多种（至少是两种）教学方法的交错运用,又是各个（至少是两个以上）方面学习技能的综合训练,包括朗读、背诵、默写、断句、标点、注解、翻译等。

2.2 归纳整理文言知识的几种做法

文言文教学要逐步做好文言知识的归纳整理工作,促使学生掌握知识条理化和系统化,并由此产生领悟和联想,举一反三,触类旁通,提高学生自学文言文的能力。

（1）文言虚词用法归类

文言虚词的频繁使用是文言文的一个显著标志。文言文教学要认真抓好虚词教学。文言虚词并不多,而学生需要掌握的则不过十几个,如:之、其、以、而、夫、然、唯、焉、盖、诸、是、既、故、诚、所、或、即、向、尔、且、若、犹、乃,等等。教师应当有计划地引导学生归类总结,每篇课文重点解决一两个,每个学期归纳一批、巩固几个。

（2）一词多义归纳

在文言文教学中，经常有意识地进行一词多义归纳，可以有助于顺利扫除文言词汇教学中的障碍。

（3）古今词义比较

在文言文教学中随时进行古今词义比较，不仅能够促使学生理解课文中的新词，而且能够扩充知识。

（4）通假字汇编

在文言文教学中，要引导学生把文言课文中出现的通假字汇编起来，列成一个一览表，经常复习巩固，使学生不断加深记忆，并从中受到启发，举一反三。

（5）文言句型归类

在文言文教学中，要引导学生把文言课文中常见的判断句、省略句、倒装句、被动句等句型归纳出来，便于学生比较、理解和掌握，不断积累，使学生能够逐步掌握文言文的基本句型。

【思考与练习】

1. 文言文教学的教学目标、教学内容是什么？文言文的教学方法有哪些？

2. 设计一篇文言文课文的教学提要。

第八章 口语交际教学

从 2000 年修订大纲开始,小学、初中、高中都不再分"听"、"说"提出教学目标,而是统一称为"口语交际",这是一个突破性的进展。口语交际教学是语文教学的重要组成部分。在语文教学中,口语交际教学与阅读、写作教学关系密切,相辅相成,相互为用,但又各有职责,不可替代。

第一节 口语交际教学概述

1. 口语交际教学的意义

《语文课程标准》明确指出:"口语交际能力是现代公民的必备能力。应培养学生倾听、表达和应对的能力,使学生具有文明和谐地进行人际交流的素养。"这段话科学而简明地说明了口语交际教学在九年义务教育中、在人的发展过程中的重要意义。具体说来,主要有以下几个方面:

1.1 培养学生的口语交际能力,是提高未来生活质量和工作效率的需要

口语交际能力,是一种在交往过程中表现出来的灵活、机智的倾听、表达的能力和待人处世的能力。口语交际能力,是人们未来高效率工作和高质量生活的基本能力。培养学生的口语交际能力,就是着眼于学生的明天,就是为学生将来的发展着想。学生一旦形成了这个基本能力,就会进行正常的人际沟通和社会交往,这是他们可持续发展的基础。

1.2 培养学生的口语交际能力,是提高教学质量的需要

在语文教学中,口语交际与阅读、写作是一个有机结合的整体,综合作用于学生。语言交际能力,包括口语交际能力和书面语交际能力。这两方面的交际能力,从其发展过程和规律来看,它是按"听——说——读——写"的顺序递进发展的。其中,"口语交际"是这一过程的第一环节,是儿童形成与发展语言交际能力的第一步,是形成与发展读、写能力的前提和基础。教学实践也证明,口头语言发展得好、

口语交际能力强的学生,读写能力也比较强。反之,听不清、道不明的学生,读写能力的发展也会受到限制。在儿童语言的发展中,口头语言与书面语言紧密联系,同样重要,不可偏废。如果把口语交际与读写割裂开来,疏于口语交际,一心只在读写上用功夫,其结果必然是事倍功半,教学效率不高。所以,培养学生的口语交际能力,有利于提高语文教学的整体质量。

1.3 培养学生的口语交际能力,有利于促进学生智力的发展

口语交际能力训练,是开发儿童智力的重要方式。据现代脑生理学研究,人脑的左右两半球具有不同的功能,语言中枢通常是在左半球,但由于儿童大脑两半球还没有形成明显的分工,两半球都可以进行语言学习。所以,幼儿期和小学阶段是儿童学习语言(主要是口头语言)的最佳时期,并且也是通过语言学习来开发智力的关键期。智力包括观察力、记忆力、思维力和想象力。其中思维是智力的核心,而语言是思维的直接现实。理解和表达都与人的思维紧密相关。听人说话要理解内容,抓住要点,离不开思维活动;要清楚明白地表达自己的意思,不仅要清楚说什么,还要组织好语言,更离不开思维。口语交际的过程也就是思维活动的过程。和书面语言相比,口头语言以声音为载体,具有稍纵即逝的特点,听说者没有从容思考的时间,而需要有更高的应变能力,这就必然促进思维灵敏性、准确性的发展。

2. 口语交际教学基本理念

2.1 创设有效的交际情境

口语交际是双方"倾听、表达和应对"的过程,是不断变化的动态过程。口语交际能力只有在具体的交际情境中,在双向互动的语言实践中,才能得到提高。一定的情境可以加深学生的生活体验,激活学生的思维,是学生进行口语交际的条件和动力。学生一旦置身于一定的情境之中,就会产生交际的冲动。在教学实践中,并不是所有的创设情境都有效,有的情境就达不到预设的目的。要创设有效的交际情境,必须从以下几方面努力:

(1)创设情境要从教学目标出发

创设情境要真正为教学服务。如果只是为了情境而情境,那么就是一种无效的、假的教学情境。这就要求教师一方面要从生活情境中及时提炼教学问题,切忌在情境中"流连忘返";另一方面要充分发挥情境的作用,不能"浅尝辄止",把情境的创设作为课堂教学的"摆设"。情境的创设应该是适时适当的,在为课堂教学服务的同时要尽量做到简洁。

（2）情境的内容和形式的设计要从学生实际出发

由于学生的年龄、心理特点、认知水平、思维方式都有所不同,设计情境时要求教师根据学生的情况来进行。比如,要分析学生是否对讲故事、做游戏、模拟表演等形式感兴趣,学生是否适于自主学习、合作交流的情境等等。教师只有把握学生思想的脉搏,从学生的心理特点出发,灵活运用各种方法刺激学生、调动学生,才能使学生于不知不觉之中从旧知和浅易的内容里不断悟出未知的深邃内容,从而进入新知识的境界。

（3）创设情境应注意整体性和延续性

一堂课出现多个相关情境,应努力使交际过程的前后保持在一个整体的目标情境中,不要随时破坏和中断情境。一般来说,一堂口语交际课就是一个大情境,各板块的小情境是大情境的各个有机的组成部分。板块之间的小情境要前后连接,科学有序。有的教师创设的情境只用来激发学生说的兴趣,之后就没了相应的交际情境创设,这样的情境就没有整体性和延续性。

（4）创设情境要注意真实性和实效性

在口语交际课中,创设情境要有激发兴趣、模拟运用的双重功能。但有时我们往往只注意情境的趣味性而忽略了它的真实性和实效性。比如一位教师在《保护有益的小动物》的教学中,设计了一个向别人请教自己感兴趣的小动物对人类有什么益处的教学环节。教师首先示范向一位同学请教"蛇对人类有什么益处"的交际过程,然后让学生自由组合进行交流。这个情境的创设可以说让学生相当感兴趣,但是教师在示范交流时给人一种不真实的感觉。她说:"我不明白蛇对人类有什么益处,你能告诉我吗?"这位教师的问话表现出她对有关蛇的知识一无所知,让人觉得这是老师故意的安排而不是真实的请教。

（5）创设情境要充分考虑现实性和生活性

情境的创设和开发应充分考虑所创设情境的现实性和生活性,努力拉近与生活的距离,使学生在更大程度上"跳出"课堂,进入情境。

（6）创设情境要关照学生的交际能力

创设情境要考虑到交际的主体——学生的交际能力、认识特点、年龄特征和兴趣爱好等多方面的因素,创设他们能够交际的情境。例如,表演类的情境,低、中、高年级都可适用,但辩论类的情境就不适用于低年级学生的实际了。

2.2 口语交际教学要体现交际性

在口语交际的诸多特点中,交际性是其最本质的特点。离开了交际性,口语交

际的实施如同无本之木,无源之水。教师在突出口语交际的交际性特点时,应注意以下几个方面:

(1)话题选择要突出交际性

口语交际教学成功的重要因素是话题具有交际性。教师要充分挖掘交际内涵,拓展话题的交际功能,使得口语交际过程真正成为发展学生语言、培养学生素质的途径。有些话题本身缺乏交际性,容易上成以学生言语单向输出为主的听说训练课。因此这类话题需要教师认真钻研教材,充分挖掘交际因素,调动学生参与交际的积极性。教师要创造交际契机,铺设交际"点",形成交际"场"。口语交际的"场"指的是依附在口语交际活动之中并对其活动产生有力作用的交际要素。有利于教学的"场"应具有以下特征:"场"内的氛围是和谐的、平和的、愉悦的;"场"内的活动是积极的、活跃的、富有挑战意味的;"场"内的人际关系是平等的、互助的、包容的。在缺乏交际性的话题中,教师的穿针引线能使原本封闭的"场"变得开放。教师亲切的语调,和蔼的态度,恰到好处的串联、提示、点拨、应和,能形成一个自然、和谐、愉悦的交际"场"。在这样的"场"中,交际的可能性无处不在,无时不在。

(2)交际主体和交际对象之间的互动过程要体现交际性

构成口语交际活动的要素有四个:一是交际的主体;二是交际的对象;三是交际的媒介(口头语言);四是交际的环境。口语交际是交际主体和交际对象互动的过程,它的核心是"交际"二字,注重的是人与人之间的交流和沟通,不是听和说的简单相加。只有交际双方处于互动的状态,才能实现真正意义上的"口语交际"。只有实现这种"互动"式的交际,学生才能真正成为交际的主人。因此,我们在指导学生进行口语交际时,应注重互动过程的交际性。

2.3　自主、合作、探究的学习方式

新课程强调采用自主、合作、探究的学习方式。在口语交际教学中,采用这样的学习方式能较好地达成互动的效果。在口语交际教学中倡导自主、合作、探究的学习方式符合"交际"的特点。首先,能否促成口语交际活动,起决定作用的是个体有没有自觉参与的兴趣和愿望,因此口语交际具有一定的主观能动性。口语交际的展开建立在个体围绕话题自主地进行语言酝酿、组织和表达的基础之上。其次,口语交际互动性的特点,决定了交际的产生必须有赖于交际主体和对象之间以口语为媒介的交往,而合作学习为这种交往提供了良好的外部保障。因此,在口语交际教学中,采用自主、合作、探究的学习方式是十分必要的。倡导这一学习方式的积极意义在于不是为了培养口语交际明星,而是为了培养学生的口语交际兴趣,锻炼他们的能力,使得人人都成为口语交际过程中备受瞩目的主角。当然,在口语交际活动中,不能狭隘地理解自主、合作、探究的学习方式,它们之间既有独立性,又相互依存。自主中有探究,合作中同样有探究。即便是自主与合作也绝非对立、水火不容的,它们之间依然有着独立运行和相互融合的特性。所以口语交际教学中提倡这样的学习方式,还应当避免机械、刻板,提倡灵活运用。

2.4 口语交际教学要以学生为本

口语交际教学一定要结合学生实际,为学生提供丰富多彩的交际内容,以切实提高学生的口语交际能力。

(1) 从学生最感兴趣的事物入手

教师可以抓住学生最感兴趣的事物加强口语交际教学。比如,动画片、图片、游戏、故事等。说话的内容形象有趣,学生才容易做到想说、乐说、创造性地说。

(2) 从学生最需要的地方入手

在教学中,教师要时刻关注学生的需要,针对学生的实际情况随机应变,精心设计口语教学内容。例如有位教师在开学初的一次小组合作学习中看到,有的学生只顾自己说,不听别人的;有的学生一言不发,不敢表达自己的意见;有的学生干脆在一边玩。教室里乱糟糟的。课后,这位教师做了冷静分析,认为学生口语交际能力低是主要原因之一。因为这种互动状态下的合作学习是一个交流的过程,每个学生都要做到会听、会想、会说,学生的口语交际能力在其中起着至关重要的作用。针对这一情况,教师及时在小组合作学习的教学活动中添加了口语交际内容,逐步训练学生学会倾听(专心听取别人的观点,掌握发言要点),学会质疑(要有礼貌地提出疑问,请对方进一步讲解),学会表达(善于表述自己的看法),学会交流(能跟别人讨论,虚心接受别人的正确意见并及时修正自己的看法),使学生的小组合作能力有了显著提高。

(3) 根据学生年龄特点,课堂上加强示范指导

想说、爱说是口语交际的前提,会说才是教学的目的。低年级学生想说,但由于他们口语表达有困难,有时不知道如何去说,也不知道从哪里说起,说的话东一句、西一句,看到啥说啥,想到哪儿说哪儿。要解决这个问题,教师必须做好示范,这是规范学生口语,展开口语交际训练,提高口语交际能力的重要环节。

A. 指点方法,使学生学会观察

在指导看图说话时,要指点观察的方法,将写话与说话结合起来进行训练。比如,在指导看图说话《猴山》时,可以先让学生从整体上观察,看清猴山上每只猴子

的神态、动作的特点。最后说出自己的感受,并用书面语言表达出来。通过这样的指导,学生掌握了观察的方法,说的时候,有话可说;写的时候,有话可写。在进行其他训练时,也能思路清晰,言之有序,避免了看到什么说什么的现象。

B. 以问助答,丰富说话内容

低年级学生说话的时候,往往只能把看到的简单说出来,内容枯燥。比如,在口语交际课上,让学生说国庆长假怎样度过的时候,学生只能说出去旅游了,很好玩之类的空话。教师可以设计几个提问,以帮助学生丰富说话内容。比如,你和谁一起去的? 怎么去的? 你看到了哪些景物? 描绘一下好吗? 你玩了些什么? 你最开心的是什么? 你这次旅游最大的收获是什么? 等等。这样,学生说话的内容就丰富多彩,言之有物了。

C. 提供句式,理顺表达思路

在进行部分观察时,每部分开头可以用一定的句式提出问题让学生回答。如:"老师带领同学们来到了哪儿? 这里景色怎么样? 从哪些地方可以看出来?"学生们按老师提问的句式回答:"老师带领同学们来到一条小河边,这里的景色太美了! ……"老师再问:"同学们玩得怎么样? 用'有的……有的……'句式说出来。"学生按老师的指导,思维活跃又有条理,兴趣浓厚,说话连贯,表达就会有声有色。

D. 激发想象,丰富说话内容

低年级学生想象力丰富,在口语训练中,教师要注意激发学生的想象,丰富说话内容,培养学生的创新能力。如在教学《我要的是葫芦》这一课时,在理解了寓意之后,就要引导学生想象主人公如果了解了事物之间的联系,听从了邻居的劝告,当时改正了错误,结果会怎么样? 并要求学生用语言描绘一下葫芦丰收的景象。这样,学生说话的兴致会很高,描绘也会很细致,很生动。

E. 连句成段,连段成篇

口语交际要做到由易到难,循序渐进。先指导学生连贯完整地说好一句话,再激发学生用一定的句式把每句话连起来,形成一段话,使学生的观察、思维与语言表达融为一体。

3. 口语交际教学目标

《语文课程标准》中口语交际教学的总目标是:"具有日常口语交际的基本能力,在各种交际活动中,学会倾听、表达与交流,初步学会文明地进行人际沟通和社会交往,发展合作精神。"根据"口语交际"的特点和各阶段学生的认知规律,《语文课程标准》将总目标的内容分解成四个阶段目标。各阶段目标都是按"知识和能力"、"过程和方法"、"情感态度和价值观"三个维度进行整体设计的。三维之间你中有我,我中有你,相互渗透,融为一体。三维设计的整体性主要体现在以下三个方面:

3.1 情感态度的培养,整体贯穿

既然是文明的交际活动,双方在交际中的情感态度就显得十分重要。因此,关于情感态度的培养必须整体贯穿在学段的目标之中。根据"口语交际"的特点,《语文课程标准》主要是从交际的态度和交际的语言两个方面提出情感态度的培养目标的。交际的态度和交际的语言是随年级的升高而逐步提高的。首先,从交际的态度看,第一学段提出"态度自然大方,有礼貌",这是对学生交谈姿态的要求。它要求学生与别人交谈时,要姿态自然,面带微笑,使人感到亲切、有礼貌。第二学段对口语交际提出了"倾听"、"请教"和"商讨"的要求,实际上三者之间是有着密切的联系的。只有认真"倾听",才能知道自己不理解的地方,才能向对方"请教";如果出现不同意见,就要与人"商讨",以求得问题的解决。要达到这些要求,关键在于情感的真诚投入。显然,情感态度的要求比第一学段提高了。第三学段提出了交流时能"尊重"、"理解"对方的要求,这个要求比第二学段又提高了。"尊重"是指尊重对方的人格,包括不说不文明的语言,不插嘴,不随意打断别人的发言;"理解"是指能站在对方的立场上,将心比心,理解对方的心情,即使对方有过激的语言,也要给予宽容。其次,从交际的语言来看,"请教"、"商讨"本身就蕴含着文明的语言。"语言美"既对语言表达提出了更高的要求,同时,也对情感态度提出了更高的要求。因为在特定的交际情境中,语言的表达总是伴随着情感态度同时发生的。只有具有高尚情感的人,才能做到语言美。

3.2 口语交际能力的培养,整体有序

《语文课程标准》在"总目标"中提出"学会倾听、表达与交流",实际上提出了三大能力——倾听能力、表达能力、交流能力。学生只有具备了这三大能力,才能文明和谐地进行人际交流。由于各学段学生在认知发展上存在着客观差异,所以,《语文课程标准》对这三大能力的培养,在各学段提出了不同的要求。但从学段之间的纵向联系来看,这些能力培养的要求是整体有序的。第一学段对三大能力的要求分别是:"能认真听别人讲话,努力了解讲话的主要内容";"听故事、看音像作品,能复述大意和精彩情节;能完整地讲述小故事,能简要讲述自己感兴趣的见闻";"有表达的自信心。积极参加讨论,对感兴趣的话题发表自己的意见"。第二学段对三大能力的要求分别是:"在交谈中能认真倾听,听人说话能把握主要内容,

并能简要转述";"能清楚明白地讲述见闻,并说出自己的感受和想法;能具体生动地讲述故事,努力用语言打动他人";"能用普通话交谈。在交谈中能认真倾听,并能就不理解的地方向人请教,就不同的意见与人商讨"。第三学段对三大能力的要求分别是:"听他人说话认真耐心,能抓住要点,并能简要转述";"表达要有条理,语气、语调适当";"与人交流能尊重、理解对方;乐于参加讨论,敢于发表自己的意见;能根据交流的对象和场合,稍作准备,作简单的发言"。

从以上我们可以看出,《语文课程标准》所提出的倾听、表达与交流的能力培养要求,是按学生年级的升高逐步提高的。例如:

倾听能力——从对听的注意要求来看,是按"能认真听→能认真倾听→能认真耐心听"的递进顺序来安排的。从对听的能力要求来看,是按"努力了解主要内容→能把握主要内容→能抓住点"的递进顺序来排列的。

表达能力——是按"复述大意、简要讲述见闻→能清楚明白、具体生动地表达→能有条理地表达"的递进顺序来排列的。

交流能力——是按"能积极参与交流→主动双向交流→根据需要选择交流的内容和方式"的逻辑顺序来安排的。

3.3 口头语言的规范,贯穿始终

规范学生的口头语言,首先要训练学生说普通话。《语文课程标准》在小学口语交际教学阶段目标中明确规定:"学讲普通话,逐步养成讲普通话的习惯。""能用普通话与人交谈。"学生在入学以前,一般说的是方言。入学以后,应要求他们学说普通话,而且在课内课外、校内校外都要坚持说普通话。教师要以身作则,用普通话讲课,师生之间、生生之间要用普通话交流、讨论,努力创造一种人人都说普通话的环境。其次,小学生在入学前虽然已经能说许多话,但也存在着许多语言不规范的现象,如语句不完整、重复啰唆、不必要的口头禅等,教师要随时注意纠正学生不规范的语言。总之,规范学生的口头语言,要贯穿口语交际教学的始终,从一年级起就要明确要求,加强训练,并在后续各个年级持之以恒。

第二节 口语交际教学的内容、过程与方法

1. 口语交际教学的内容

口语交际教学的目标,决定了口语交际教学的内容。口语交际教学训练的内容是作为现代公民所必须的口语交际的情感态度、日常口语交际的基本能力以及

规范的口头语言等。

1.1 培养学生积极的口语交际情感态度

《语文课程标准》明确规定:"与别人交谈,态度自然大方,有礼貌";"在交谈中能认真倾听,并能就不理解的地方向人请教,就不同的意见与人商讨";"与人交流能尊重、理解对方;在交际中注意语言美。抵制不文明的语言"。这既是口语交际教学的"情感态度"培养目标,也是口语交际教学情感态度培养方面的内容。

与人交流,应专注于谈话的内容,以诚恳的态度,侧耳倾听。尤其是较重要的谈话,更应如此。与人交流,集中注意力,是对对方的尊重。这种态度会引起对方的共鸣,从而实现良好的交流。听别人讲话,应仪态大方,眼神、神态都要与对方形成交流,使说话者感觉到你"听进去了"。要注意:不要随意打断对方的话,不要用"啊"或其他方式要求说者重复一遍。可以在对方说完一个相对完整的意思后,提出自己的问题或看法。在口语交际训练中,要提醒学生与人交谈时不能左顾右盼、漫不经心;或心浮气躁不待人讲完,就随便插嘴;或在同学们谈论某一话题时,心不在焉插上另一话题,等等。这些表现都有意无意流露出对说话人的不尊重和不礼貌,给人一种缺乏教养的印象。同时,持这种态度,也很难理解别人的意思。

认真倾听,尊重理解对方,既是一种修养,也是一种提高人的注意品质的过程。倾听时要集中注意力,要善于保持注意的持续和稳定,克服注意的分散。倾听过程中要顺利实现注意的转移,话题的转移,包括在不同的说话人之间的转移。倾听中要善于分配自己的注意力,以兼顾一个倾听过程中的若干要素,如边听边观察周围环境,边听边抓住重点,或边听边记录。倾听中还要善于排除干扰,排除交流过程中难免产生的主观和客观的干扰。

要注意引导学生在与别人交谈说话时,诚实而有礼貌,积极而又自信。首先"立言以诚"是为人处世的根本,无论在什么场合,言谈的内容都要实实在在,即从实际出发,实事求是,不虚伪,不油滑,不夸饰,不为了什么目的去说违背事实的话、违心的话,不说自己还没有弄明白的话,不信口开河讲假话、空话、废话。教师要用诚实的精神教育学生,使学生树立良好的道德观。以这种诚实的态度说话,是对交流对象的尊重。有礼貌地交谈,包括称谓的礼貌,语气情态上的礼貌,体态语的礼貌,也包括言语本身的诚挚得体,仪态的大方自然。要指导学生尊重别人的心理空间,不要谈论别人不想谈论的话题,也不要对别人的隐私刨根问底。要求学生说话的语气适当,不要表现出伤害别人自尊的情感倾向,声音要有所控制,不要干扰他人。人有民族、地区、性别、年龄、经历、职业、职务、文化程度等各种差异,交际双方还有老幼尊卑、亲疏远近、上下左右等各种关系，还有不同的说话场合和气氛，因此说话想要取得良好的效果，就要看对象、身份、场合，在称呼语、语体、词汇和伴随的身势语上都要有所选择。比如在家庭中同父母交谈，我们可以用亲密的语言，伴随亲昵的动作；但如果同师长谈话，我们就必须用谦敬的语体。

要培养学生健康的发表欲，让学生想讲话，敢讲话，有话要说，不吐不快。要训练学生有勇气克服羞口、讷言的心理障碍。让学生明白，每个人都有交际的能力，只是各种原因自身潜能没有被发掘出来。对于刚刚开始练习口语交际的学生来说，最大的障碍就是"紧张"和"无话可说"，而充分的练习则是扫除这两种障碍的首选良药。让学生应对紧张情绪的方法有很多。例如，让学生能在大庭广众之中引吭高歌而无所顾忌，口语交际就不会有心理障碍；让学生尽量选择人多的地方进行这项练习，鼓起勇气，不要怕别人笑话。当然这不能扰乱学校正常的教学秩序。

要教育学生谦虚好学，勤于反思。训练口语交际，练习说话，不断提高自己的讲话能力，是一生的事，是没有止境的。要让学生明白，即使自己说话能力强，也要不断地学习和提高，以使自己的口语表达日臻完美。要引导学生学习别人的长处。在学生周围有许多善于说话的人：有的人讲话逻辑性强，条理清楚；有的人长于描述，生动精彩；有的人讲话含蓄而耐人寻味，有的人讲话明朗而直抒胸臆；有的人讲话内容简约，有的人讲话内容丰富……教师要善于引导学生博采众长，以不断丰富和提高自己。教师还要善于引导学生有勇气正视自己说话的毛病和弱点，并帮助他们改正和提高。如果说话词汇贫乏，枯燥无味，就要引导学生多读点文学作品；如果说话啰嗦重复，条理不清，就引导学生多列提纲，以增强逻辑性；如果说话口音含混，就要指导学生练习咬字归音；如果说话语调平板，就要指导学生多练诗朗诵……总之，要使学生树立反思和完善自己的意识。

1.2 训练学生口语交际的能力

《语文课程标准》在总目标中明确提出"在各种交际活动中，学会倾听、表达与交流"，这就告诉我们：学生的口语交际能力实际上由三种基本能力构成——倾听能力、表达能力、交流能力。具备这三种能力是学生文明和谐地进行人际交流的前提。

（1）倾听能力的训练

倾听能力，是人对有声语言的感知和理解能力。只要没有听觉残疾，人在生理上都有听力。但倾听能力不仅仅指听力，它包含了复杂的智力活动，并和人的阅历、知识水平、道德修养等有着密切的关系。倾听能力需要培养和锻炼。

① 语音辨识能力的训练

语音是以说话者的发音器官所发出的声音为载体的，含有一定意义的信息流。对倾听者来说，就是用听觉器官接受语音载体，以吸收、分析和理解说话者所发出的信息。倾听者首先接触的是语音，人的听觉分析器对语音的辨识是倾听的第一道关口。辨识能力是倾听能力构成的重要因素。

语音辨识能力，是对特定语音序列和构成语音各要素的辨别感知能力，如对音素（元音和辅音）、音位和音节组合规则的感知和辨别，对语音音波（音高、音强、音长、音色）的感知和辨别。这种对语音的感知和辨别应当是准确和敏锐的。我们训练学生的倾听能力，其中一个重要内容，就是训练学生的语音识别的准确性和敏锐性。

识别语音是一个复杂的动态变化的过程，要受主客观多种因素的影响。例如辨别语音要受前后句子关系的影响。每一语音都处在系列之中，都是相联系相比较而存在的。词语要放在句子中，放在与其他词的联系和搭配中来辨识。语音中的抑扬顿挫对语音辨识有很大影响。句法、句义对语音辨识产生影响。其他如语速、方言等，也会对语音辨识产生不同的影响。听话人的主观因素，对语音辨识也有很大影响，如注意力是否集中，能否熟练地领悟语词间的联系搭配，能否准确辨别方言影响等。

语音辨识过程中的主客观因素，其影响有消极的，也有积极的。训练学生辨识语音的能力，就是要利用这些因素中的积极方面，限制克服其消极方面。

② 倾听记忆能力的训练

倾听的记忆能力，是倾听能力的重要构成因素。听到的话若不能记住，"左耳朵进，右耳朵出"，听话就没有什么意义了。听别人说话应能迅速作有意识记忆，把外部语言材料所负载的信息转化成一种心理形式输入大脑并储存起来；倾听者通过语音吸收其负载的信息，使记忆的材料形成网络和系统，这样，倾听才是有意义的。我们要训练学生具有这样一种听话的记忆能力。

倾听中记忆与理解是密不可分的。外部信息只有纳入记忆中已有的信息网络，才是可以理解和记忆的。记忆中的已有知识，是理解倾听到的话的基础；理解又是记忆的基础。听话中的记忆，不仅仅停留在记住词语的听觉编码，更重要的是以语言的听觉编码为桥梁，达到深层次的意义编码。据心理学家研究，在大脑中，语言的表层形式和它所表征的意义，是分别储存的。由语言的表层形式建起"意义"，这个"意义"被记住，而语言的表层形式渐被"淡忘"。需要表达这个"意义"的时候,会用储备的语言材料生成相应的语句,来表达这个"意义"。新生成的语句不一定与原来的语句形式相同。由此,我们可以认识到,听话记忆和理解密不可分。当然,如果是以记住语句为目的,如背诵,贴近原文的复述,记住讲演辞等,那就又当别论了。

听话要记住"意义",不等于说词语不重要。利用词语进行记忆,是人类独有的本领。词语标志事物本身,又是一种信号,有极强的概括力。听话时利用关键词语进行记忆是一条捷径。听话时着重记住说话人的观点和提法,着重记住对重点场景的描述,对重要事物估量的分寸等等,都能强化听话的记忆。

从语文学习的角度看,语言本身的记忆是重要的。人们从倾听中积累词汇,掌握多种句式,培养和增强语感。可见,语言表达能力是建筑在丰富的语言材料的感受基础之上的。因此要重视学生在倾听之中学习表达。

③ 倾听理解能力的训练

倾听的理解力是倾听能力的核心。倾听,就是为了理解说话人的意思。

倾听的过程,是倾听者接受了表达者发出的语音,结合自己的已有知识,对其语言信息进行解释,揭示表达者发出的语音的含义的过程。由语音感知提供的输入信息与已有的知识结构相互作用,由此产生对表达者言语的理解。这个理解,既包括对言语的含义的理解,又包括对其说话的意图、情感色彩的揣度。这个理解,不是消极的"翻译",而是加进了听话者的推论、联想。所以说,倾听者是处在积极的思索、领悟和揣度的状况中。

培养学生倾听理解能力,就是使他们具有通过表达者的外部言语,追溯其内部言语的能力。这个能力包括对词义的理解,对句子的理解,也包括对段与篇的理解。倾听的时候必须前后照顾,互相呼应,抓住其外在条理和内在联系。若是一篇讲话,必须把各个部分,"各个零件"进行整体组合,进而理解其主旨。

以上,都要求在听话过程中,训练学生思维的敏捷性、思维的严密性、逻辑性以及联想力和想象力。

对言语的理解,还应包含一种深层次的组合,就是在倾听时,要联系背景材料,要了解说话者的目的性和针对性,要思索说话者的本义和言外之意,要领悟和探寻其深层次的含义。因此在倾听训练中还要培养学生思维的灵活性、创造性、深刻性和批判性。

④ 倾听中的语感训练

语感是人对语言的一种直觉,一种对语言的敏锐的感觉;感觉语言的正误、文野、雅俗、工拙、庄谐,以及语言风格中的种种特色。倾听是培养语感的主要渠道;而人具有良好的语感,又必然会大大提高其倾听能力和水准。

(2) 表达能力的训练

表达能力是一种综合能力。它包括表达本身的技能技巧,也反映了表达者本人的心智水平。一个人的知识储备、智商高低、道德涵养、个性特征等都与表达能力有密切关系。语言是思维的直接现实。思维的敏捷性、逻辑性等思维品质都会从说话中表现出来。思维混乱,言语表达就会层次不清;思维明晰,说话才会条理分明。文如其人,口语表达也是如此。所以,表达能力的训练,应着眼于学生综合素质的提升。就表达本身的技能技巧来说,应注意以下几点:

① 组织内部言语的能力训练

口语表达,要么先想后说,要么边想边说。系统的、连贯的、独白式的讲话,一般先想后说,在表达过程中,还要不断思索和调节。日常交际,多是边想边说。总之,想是说的前提。这"想",也就是内部言语。内部言语常以一种意思的轮廓、框架、信息点、语点,或形成它们之间的线性意向系统的形式在脑中浮现。它的形成是瞬间的、闪电式的,不可能对每句话作出完整的构思和仔细的推敲。

训练学生的内部言语组织能力,也就是训练学生的思维能力。一要训练学生思维的敏捷性。内部言语组织贵在神速。在口语交际中,要边听边想,对方在说,如何对答,聆听之中已然成竹在胸。独白不能光念稿纸,而要在构思框架中与听众交流,有所引申发挥。二是训练学生思维的广阔性和严密性。内部言语组织要条理清楚,不遗漏重要之点,不出现大的片面性和逻辑混乱。口语表达之前心里一定要思考四个问题:对谁说? 为什么说? 说什么? 怎样说? 只有迅速而严密地把它们弄清楚了,内部言语才能组织得好,口语表达才能完善而精彩。

② 快速的语言编码能力训练

口语表达就是将内部言语转化为外部言语,迅速将内在的"意思"扩展开来,编码成为按一定语法规则组成的词汇系列。这种意思扩展和言语编码是神速的。内部言语转化为外部言语需要两个条件:一是说话者要有较为丰富的词汇储备以供选择和比较,不至于只可意会而难以言传。二是谙熟语法规则。在口语交际之中,要通习本民族共享的语法规则,编码出的词汇系列要合乎语法规范,别人能懂。

训练学生快速编码能力,除了丰富他们的词汇,使他们谙熟语法规则,掌握多种句式变化外,还要训练他们快速选词,快速组句,根据语境特点和听话人的反馈,调节说话内容与方式,以及上下联系、前后呼应等能力。

③ 运用语音表情达意的能力训练

有声语言以声波形式将语音传入听话者耳鼓，构成言语交际。在这个过程中，语音是极为重要的。口语表达必须语音准确清晰，语调语速恰当，通过语音的抑扬顿挫，使语音恰切地表情达意。因此必须对学生进行语音方面的训练。主要包括：A. 坚持推广普通话，掌握普通话语音。B. 吐词发音准确、真切。要做到语音明晰，必须在吐字发音上下工夫。吐字，要求声母发音时部位准确。声母与介音构成的字头，要咬得有力而有弹性。韵腹送音要完整、饱满，读得响亮。韵尾要弱收而必须收。C. 懂得一点气息与共鸣的知识并能够运用。气息是人体发声的原动力。呼出气息的变化，直接关系到语音是否清晰、响亮、持久和优美。共鸣主要是口腔共鸣。善于运用以口腔为主的声道共鸣，能使语音洪亮、清晰、富于色彩变化和表现力，还能避免语音的干涩、嘶哑，保护声带健康。D. 掌握重音、停顿、语速、语调和语流的调控技巧。语流是说话时语音按一定规则组成的线性序列。口语语音是连续的，要流畅而自然。E. 提高语音的控制能力。要练就大脑语言中心对语音的控制力，这是口语表达中语音质量的保证。它还能帮助学生克服说话的不良习惯，克服和矫正语病，提高口语表达水平。

（3）交流能力的训练

交流能力是一种双向或多向互动的对话能力。交流能力的训练有多种样式，如应答、讨论、劝说、辩论、演讲等。

① 应答

因对象、身份、场合和目的不同，日常交际中有各种各样的应答。好的应答，常常能反映应答者的学识、品性和口才。好的应答应符合以下要求：达到沟通目的，尽可能让对方接受你；应答前要了解对方问话的真实意图及问题的症结；应答时努力从表情、语气、用语各方面营造一个"心理兼容"的融洽气氛；应答中要根据对方的反应及时相应的调整。生活中常常会遇到一些难以回答的问题或难以应付的场面，如果能作出一个恰当、巧妙的应对，就能化解尴尬，甚至有意想不到的收获。

② 讨论

讨论是一种多向交流形式，是一种多维互动，在家庭、校园以及其他场合经常运用。参加讨论有助于学会在众人面前发表见解，学会与他人沟通思想，交流信息，探究真理，寻求共识。参加讨论要明确讨论的话题和要求，把握讨论的语言特点。参与者要认真听说，积极思考；要尊重他人，理解他人；发言时要言之有物、言之有序，言之有理；要有主见，不盲从；要坦诚、谦虚，语言委婉，条理清楚，表达得体。主持人是讨论中的重要角色。作为主持人,要努力营造一种良好和谐的讨论气氛,要善于从讨论者的发言中捕捉闪光点。讨论出现冷场,要适时调节气氛;出现争议,态度应不偏不倚,冷静倾听双方争论的焦点是什么,引导双方在关键问题上深入讨论;发现讨论离题时不能听之任之,要及时插话,引回正题。小结时,要简单明了,富有感染力。

③ 劝说

劝说是一种试图改变对方心理或行为的口语交际形式。劝说要明确目的,注意方法,讲究说话艺术。劝说前,要了解对方的心理,做到知己知彼,对症下药。劝说时,要热情、坦诚,尊重对方,要有耐心,还要适时安慰鼓励。语气要委婉,力求以理服人,以情动人。切忌急躁、蛮横,以势压人,以至伤害而事与愿违。劝说的方法很多,如直言劝说、迂回渐进、换位推论、求同存异、对比选择、设喻联想和情境暗示等。成功的劝说不仅能使对方心悦诚服,也会给自己带来快乐。

④ 辩论

辩论是培养多维互动口语交际能力的重要样式。辩论分自由辩论和专题辩论两种。参加辩论,首先要明确辩论的要求:一要有充分的准备。辩题确定之后,要了解对方的论点,推测他们可能使用的分论点、论据和论证方法;分析对方辩论过程中的逻辑联系,推测可能出现的薄弱环节,找到己方驳倒对方的突破口。最重要的是准备自己的观点和材料,准备有说服力的论据,选择最有力的论证角度和方法,明确自己发言的条理及语言的组合等。二要明确人员组成及顺序。专题辩论一般有较严格的程序和固定的规则。双方人数要相等。本方要思想一致、通力合作。三要弄清辩论中主持人的职责。主持人要选好辩题,确定辩论规则,并在会前当众宣布。辩论开始后,要宣布发言顺序,掌握时间,启发、引导发言并能恰如其分处理突发事件。辩论结束,要有总结发言,宣布评议结果。四要明确辩论的语言特点。其特点是:A. 雄辩。辩论,要以语言战胜对方,但"辱骂和恐吓绝不是战斗",具有雄辩力量的语言来自观点的正确性和鲜明的逻辑性。B. 敏锐。即具有快速回应能力。辩论既要把握自己的"论",又要注意与对方"辩",发现对方的论证中心及对己方发言的感受和反应。C. 刚柔相济。即维护自己的观点寸步不让,理直气壮,但在语言表达、内容安排上又要注意委婉变通、柔中有刚,甚至不乏讽刺和幽默。D. 灵活巧妙。即运用多种多样的战术,选准进攻的突破口。

2. 口语交际教学的过程

口语交际教学是对学生进行口语交际能力训练的过程。口语交际教学的过程可以分小学阶段口语交际教学的过程、初中阶段口语交际教学的过程、高中阶段口语交际教学的过程。每个阶段又可以分出学年、学期乃至一次口语交际教学的过程。这里着重介绍一次口语交际教学的过程。

口语交际教学必须遵循学生的认知规律,并根据认知规律精心设计教学流程。一般说来,一次口语交际教学的过程,可按以下几个步骤来操作:

2.1 课前准备

上好口语交际课,课前的实践活动十分重要。教师要根据口语交际课的内容,安排学生观察实践,搜集资料,或者体验生活等等。尽量使学生能胸中有物,说有根据。

2.2 创设情境

生动逼真的情境创设,能够调动学生内在真实的情感体验,激发学生主动投入口语交际活动的强烈欲望。这一步骤的目的在于激发学生与人交谈的兴趣,并且知道围绕哪个方面来交谈。所以,在课前准备的基础上,教师要利用感染性的语言描述,多媒体课件或实物展示等手段,迅速把学生带入一个生生互动或师生互动的轻松愉快的口语交际情境中。

2.3 模拟交际

在学生进入口语交际的情境后,教师可以指导学生依据要求,展开互动的口语交际活动了。如:先由教师或优秀学生进行口语交际示范,接着放手让学生自选对象或小组展开口语交际练习,最后选择典型口语交际范例,引导集体评议。或者,教师先放手让学生根据口语交际的要求进行自主交际,然后再抽取典型,进行示范表演,同时引导学生展开评议。模拟交际是口语交际训练的中心环节,一定要安排充裕的时间让学生进行活动。教师的指导要体现出层次,要对出现的带共同性的问题酌情点拨。为了让全班学生都有较多的练习机会,可采用全班交流、小组交流、三三两两自由组合交流等多种形式。

2.4 课外延伸

课堂的模拟交际在深度和广度上不如生活那么丰满,充满血肉,而且,学生在课堂上通过口语交际获得的知识只有在现实的实践中才能逐步形成能力。因此,教师在口语交际课后,还应该设计一些交际作业,让学生运用所学到的知识大胆实践,将知识转化为能力。

以上谈的是一次口语交际教学的一般过程。口语交际教学的方式多种多样,也不可能有固定的程序。教师应根据具体情况,灵活地安排教学过程。

3. 口语交际教学的方法

学生的口语交际能力是在口语交际的实践活动中逐步形成的。《语文课程标准》强调"鼓励学生在各科教学活动以及日常生活中锻炼口语能力"。为口语交际教学的方法指明了方向。要提高学生口语交际能力，必须开辟多种实践渠道，采取多种训练方式，让学生在多种口语交际的实践活动中学会交际，提高能力。

3.1 口语交际训练的途径

（1）在课堂教学实践活动中提高学生口语交际能力

课堂教学是培养学生口语交际能力的主阵地。为了充分发挥课堂这个主阵地在促进学生口语交际能力提高上的作用，一是要用好教材中设计的"口语交际"内容，上好"口语交际"课，使学生通过典型话题的交际实践，熟练掌握口语交际的基本技能。现行语文教材有目的、有计划地设计了口语交际的训练内容，为提高学生的口语交际能力提供了根本保证。二是要坚持把口语交际的训练贯穿于阅读教学之中，因为许多涉及课文思想内容方面的问题本身就是很好的口语交际的话题。教师要特别重视在阅读教学过程中，引导学生提出不懂的问题，发表各自的见解，交流对课文的理解、体会，对重点问题进行切磋讨论。这既是阅读理解能力的训练，又是切实的口语交际能力的训练。三是要把口语交际的教学与写作教学有机地结合起来，从交流写作素材到讨论构思，从启发修改到引导评赏，都要落实"交际互动"的思想。四是要加强口语交际与其他课程之间的联系，将"口语交际"教学融入其他课程的教学之中。其中最有效的做法是：先从语文课程与其他课程之间在知识、思想内容方面的联系中寻找口语交际的话题，然后围绕这个话题，让各课程教师自主选择适合本课程教学的交际互动方式。

（2）在日常生活实践中提高学生口语交际的能力

学生的日常生活中蕴藏着十分丰富的口语交际课程资源。教师要充分挖掘这些课程资源，并从这些课程资源中寻找口语交际的话题，使学生在日常生活实践中学会交际。

3.2 口语交际训练的主要方式

口语交际训练的方式很多，不必拘于一格。常用的方式有以下几种：

（1）观察事物进行口语交际

这是对事物直接观察后进行口语交际。观察可以在课内进行，也可以在课外观察，到课堂上来交流。学生可以观察同一事物，也可以观察不同事物。

采用观察事物后进行口语交际，需注意以下几点：

A. 要在指导观察上下工夫。无论是在课上当场观察，还是布置学生课外自行观察，都要提出要求，指点观察的方法。观察过程中，教师要引导学生有重点、有顺序地观察，让他们眼看、耳听、鼻闻、手摸、口尝，运用多种感官感知事物，使客观事物在头脑中留下深刻、鲜明的印象。同时，还要启发学生多动脑筋思考，多问几个为什么，发现事物之间的联系，分析事物之间的异同，从而加深对被观察事物的认识。如有可能，教师最好能和学生一同观察，以便在观察过程中加以具体指导。

B. 要设计好引导的思路，使学生交谈的内容逐步深入。

C. 要注意放手让学生用自己的话表达自己要说的意思，在表达的形式上不要多加限制，在表达的内容上也不宜规定得过于具体。要鼓励学生从不同的角度，用不同的语言表达自己的见闻感受，让学生无拘无束地畅所欲言。别的同学边听边想，可以插话，可以补充，也可以发表不同意见。

（2）创设情境进行口语交际

新课标提出："要在课内外创设多种多样的交际情境，让每个学生无拘无束地进行口语交际。"创设情境，就是设法把学生带入某种假设的情境，然后根据假设的情境进行口语交际训练。口语交际训练一定要重视情境创设。没有具体的情境，学生就不可能承担有实际意义的交际任务，也不可能有双向互动的实践过程。创设口语交际情境主要有如下几种方法：

A. 生活情景真实再现

具体、真实的生活情景能够唤起学生对生活的体验，激发学生交际的兴趣和欲望。

B. 利用多媒体创设情境

利用多媒体创设的情境，具有生动、形象、逼真的特点，学生有身临其境的感觉，十分感兴趣。

C. 模拟表演，创设情境

对于那些有趣、情节生动、人物形象鲜明的内容，学生往往表现出极大兴趣，如果让学生充当这些内容中的主人公，创设故事情境，更能诱发他们的创造力。

进行这种类型的口语交际训练，要特别注意以下两点：

a. 要注意想象合理。创设情境进行口语交际时，教师要鼓励学生展开丰富的想象，通过想象进入情境。在口语交际的过程中，学生的想象必然有的比较合情理，有的不大合情理，教师要及时表扬那些想象合理的发言，使想象不合理的学生受到启发。

b. 要注意说话得体。创设情境交际时,学生要模拟不同身份的人的口吻来说话,做到说话得体不大容易,教师要加强这方面的引导。

（3）听故事进行口语交际

这是在学生听讲故事后进行口语交际。故事可以由老师讲,可以由学生讲,也可以听录音。

进行这种类型的口语交际训练,要注意以下几点:

A. 选好故事,讲好故事。所选故事应富有情趣,符合学生的接受能力,能引起学生兴趣、启发学生思考。讲故事的时候,要讲得有吸引力,有启发性,能吸引学生聚精会神地听,启发学生边听边想。

B. 要引导学生由所听的故事想开去。复述故事的内容,可以作为口语交际的一个内容,但不能作为重点,因为复述主要是重复故事里的语言,简要地停留于复述,不利于学生语言能力的发展。听故事进行口语交际,应该把所听的故事作为引子,重点交流听了故事想到的内容。可以引导学生用自己的话说说对故事的理解和感受,也可以对故事中提出的问题展开讨论,有的还可以练习续编故事。

（4）结合实验、制作进行口语交际

实验和制作,是学生在课内、课外经常进行的活动,结合实验、制作进行口语交际,体现了学科之间的融合。采用这种训练方式,要注意以下几点:

A. 所选的实验和制作要符合学生的年龄特点和认识水平。为了鼓励学生的创造性,丰富学生的口语交际的内容,可以让学生做不同的实验,搞不同的制作。

B. 说话的要求要恰当。从内容上看,实验说话,一般只要求说清楚实验的过程和看到的变化,对有关的道理不作要求,学生能说到什么程度就说到什么程度。制作说话,一般是着重介绍制作的过程,介绍作品的形状、特点、用处,也可交流制作时的心情。

C. 要妥善处理做和说的关系。实验和制作在课堂上进行,能使做和说结合起来,是应该提倡的好形式。但实验和制作花费的时间不能太长,要保证口语交际课的绝大部分时间用于练习听说。还要注意及时地把学生的注意力引导到互相交流上来。有的学生对实验、制作兴趣浓厚,要他们交流的时候可能还在忙着做,这就要靠教师适时、巧妙地引导。

（5）在讨论、辩论中进行口语交际

讨论、辩论一般由教师提出某个话题,让学生谈看法,发表见解。这种训练,对学生思维和语言能力的要求都比较高,大多在中高年级进行。

进行讨论、辩论的训练要注意以下几点：

A. 专门组织的讨论、辩论，教师可以事先布置题目，使学生有所准备，如查阅有关资料，请教别人等，这样可以提高发言的质量。临时组织的即席讨论、辩论，教师应当把题目讲清楚，必要时还可以做适当的提示，并且给学生充分的思考和准备时间。

B. 教师提供的讨论、辩论的话题，应当是发生在日常生活中的，是学生所熟悉和关心的，并且是有讨论和辩论的价值的。明显正确的观点或错误的观点，不宜作为辩论的话题。

C. 对学生的发言不能要求过高。教师还应提醒学生注意使用礼貌用语，纠正不适当的语调和姿势。

（6）利用活动之后进行口语交际

学校里经常组织有意义的活动。往往在活动之后，学生还沉浸在活动的快乐之中，余兴未尽，在这种时候，每位学生都有"一吐为快"的欲望。教师可趁机组织学生将活动过程中自己最感兴趣、最有意义或最能给自己带来快乐的情节与大家交流。这样，学生说话兴趣盎然，而且有话可说。这时，教师应提醒他们注意自己口述的条理是否清楚，用词是否恰当，语言是否流畅等，久而久之，学生的口头表达能力就自然得到了提高。

（7）利用电影、电视等多种信息材料进行口语交际

优秀的电影、电视节目，学生都非常喜欢观看，教师就可以从学生爱看的电影、电视节目中找到切入口，通过多种形式，进行口语交际训练。

以上介绍的是口语交际训练的几种主要方式。《语文课程标准》指出："努力选择贴近生活的话题，采用灵活的形式组织教学，不必过多传授口语交际知识。"总之，不论采取何种方式，都要考虑学生实际，从学生熟悉的生活中取材，设计好教学的思路，只有这样，才能取得好的教学效果。

【思考与练习】

1. 口语交际教学的基本理念有哪些？

2. 口语交际教学的目标是什么？

3. 口语交际教学的内容有哪些？

4. 口语交际教学有哪些方法？任选一种口语交际教学训练方式，自定话题，设计一节口语交际课的教学过程，再说说你为什么这样设计。

第九章　写作教学

《语文课程标准》指出："写作是运用语言文字进行表达和交流的重要方式,是认识世界、认识自我、进行创造性表述的过程。"写作教学是按教学目标指导学生进行写作,使学生养成写作习惯,形成写作素养的教学活动。写作教学是语文教学的重要组成部分,写作能力是学生语文素养的综合体现。我们要加强对写作教学的研究,明确写作教学的理念和目标,采取有效措施,切实提高学生的写作能力。

第一节　写作教学概述

1. 写作教学的意义

写作教学的核心是培养表达能力,而表达能力是语文素养的综合体现。"综合体现"是写作的一个重要特点,也是写作教学的意义所在。写作教学包括表达技能、智力技能训练以及提高认识和发展感情等内容,有如下三个方面的意义:

1.1　发展言语能力

言语能力是多方面的,写作能力是其中一个极其重要的内容。虽然在说话教学、阅读教学中,学生的表达能力得到了一定的发展,但有序的、系统的表达能力应主要依靠写作教学来培养。语文教学总体上要使学生的听、说、读、写四种能力协调发展。其中听、读能力属吸收能力,说、写能力属表达能力。在写作教学中要着重训练学生表达的能力。学生从识字、写字、阅读以及基础训练中所获得的语文知识、技能在写作实践中加以运用,就能不断地得到巩固,并把这种知识、技能转化为写作能力,从而相应的提高整体言语水平。

1.2　提高认识能力

写作是一种复杂的心理活动。从积累到构思以至成文,需要运用观察、想象、分析、比较、抽象、概括等智力技能。学生有时虽然接触了实际,参加了某些活动,但仍然表达不出东西,这与他们的观察能力较差、不善于仔细地观察事物有关。在老师有意识的指导下,他们逐步形成了有目的、有计划、有比较地观察事物的能力,表达时思路就会开阔,想象力就会丰富,内容也就更加具体生动。研究表明,语言表达与思维活动是密不可分的。思维严密,概念明确,用词就准确;思维有条理,表达就连贯、顺畅;思维活跃,语言就灵活。相反,思维混乱,语言就含混、累赘。因此,在训练学生语言表达能力的同时,要训练学生的思维能力。所以,习作的过程,也是学生各种认识能力不断地得到发展的过程。

1.3 陶冶思想情操

写作的目的是表情达意。对于学生来说,表达是他们精神生活的一部分。他们在写作中创造并表述真善美,鞭挞假恶丑。他们在写作中不断审视自己,校正自己精神的航向,使自己的精神健康发展;写作是学生的精神家园,人生的"史记"。因此,在写作中说真话,抒真情,是学习做真人的一种历练。写作过程中,学生必须面对生活,认识生活,描述生活,逐步加深对生活的认识;学生还会慢慢地熟悉各种人际关系,了解如何待人接物,陶冶自己的思想品德和情感;知道如何爱家乡,爱祖国,爱一切美好的事物,并学习怎样用语言表达它们。写作训练中的这种"陶冶"是无形的,是一个潜移默化的过程。

总之,写作教学不仅是培养学生语言表达能力的重要途径,同时也是全面提高语言水平,发展智力和创造力,培养高尚情操的一种手段。

2. 写作教学基本理念

2.1 突出表达主体

长期以来,我们的写作教学对表达主体有着重重束缚,无论在写作的内容还是形式上都有种种限制。虽说写"真情实感"一直为我国的作文教学所倡导,但是由于种种原因,我国学生的写作离这个要求有着较大的距离。中国传统的写作理论主张"文以载道"、"文以明道",因此我们的写作教学也便负载起了道德教育的重任,往往片面追求立意要高,要有闪光点,诸如《记一件有意义的事》、《……的教训》之类的命题写作在今天的学生写作中还大量存在着。写作的评价也强调思想性,而忽视学生表达的内容是否真实,话题对学生是否具有实际意义,学生是否愿意表达,是否有能力表达等多方面的因素。学生写作中的思想不是不重要,问题是必须建立在真实的基础上,离开了学生的生活真实,追求大而空的思想,往往使学生的表达落入胡乱编造或者套用别人文章的境地,以至于造成说的、做的、想的不一致,甚至出现严重的人格背离现象。

《语文课程标准》在对写作的要求上,非常强调"自己",倡导自由表达"自己"的观点。《标准》关于写作的基本理念是："写作是运用书面语言进行表达和交流的重要方式，是认识世界、认识自我、进行创造性表述的过程。"基于此，《语文课程标准》在"写作"阶段的目标提出："写自己想说的话，写想象中的事物，写出自己对周围事物的认识和感想"，"能不拘形式的写下见闻、感受和想象，注意表现自己觉得新奇有趣或印象最深、最受感动的内容"，"懂得写作是为了自我表达和与人交流"；"写作要感情真挚，力求表达自己对自然、社会、人生的独特感受和真切体验"。此外，《语文课程标准》在"教学建议"中更明确地提出："为学生的自主写作提供有利条件和广阔空间，减少对学生写作的束缚，鼓励自由表达和有创意的表达。提倡学生自主拟题，少写命题作文。"相对于过去教学大纲中"能把自己的见闻、感受和想象写出来"、"感情真实、内容具体、中心明确"等笼统提法，《语文课程标准》则提出"重在从学生的生活视野和感性经验中取题立意、引发真情实感，以求得写作的个性化和独特性的导向更加鲜明突出"。这对于克服以前学生写作中"假、大、空"的弊端，促进学生个性的健康发展都是极有帮助的。

2.2 重视情感体验，淡化表达技巧

情感是写作的灵魂，写作情感来自于生活体验。《语文课程标准》提出："养成留心观察周围事物的习惯。有意识地丰富自己的见闻，珍视个人的独特感受，积累习作素材。"这里的"独特感受"，是指自己独有而别人没有的感受，是最有创新意识的感受。这种感受主要靠观察发现，靠感悟体验。只有长期细心观察，才能偶有发现；只有全身心投入生活，亲身体验，才能偶有感悟。

在新课程改革中，体验学习得到了重视。体验学习是指人在实践活动过程中，通过反复观察、实践练习，对情感、行为、事物的内省体察，最终认识到某些可以言说或未必能够言说的知识，掌握某些技能，养成某些行为习惯，乃至形成某些情感、态度、观念。体验学习是人类基本的学习形式，是一种个别化的学习行为。儿童在成长过程中需要不断接受前人或他人的经验，而教育最根本的目的就是培养人不断地领悟世界的意义和人本身存在的意义，所以体验学习是重要的。体验学习是从体验生活开始的。历来的语文教学大纲都强调写作要从内容入手，实现写作"从内容入手"的一条重要途径是要引导学生积极主动地去体验生活，而"引导"是否成功很大程度上取决于教学主体的情感智慧。实践证明，教师的情感智慧一旦丧失，写作指导便会沦为一种机械的操作。

事实上，很多或者说普遍的写作指导课是轻情感体验而重表达技巧的。《语文课程标准》规定，语文教学要"注重基本技能的训练，给学生打下扎实的语文基础"。

怎么理解这一"规定",以往的教学中有各种提法和做法,如加强语言文字的训练。"加强语言文字的训练",在写作训练上往往落实在表达技巧上。但现在看来,过分地追求写作技巧是造成学生害怕写作的一个重要原因,写作教学应以培养学生的写作兴趣、情感为宜。《语文课程标准》特别强调学生要"能不拘形式地写下见闻、感受和想象",这是很有道理的。

2.3 加强吸收与表达的结合

吸收与表达虽然是"互逆"的,但也是"互通"的。一方面写作是学生用文字符号表达自己思想感情的过程,它是发送、释放,是外向的。吸收则是从语言文字符号中获得意义的过程,是接受、吸收,是内向的。表达与吸收的心理程序有着倒逆的关系,其心理历程是相反的。另一方面,吸收中的阅读是一种"双向"心理过程。首先是从语言文字到思想内容,读一篇文章,先要感知文字,从字词到句子,从句子到段落,从段落到全篇,逐步读懂。其次是从思想内容到语言文字的分析过程,从已经探索到的中心思想出发,研究作者怎样围绕中心选择材料,怎样剪裁取舍,谋篇布局,怎样根据中心的需要记叙描写,怎样准确地遣词造句等。这个过程侧重于运用,与上述侧重于理解的过程正好相反,是从思想到文字,从内容到形式,从整体到局部,从本质到现象。吸收中的阅读的这个"双向"过程是密不可分的,前一过程是后一过程的基础,后一过程是前一过程的延续和提高。这两个过程,融吸收与表达的指导于一体。

从教学实际看,学生的表达与吸收是相互促进的。一方面,学生通过具体、感性的文字材料的阅读去理解文章所要表达的思想,并不断地从作者创作思路的"原型"中得到启发,为写作准备心理上的条件。另一方面,写作能力的发展会反过来促进吸收水平的提高。学生写作一般从模仿开始,借鉴范文的过程正是对范文的再学习、再认识的过程。学生初步阅读时,往往不能深刻理解和记忆作者的各种表达方式,但在写作需要模仿时,会使学生加深理解,并在借鉴运用的过程中加强有意识记忆。

3. 写作教学目标

3.1 义务教育语文新课程写作教学的目标

九年义务教育是公民的基本素养教育,写作教学的总目标是"能具体明确、文从字顺地表述自己的意思。能根据日常生活需要,运用常见的表达方式写作"。写作阶段目标按学段有梯度地提出:

第一学段(1—2年级)是写话,强调"对写话有兴趣",乐于把自己想说的话写下来;鼓励自由写话,写自己想写的话,能完成口头语向书面语的转换即可;鼓励引导写自己的话,用自己的眼睛去观察,用自己的心灵去感受。

第二学段(3—4 年级)是习作,不拘文体,甚至不必成文,鼓励自由地写下见闻、感受和想象。同时提出用简短的书信便条进行书面交际的要求。

第三学段(5—6 年级)继续习作,要求能写简单的记实作文和想象作文,学写读书笔记和常见应用文。

第四学段(7—9 年级)提出写作的要求,主要目标是"写记叙文,做到内容具体;写简单的说明文,做到明白清楚;写简单的议论文,努力做到有理有据;根据生活需要,写日常应用文"。

在阶段目标中,《语文课程标准》还对以下一些方面作出要求:

——观察与思考,体验与感受;

——顺畅地表述,有创意地表达;

——语言文字的运用与锤炼;

——善于调动和运用平日积累的语言材料;

——标点符号的运用;

——片段练习,如缩写、扩写、续写、变换文体、变换表达方式等;

——修改习作;

——交流作品;

——写作的量;

——课外练笔。

3.2　高中语文新课程写作教学目标

在《普通高中语文课程标准(实验)》中,把"写作"目标与"口语交际"目标合成一个目标系列。谈写作目标就要从"表达与交流"目标谈起。

(1)"写作"与"口语交际"的共同要求

课程标准关于"表达与交流"的第 1、2 条目标,就是"写作"与"口语交际"的一些共性要求。

1. 学会多角度地观察生活,丰富生活经历和情感体验,对自然、社会和人生有自己的感受和思考。

2. 能考虑不同的目的要求,以负责的态度陈述自己的看法,表达真情实感,培育科学理性精神。

（2）写作的个性要求

课程标准关于写作的个性要求有 4 条：

1. 书面表达要观点明确，内容充实，感情真实健康；思路清晰连贯，能围绕中心选取材料，合理安排结构。在表达实践中发展形象思维和逻辑思维，发展创造性思维。

2. 力求有个性、有创意的表达，根据个人特长和兴趣自主写作。在生活和学习中多方面地积累素材，多想多写，做到有感而发。

3. 进一步提高记叙、说明、描写、议论、抒情等基本表达能力，并努力学习综合运用多种表达方式。能调动自己的语言积累，推敲、锤炼语言，表达力求准确、鲜明、生动。

4. 能独立修改自己的文章，结合所学语文知识，多写多改，养成切磋交流的习惯。乐于相互展示和评价写作成果。45 分钟能写 600 字左右的文章。课外练笔不少于 2 万字。

其中第一条为书面表达的基本目标，或曰写作规范要求。第二条目标是写作的个性化要求。第三条目标是书面表达能力的要求。第四条目标既体现了过程与方法，又是能力的表征，同时也有情感态度的因素在内。

第二节　写作训练的方式

写作教学要适应时代发展的需要，培养学生具有未来工作、学习需要的写作能力，就应采取多种多样的写作训练方式，全面训练学生的写作能力。从已出现的写作训练方式来看，主要有：

1. 单项训练

单项训练又称片段写作训练或小作文，它是根据对写作能力的分解，针对某一方面的写作能力进行的写作训练。单项训练是为写成篇文章打基础的写作训练，它要求单一、集中，只着眼于某一点或某一部分，形式灵活多样，但应注意为写成篇文章服务。单项训练依据不同的分类标准可以区分为以下类型：

1.1　按表达方式分，有：

（1）叙述训练。主要训练学生运用顺叙、倒叙、插叙、补叙等叙述的方式。

（2）描写训练。主要训练学生运用语言描写、动作描写、外貌描写、心理描写、细节描写和环境描写等方法。

（3）说明训练。主要训练学生运用下定义、列数字、作比较、打比方、举例子、分类别等说明的方法。

（4）议论训练。主要训练学生确定论点、选择论据、使用论证方法等。

（5）抒情训练。主要训练学生使用直接抒情、间接抒情（主要是借景抒情、借物抒情）等抒情方法。

1.2　按写作过程分，有：

（1）审题训练。主要训练学生对题目进行词义分析，语法结构分析并学会根据写作要求自己命题。

（2）立意训练。主要训练学生根据写作意图、作文题目、写作题材等确定写作的中心或主旨。

（3）选材训练。主要训练学生根据题目要求和写作意图从生活中（直接经验）或书本中（间接经验）多方面、多角度选择写作材料。

（4）组材训练。主要训练学生学会按照时间顺序、空间顺序、事理顺序组织材料，学会开头结尾、过渡照应、布局谋篇等方法。

（5）修改训练。主要训练学生对自己或他人的作文从思想内容、遣词造句、布局谋篇等方面进行加工改造。

按写作的一般能力，还可将单项写作训练分为观察训练、思维训练、联想想象训练等。

2. 口头作文

口头作文是指在写作教学中的口头表达训练。它可以培养学生思维的敏捷性和口头表达的灵活性。

2.1　看图口头作文

又叫看图说话。主要训练学生通过细致观察，将画面上的内容准确而有条理地口述出来，或对画面的内容、形式进行评论，或根据画面进行引申、作联想式的口述。

2.2　情境口头作文

教师根据训练的要求，提供条件，设置情境，让学生作口述训练。

2.3　命题口头作文

即教师命题，学生口述。可以课前命题，也可以当堂命题。

3. 命题作文

命题作文是由教师出题，学生依题作文的一种训练方式。它是一种传统的作文方式,也是写作训练中最常用的方式,具有一定的综合性,一般称为"大作文"。

命题作文有利于体现教师的训练意图,但也有它的局限性。为了克服命题作文的局限,人们又使用"半命题作文",即将不完整的题目补充完整后再作文。

3.1 作文命题的要领

命题作文要提高教学效益,关键在于教师掌握命题要领,提高命题技巧。

(1)贴近学生生活,命题具有真切性

作文命题必须把题目出在学生身边,出在学生生活的横断面上,使学生一看到作文题目,就觉得亲切,有话可写,有情可抒。这就要求教师一方面要细致观察学生的生活,适时抓住命题的契机;一方面要认真指导学生观察生活,捕捉生活中闪光的情景。

(2)体察学生心态,命题富于情趣性

作文命题要体察学生心态,使写作训练与学生心理保持同步,尽量把作文题出到学生心里,使之富于情感,激发学生的写作兴趣。关键是把握学生的年龄心理特征和心理能力发展的历程。

(3)配合读说教学,命题体现程序性

作文命题应当配合阅读教学和口语交际教学,促使语文知识教学和听说读写训练协调动作,同步发展,构建语文教学的科学程序。

(4)引导学生拟题,命题启发自主性

引导学生命题,启发自主性,既是培养学生主体意识的重要途径,也是激发写作兴趣,提高作文效率的有效手段。具体做法有自拟题、半命题和征评题。

(5)精心安排设计,命题讲究艺术性

作文命题一要统筹安排,二要简明醒目,三要富于美感。

3.2 命题作文的指导

命题作文的指导要在指导审题立意和开拓学生思路两个方面下工夫。

4. 材料作文

材料作文又称供料作文,它是教师提供一定形式和内容的材料,学生根据这些材料按照一定的要求进行写作的一种训练方式。

4.1 材料作文的设计要领

材料作文题设计的优劣,直接影响学生作文水平发挥的好坏。因此材料作文要精心选材命题。

（1）贴近生活，具有实用性

材料作文题的设计，要坚持贴近生活。从学生的生活实践中精选命题材料，使学生有话可写，写出真情实感来。所选材料应具有普遍的适应性，尽量做到人人熟悉，个个能写。形式上要尽量体现实用性，设计一些生活中比较实用的体裁。

（2）限而不死，具有可控性

要通过所供材料的所提要求设计多层关卡，有效地防止押题、套题、做到严格限制；又要在多层限制中留有余地，使学生能够充分施展自己多方面的才华。

（3）隐性启迪，具有寄寓性

材料作文的命题应当能够给人以启迪，以开启学生的作文思路。但是，这种启迪不能直来直去，而应当凭借寄寓、含而不露地隐性暗示。

（4）注重思辨，具有哲理性

思维是一个多层面的复合体，它包括直观行动思维、具体形象思维和抽象逻辑思维。思维的发生和发展都要经历直观行动思维→具体形象思维→抽象逻辑思维这样三个阶段。抽象逻辑思维是人类思维的核心形态，又分为形式逻辑思维和辩证逻辑思维，辩证逻辑思维是高级阶段。作文教学、测试要训练、检测学生的思维能力，尤其是抽象逻辑思维能力。因此，材料作文题的设计应当具有哲理性，富于哲学思辨的情趣。

（5）一题多用，具有多向性

材料作文题要能够同时指向几个目标，不同的文体驾驭能力，不同功用的语言运用能力，不同形态的思维能力，能够多层面、多视角、全方位训练和测试学生的作文能力。

4.2　材料作文的写作要领

材料作文的写作一般要经过以下四个步骤：

（1）细读说明，明确要求

材料作文题一般由所提供的材料和所加限定要求两部分组成。这些所限定的要求由题干本身或附加"注意"之类的说明性文字来表述。这种事体说明，对于作文起着指示方向、确定规格的作用。进行材料作文必须首先细读各项说明，明确作文要求。

（2）钻研材料，审题立意

在材料作文中，材料是作文的根本依据。在动笔作文之前，应当钻研材料，并据此审题立意，确定写作的主旨。

　　材料作文中的材料有多种类型,如显性材料和隐性材料,单义性材料和多义性材料。一般来说,显性材料内容比较显露,单义性材料含义比较单一,比较容易审题;隐性材料隐含寄寓,多义性材料内容复杂,需多费脑筋。材料作文审题立意的基本要求是:一要抓住"题眼"审题快,要迅速抓住材料中最关键的词句;二要把握主旨角度准,准确理解材料的真实内涵,选准写作的角度;三要深入开掘立意深,写作的内容有一定的深度。

　　(3)概括点题,扩展生发

　　材料作文,不能脱离所提供的材料,而要紧扣所提供的材料作文。必须采用极其精练的语言,高度概括地引述材料,防止产生堆砌材料、叙多于议而湮没中心的弊端。

　　材料作文的写作要从原材料的基本观点出发,扩展开来,生发开去。

　　(4)联想想象,丰满厚实

　　材料作文的扩展生发必须借助于联想和想象。联想就是由此及彼地联系起来想,即由当前感知的事物想到相关的另一事物,或由想到的此一事物又想到另一事物。想象是对人脑中已有的表象进行加工改造创造出新形象的过程。充分运用联想和想象,才能把材料作文写得血肉丰满,底蕴厚实。

　　5. 话题作文

　　话题作文是提供一段文字材料作为"话题",根据这个话题的内容,进行立意自定、文体自选(也有规定"除诗歌外文体不限"者)、题目自拟、不少于 800 字的"三自一不"作文。

　　话题作文的命题分为三部分:话题前的材料或提示语、话题和写作要求。材料或提示语用来引出话题,话题提供写作范围,写作要求是对内容、文体、字数等方面提出的具体要求。

　　6. 情景作文

　　是指在特意安排的真实情景中,让学生身临其境去体验,并写出自己观察、体验的结果的作文。

　　情景作文的关键在于创设好写作情境。写作情境的创设可以通过摄取生活展现情境、运用实物展示情境、扮演角色体会情境、借助图画再现情境、播放音乐渲染情境和运用语言描绘情境等方式进行。

　　7. 自由拟题作文

　　这类作文是与命题作文相对而言的,即教师不拟题目,而由学生自拟题目作文。以教师给予学生的自由度为标准,这一作文方式可分两种类型:一是范围作文。即教师根据教学计划和训练要求,只规定作文的范围,让学生自由拟题写作。它又被称为半自由拟题作文。二是自由作文。即完全自拟题作文。教师不作任何限制,也不提要求,给学生以更大的主动权,由学生写自己最熟悉的内容。

8. 辅助作文

这是对"大作文"的训练有一定辅助作用的写作练习。主要方式有:

8.1 听写

听写是由教师或学生讲述(或放录音),学生认真听,并记录要点,听后根据讲的内容整理成文的写作练习。

8.2 仿写

仿写是根据范文提供的内容或形式,让学生进行模仿或借鉴的写作训练。

8.3 缩写

缩写是将原文的基本内容按规定的要求,压缩成一篇短文的写作训练。

8.4 扩写

扩写是把篇幅较短、内容较简略的文章,扩展成篇幅较长、内容较充实的文章的训练方式。

8.5 改写

改写是对原文的内容或形式进行某种改动的一种写作训练。改写的方式一般有:(1) 改变人称;(2) 改变文体;(3) 改变结构;(4) 改变题材;(5) 改变语体。

8.6 续写

续写是指按原作的意图,接续原文的内容、情节,使之获得新的发展的一种写作训练。

9. 自动作文

自动作文是旨在培养学生写作主动性和独立性的作文训练。常用方式有:(1) 写日记和周记;(2)写笔记和摘记;(3)课外练笔;(4)编报办刊;(5)网络作文。

第三节 写作教学的过程

写作教学是一个有序的、长期的训练过程。这个过程是由平时一次一次的训练构成的。一次次的训练扎扎实实,一次次的训练环环相扣,才能逐步达到语文新课程标准的写作教学的要求。

写作教学的过程,包括作文教学计划的制订、作文指导、作文批改和作文讲评等。

1. 作文教学计划的制订

订好作文教学计划,是提高写作教学质量的第一步。如果没有计划,教学必然陷入盲目性、随意性。制订作文教学计划,要依据语文教学任务和各年级读写训练的具体要求,使作文教学成为整个语文教学计划的有机组成部分。同时,要从实际出发,考虑学生写作的实际水平和存在的问题,使训练符合学生写作的规律,由简到繁,循序渐进,逐步提高。此外,还要注意阅读教学、语文知识教学以及课外活动,如何为写作教学提供帮助,注意如何使作文教学在各方面的配合下,收到更好的效果。

作文教学计划的内容应包括:对本班学生写作水平与写作有关情况的基本分析和认识;本学期、本学年作文教学的指导思想和具体要求;本学期、本学年作文的次数、题材范围、体裁样式及其具体要求;每次批改、讲评的重点和方式方法;每次写作时间的安排;本学期、本学年写作教学的改革意见和具体措施等。另外,每次作文也应制订相应的教学计划,即作文教学的教案。内容包括:作文训练的题目、范围、文体要求;训练目的、训练程序、训练方式方法;作文训练运用的理论知识、例文、教法等;作文批改的重点、评分意见;批改的方式方法;作文讲评的重点、类型;作文讲评的资料准备;作文讲评的目标;课后的练习安排等。

2. 作文指导

作文指导是依照作文教学的计划,激励学生想写、促使学生去写、帮助学生会写,从而提高学生写作水平等方面的指导。

2.1 少扶多放后收,激励学生想写

写作教学应该注意写作教学的规律和写作能力发展的阶段性规律,做到循序渐进,扶而后放,少扶多放后收,激励学生想写。

就训练的手段而言,先模仿后创造,先"入法"后"化用"。写作教学的基本内容是教师教学生作文。广义的作文,是写文章;狭义的作文专指学生练习写文章,训练写作的基本功。初学作文阶段的显著特征是学作文的"规矩","于无法之中求得法"。语文课本的单元教学和作文训练采用"范文作鉴、知识引路、仿写练习"的读写结合的方式,从某种意义上说,教师实际上是为学生作文创造模仿的条件。

我国传统的作文训练中,由模仿入手乃是一条重要的经验。宋代朱熹曾说:"古代作文作诗,多是模仿前人而作之,盖学之既久,自然纯熟……"又说:"前辈作

文者,古人有名文字,皆模拟作一篇。故后有所作时左右逢源。"这是经验之谈,揭示了作文的一条规律。模仿也有一个渐进的过程和层次高低的区别。在作文教学中,先有形模仿("依样画葫芦"),后无形模仿(离开特定的范本);先单一模仿(单项能力、某一技法训练),后综合模仿(综合能力、多种技法结合的训练);先机械式模仿(套用前人现成的东西),后化用式模仿(将别人的东西吸收消化为自己的东西)。

写作指导要扶而后放,少扶多放后收。"扶"是搀扶,即给学生以必要的指点和启发;"放"是放手,即让学生自主作文,有更多的自由驰骋的空间。"收"是收拢,即要求学生按规矩作文。

2.2 观察积累借鉴,促使学生有写

对于写作者来说,写作要解决的主要问题是写什么和怎样写的问题。解决写什么的问题,主要依靠观察、积累、借鉴。

（1）观察的指导

观察是写作主体凭借自己的眼睛、耳朵和其他身体感官对客观事物进行有计划的、目的性很强的自觉认知过程,它是一种有意识的行为,因而又被称为"思维的知觉"。观察是写作主体必须掌握的一种最基本的能力。写作主体的观察能力具体表现在观察主体对观察对象,即自然、社会和人生的注意力、鉴别力和联想力三个方面。观察的指导主要是观察方法的指导。观察的方法主要有:

① 定位观察

定位观察指写作主体确立某一观察点,从这一特定的位置、角度对事物作观察。常用的观察点有三种:

A. 鸟瞰式。居高临下地观察对象的总体概貌。

B. 窗尝式。将观察对象分解为各个局部,逐个观察。

C. 聚焦式。即仔细观察事物某一突出的具有代表性的特征,并从中透视事物的全部,也称以点代面观察法。

② 移位观察

移位观察指写作主体变换观察的距离与角度进行观察,也称移步换形法。这种观察法能使观察者得到较为全面、生动的观察结果。

③ 比较观察

比较观察指某一观察对象与其他观察对象进行比较,在比较中鉴别相互的特征与异同,从而获得更准确的观察结果。比较观察有两种形式:

A. 横比。比较不同观察对象在同一时期或同一环境之下的异同。

B．纵比。比较同一事物在不同时期的异同。

（2）积累的指导

积累最主要的作用在于为写作获取材料。它可以分为两类：

① 无意积累

预先没有确定好积累的对象和范围，因生活的触发，情思的敏感，随机适时地观察积累。引导学生无意积累，就要引导学生做生活的有心人，关心生活，热爱生活。其训练方式主要是指导学生写观察笔记。

② 有意积累

确定了写作对象后，按照一定的序列，沿着一定的方向，去观察，去调查，去采访，去阅读，从中发现问题，筛选信息，收集资料，储以备用。

（3）借鉴的指导

借鉴最主要的作用在于为写作获取间接的材料，其主要的途径是阅读。

2.3 指导审题构思，帮助学生会写

审题构思指导是指教师出题后，帮助学生明确写作目的，开拓思路，激发写作灵感，解决写作的材料和方法等问题，以便他们在下笔之前，弄清楚为什么写、写什么和怎样写。

（1）指导审题

所谓审题，就是剖析、研究题目的意思和要求，认清题目，按照题目限定的内容和形式来写。

审题的基本方法是分析法和比较法。采用分析法审题，就是从分析题目的要求和特点入手确定内容的范围、确定文章的主旨、确定文章的体裁、确定文章的人称。采用比较法审题，就是教师命题之后，另外出一些近似的题目，引导学生去分析比较，让学生从比较中明确所写题目的内容要求。

（2）构思指导

构思就是打腹稿，它是根据题目的要求，把自己已有的一些材料和认识，经过一番仔细的思考，组成一篇文章的雏形的思维过程。

指导学生构思，首先要引导学生活跃思想，积极思维。其次要与启发学生的联想和想象结合起来。第三要注意培养学生编写作文提纲的习惯。

3. 作文批改

作文批改是写作教学的重要环节。其根本目的是引导学生认识自己的优点与缺点，对于提高学生作文的水平有很重要的作用。

作文批改就是批与改相结合。作文批改是写作前指导的继续，又是作文讲评的基础，对于提高学生作文的质量有很重要的作用。

3.1 批改的范围和内容

作文批改范围和内容包括：

思想内容方面：观点是否正确，感情是否真实，内容是否具体充实。既要看观点，又要看材料。

写作方法方面：选材是否恰当，条理是否清楚，结构是否完整，语句是否通顺流畅；记叙描写是否切实、具体、富有表现力，抒情是否妥帖，说明、议论是否简练，是否符合文体和写作要求。

其他方面：标点符号使用是否正确，书写是否规范，是否有错别字，卷面是否干净，字迹是否清楚。

3.2 批改的方式方法

作文批改的方式方法多种多样，常见的有：

（1）普遍批改与重点批改

普遍批改就是对每次每个学生的作文都进行批改，即全收全改。这种办法适用于新生作文和考试作文。

重点批改就是围绕本次作文的要求，只着重对某一个方面或某几个方面进行批改，重点解决一两个问题，其他问题可以略而不管，但错别字和病句一般还需要勾画出来。

（2）书面批改与当面批改

书面批改即教师（或学生相互之间）用笔来批改。当面批改，又称面批，是指教师当着所写作文学生的面批改作文，既有笔头的批改，又有口头的交谈，直接对话，双向交流，批改效果好。

（3）学生自改与互改

学生自改，就是完成作文后，学生自己进行修改。

学生互改就是每个学生批改他人的作文。

学生自改或互改，都要在教师指导下进行。教师要教给学生批改的方法，要提出具体的批改要求和重点，学生错改或漏改的地方，教师要加以订正。

（4）符号批改

运用符号批改作文，比较简单明了，便于学生接受，合理使用批改符号，并把符号和批语有机地结合起来，可以产生高效低耗的作文批改效益。

批改符号,虽向无定规,但在具体使用时应尊重习惯。

作文批改应注意的几个问题:

(1)多就少改

所谓"多就",是指就学生的思想认识水平,就学生的生活实际,就学生的知识能力水平,不能以教师的思路代替学生的思路,以教师的思想水平要求学生。所谓"少改",就是尊重学生的劳动与信心,尽可能保留学生原作,对可改可不改的就尽量不改或少改;即使不得不改的也要尊重学生的原意。

(2)恰当表扬,慎重批评

在作文批改中运用恰当的表扬可以点燃学生写作兴趣的火花,唤起学生写作的激情。慎重的批评则是对学生作文的具体指导,是对学生写作积极性的有力促进。对学生作文的优点充分肯定,对其缺点则要恰当指出,以促其改正。

(3)因人因文而异,区别对待

批改不同程度学生的作文,应有不同要求和重点,因材施教,区别对待。学生初习某种文体,批改时应以鼓励为主。

4. 作文讲评

作文讲评是写作教学的重要一环,作文讲评是提高写作教学质量的有效途径。

作文讲评的方式,一般以教师讲评为主,也可以师生共同讲评。

作文讲评的方法多种多样,常用的有:

4.1 综合讲评

综合讲评是对全班学生本次作文从思想内容到写作方法进行概括而全面的评析,肯定有哪些优点,指出有哪些缺点,并分别举例加以说明。综合讲评要注意点面结合,每次讲评分析说明的问题要有重点,以点带面。综合讲评多用于新生作文和考试作文的分析。

4.2 专题讲评

专题讲评是就作文中的专门问题,结合有关写作知识进行深入讲解评析。每次讲评突出一至两个专题。如针对某类文体的要领,进行条分缕析、有理有据的讲评,让学生掌握不同文体的写作要领。运用此法要紧扣学生作文实际展开评析,切忌抽象说理,架空分析。

4.3 典型讲评

典型讲评,就是选出一两篇有代表性的作文,对照本次作文教学的要求进行深入分析,用典型指导一般。运用此法,要选准范例,避免将抄袭之作当作范例。

4.4　对比讲评

对比讲评就是通过比较分析显示文章的优劣，使学生从中领悟应该怎样写，不应该怎样写。这种对比，可以是整篇文章对比，也可以是局部、片段的对比。所选对比范例要有可比性，差别明显。

4.5　经验交流

经验交流的讲评方法就是采用交流写作经验与心得体会的方式，引导学生共同讲评。

【思考与练习】

1. 根据写作教学目标，拟订一份简明扼要的作文指导或作文讲评的方案。
2. 根据作文教学计划的内容要点，拟订一份班级作文教学计划。
3. 根据作文批改的要求，批改中小学生的若干作文。

第十章　语文综合性学习的指导

一位美国学者指出：语文学习的外延与生活的外延相等。而我们的语文教育，却常常就语言文字教语言文字，割裂了语文学习与生活的联系，割裂了语文与实践的联系，让学生的语文学习受到种种束缚，语文能力难以更快、更好地养成。《语文课程标准》倡导综合性学习，倡导多学科的整合，倡导在生活中学语文，在实际中学语文。在这些新理念的指导下，过去单调、平面的语文学习将变得血肉丰满、多维生动起来，学生们的语文素养将逐步形成。

第一节　语文综合性学习概述

1. 语文综合性学习的意义

1.1　推动语文教学改革的发展

传统语文课程过于注重知识的传授和技能的训练，忽视联系现实生活中的语文实践活动，把自己封闭起来；过分追求语文学科本身知识的系统和完整，忽视了语文课程与其他课程之间的整体联系，把自己孤立起来。这种"学科中心主义"的课程理念，使语文教学走进了死胡同。"语文综合性学习"的提出，为当今的语文教学和改革注入了新的生机和活力，它将有助于推动语文教学改革的发展。

1.2　拓展学生语文学习的空间

传统的语文教育，始终围绕着课本下力气，始终在课堂的小天地里打转转。在全球都在呼唤"让学生学会学习"的当今时代，学生仅靠课本这个唯一的信息源、教师这个唯一的信息传递者、教室这个唯一的信息交流场所，不可能形成丰富的语文素养。"综合性学习"就是打破语文教学的封闭状态，"沟通课堂内外，充分利用学校、家庭和社会等教育资源"，"拓展学生的学习空间，增加语文实践机会"。让学生在综合性学习活动中，丰富知识，砥砺能力。

1.3 促进学生多元智能发展

多元智能理论认为,人类的智能是多元的,有言语——语言智能、逻辑——数理智能、音乐——节奏智能、视觉——空间智能、身体——动觉智能、交往——交流智能、自知——自省智能等,听说读写的能力也属于智力技能。根据心理学研究,不论是智力技能和动作技能都必须依靠个体反复多次练习方可获得。语文、数学、美术等各门课程都能催生某一特定智能的发展。综合性学习是以学生自主、合作、探究的学习方式为主,把交互式、多样化的教学融合在一起,"拓宽语文学习和运用的领域",让学生"在不同内容和方法相互交叉、渗透和整合中开阔了视野,提高了学习效率",从而促进学生多元智能的发展。

1.4 促进学生综合运用能力、探究能力的提高

语文综合性学习是形成"自主、探究、合作"学习方式的途径。它重在学科的联系、重在学习过程,注重激发学生的创造潜能,能较好地整合知识和能力,尤其有利于在学习与运用语文的实践中培养学生的观察感受能力、综合表达能力、人际交往能力、搜集信息能力、组织策划能力、互助合作能力和团队精神,有利于在学习活动中培养学生的探索和研究的能力。

2. 对语文综合性学习目标的理解

2.1 语文综合性学习的目标

《语文课程标准》为各个学段设置了"综合性学习"目标。

第一学段(1—2年级)

1. 对周围事物有好奇心,能就感兴趣的内容提出问题,结合课内外阅读,共同讨论。

2. 结合语文学习,观察大自然,用口头或图文等方式表达自己的观察所得。

3. 热心参加校园、社区活动。结合活动,用口头或图文等方式表达自己的见闻和想法。

第二学段(3—4年级)

1. 能提出学习和生活中的问题,有目的地搜集材料,共同讨论。

2. 结合语文学习观察大自然,观察社会,书面与口头结合表达自己的观察所得。

3. 能在教师指导下组织有趣味的语文活动,在学习中学习语文,学会合作。

4. 在家庭生活、学校生活中,尝试运用语文知识和能力解决简单问题。

第三学段(5—6 年级)

1. 为解决与学习和生活相关的问题,利用图书馆、网络等信息渠道获取资料,尝试写简单的研究报告。

2. 策划简单的校园活动和社会活动,对所策划的主题进行讨论和分析,学写活动计划和活动总结。

3. 对自己身边的大家共同关注的问题,或电视、电影中的故事和形象,组织讨论、专题演讲,学习辨别是非善恶。

4. 初步了解查找资料、运用资料的基本方法。

第四学段(7—9 年级)

1. 能自主组织学习活动,在办刊、演出、讨论等活动过程中,体验合作与成功的喜悦。

2. 能提出学习和生活中感兴趣的问题,共同讨论,选出研究主题,制订简单的研究计划,从报刊、书记或其他媒体中获取有关资料,讨论分析问题,独立或合作写出简单的研究报告。

3. 关心学校、本地区和国内大事,就共同关注的热点问题,搜集资料,调查访问,相互讨论,能用文字、图表、图画、照片等展示学习成果。

4. 掌握查找资料、引用资料的基本方法,分清原始资料与间接资料的主要差别;学会注明所援引资料的出处。

2.2 对目标的具体理解

语文综合性学习的目标与要求呈现出综合内容逐步提升、综合范围逐步增大的特点。

第一学段的目标有三项:

(1)培养学生的好奇心和问题意识,这是学习语文的心理基础。入学不久的小学生,对周围事物和课本知识充满着好奇和疑问,语文教学不仅要保护好这一可贵的心理品质,还要通过综合性学习来发展它。

(2)引导学生观察大自然,这既是激发学生兴趣的方式,也是实现课堂学习与语文活动相结合的途径。小学生对大自然的好奇,主要表现为对动物、花草及自然景物、生命现象的好奇,1—2 年级小学生的语文学习又常常从这些常用的语词、有趣的故事入手,所以通过综合学习可以把语文学习与大自然观察的所见所闻结合起来。

(3)让学生通过参加校园、社区活动,来扩大语文学习实践的范围,提供更多的学习机会,提高口头和图文表达能力。

第二学段的目标有四项:

(1)进一步培育学生的问题意识。问题是学习、探究、发展思维的先导。学生在学习和生活中能提出问题,便是学习的开始。

(2)观察大自然,观察社会。在第一学段"观察大自然"的基础上,引导学生观察社会。对自然和社会的留心观察是学习语文的基础。

(3)组织开展有趣的语文活动。语文活动是培养学生语文实践能力、综合运用能力的重要渠道。在第二学段可以多开展一些活动,给学生多提供学习与锻炼的机会。

(4)在家庭生活、学校生活中学语文,引导学生自觉运用语文知识和能力解决家庭和校园生活中的简单问题。

第三学段的目标有四项:

(1)能利用图书馆、网络等信息渠道获取资料解决学习和生活中的问题,尝试写简单的研究报告。完成这一目标,不仅要能提出问题,而且要能围绕问题寻找解决问题的方法和途径,还要能用语言文字表达研究的过程和结果。这既是在活动过程中学语文,也是在培养正确的思维方法和学习方法。

(2)学会策划简单的校园活动和社会活动,并对活动主题展开讨论和分析。这项要求是对第二学段"能在老师的指导下组织有趣的语文活动"要求的提升和拓展,要求学生更加自主地有选择地开展主题活动;要求学生学写活动计划和活动总结,既是用"语文"的形式来呈现活动安排和活动效果,亦是通过活动来提高学生应用写作的能力。

(3)专题讨论和演讲。开展专题讨论和演讲,可以就某一问题进行深入思考和辨析,提高思维的清晰性、深刻性和语言表达的准确性。所选的"专题"应是学生自己身边的共同关注的问题,抑或是影视中的故事和形象,通过讨论和演讲,培养学生的道德情感,培养初步的对是非善恶的判断能力。

(4)初步了解查找资料、运用资料的基本方法。这项目标是对学习方法的要求,学习方法也是综合性学习的"内容",这一重要的"学习内容",在以往的语文教学中关注不够,在综合性学习中要予以特别关注。在现代社会中,学习方法往往比知识本身更重要。

第四学段的目标也有四项:

(1)能自主组织文学活动。学会通过办刊、演出、讨论等活动来自主组织文学活动,并在活动过程中体验合作与成功的喜悦。

（2）学会初步的研究性学习。提高提出问题、分析问题、解决问题的基本能力。

（3）关心学校、本地区和国内外大事,就共同关注的热点问题展开讨论。学会用文字、图表、图画、照片等展示学习成果。

（4）掌握查找资料、引用资料的基本方法。这项目标也是对学习方法的要求,力争使学习能力在第三学段的基础上有所提高。

综合性学习在语文学科课程中占有重要地位,和"识字与写字"、"阅读"、"写话（习作）"、"口语交际"四个方面共同构成了语文教育的重要途径和教学结构的重要组成部分。

第二节　语文综合性学习的内容、过程与指导方法

1. 语文综合性学习的内容

综合性学习的内容丰富多彩,可以根据学生的需要和学习的资源条件不拘一格地开展活动。为了加深对综合性学习的认识,理清开展综合性学习的思路,根据《语文课程标准》对各学段综合性学习的要求,语文综合性学习有以下内容:

1.1　从设计主体看

从设计主体看,有教材本位的综合性学习设计、教师本位的综合性学习设计和学生本位的综合性学习设计。教材本位的综合性学习设计是指在《语文课程标准》精神指导下编制的语文教材中专门设计了综合性学习的主题或单元;教师本位的综合性学习设计是指教师依据教学的计划和学生语文学习与语文素质发展的需要,设计综合性学习的课题或主题;学生本位的综合性学习设计是指学生在学校和生活中发现并提出语文学习问题,策划语文综合性学习活动。

1.2　从学习目标看

从学习目标看,有侧重于解决语文知识的综合运用的综合性学习、侧重于解决语文能力或素质发展的综合性学习、侧重于解决人文情感培养的综合性学习等。

1.3　从学习活动形式、范围看

从学习活动形式看,有讨论、演讲、表演、辩论、参观、观察、访问、调查;从学习活动范围看,有家庭活动、校园活动、社团活动、社区活动等。

1.4　从资源利用看

从资源利用来看,有利用电子声像传媒和网络的综合性学习;利用图书、图片资料的综合性学习;利用社区文化及传统文化资源的综合性学习;以自然环境和人类生活实践为学习资源的综合性学习。

1.5　从成果呈现方式看

从成果呈现方式来看,有文字表达、口语表达、图表、演示等综合性学习。

从不同角度去认识综合性学习的内容,有助于深入认识综合性学习的特点。需要强调指出的是,综合性学习要立足于"综合性",决不能蜕变成对某一知识的灌输和技能的操练,否则就背离了综合性学习的宗旨。

2.　语文综合性学习的过程

语文综合性学习的过程一般分为四个阶段:准备阶段,进入问题情境阶段,实践体验和问题求解阶段,总结、表达和交流阶段。

2.1　准备阶段

首先要选择和确立活动主题或课题。学生选择和提出综合性学习活动主题或课题的过程,就是发展学生问题意识、提高分析问题能力的过程。综合性学习的准备要在教师的指导下,由学生自主地选择、提出和确定综合性学习的活动主题或课题。教师要对学生提出的活动主题给予热情鼓励,充分肯定,并积极引导学生开展讨论并使其完善,千万不可轻率否定。

其次要研制综合性学习的活动方案。研制综合性学习活动方案的过程是培养学生规划、组织能力的过程,因此,在准备阶段,教师应充分放手让学生自主研制活动方案。只有自主研制活动方案,学生才能真正明确所开展的综合性学习的意义与价值。综合性学习活动方案一般包括:

活动的主题或课题

活动的目标和具体内容或任务

活动的对象、情境、时间和地点

活动开展的步骤或过程

任务分工及具体要求

活动预期结果及呈现方式

相关条件与保障

活动方案并非要求面面俱到,各项活动应各有特色、各有侧重,但都应做到目标、任务明确,重点、步骤清楚。在学生研制活动方案的过程中,教师可根据学生活动的实际情况,有针对性、有重点地给以指导,使活动方案详略得当,切实可行。

2.2　进入问题情境阶段

进入问题情境就是识别问题的症结,即对问题理解,将问题情境与已有的知识基础或认知结构联系起来。在这一阶段,学生在教师的指导下,从多个角度思考分析问题,了解解决问题的途径和线索,建立综合性学习小组,讨论具体研究的思路和措施。为此,教师可提供适当的知识背景,激活学生原有的知识储备,激发学习情绪,诱发探究动机。

2.3　实践体验、问题求解阶段

这一阶段是综合性学习的关键。学生明确问题、进入问题情境之后,便要进入探索实践阶段。实践体验的主要内容包括:为解决问题搜集、筛选信息资料,寻找问题解决的具体方法步骤并实施直至检验结果;小组成员之间的合作,各种形式的人际交往、沟通活动等。

需要注意的是,问题求解的过程是知识增长、能力提高的过程,更是加强体验、发展情感态度、价值观的过程,不要单纯追求问题解决的结果,有的问题也无须得到最终解决,因为即使有问题尚未得到解决,也并不意味着学习失败。要注重学习的过程和方法,注重学生的全员参与,注重把问题的解决转化成发现新问题的起点。

2.4　总结、表达和交流阶段

在这一阶段,学生将独立探究或小组合作取得的学习收获加以整理、加工和呈现。成果发表的形式应多种多样,可以运用书面呈现形式,也可以运用口头表达形式;可以是讨论、辩论、演讲、演示,也可以办展览、搞竞赛、出墙报、编刊物、制网页。

总结、表达和交流阶段,既是对学习成果检验阶段,也是学习成果分享阶段,还是相互评价、自我反思阶段,这一阶段非常重要,不可或缺。应该视之为既是学习的结束,又是新的学习的开始。

3. 语文综合性学习的指导方法

语文综合性学习的内容丰富多彩,指导方法也多种多样。

3.1　主题探究的研究性学习策略

主题探究性学习方式的核心是问题研究,即"能提出学习和生活中的问题,有目的地收集资料,共同讨论"(1—2年级);"对周围事物有好奇心,能就感兴趣的内容提出问题,结合课内外阅读,共同讨论"(3—4年级);"对自己身边的大家共同关心的问题,或电视、电影中的故事形象,组织讨论、主题演讲、学习辨别是非善恶"

（5—6年级）；"能提出学习和生活中感兴趣的问题，共同讨论，选出研究主题"（7—9年级）。

探究是开展语文综合性学习的关键。我们要加强对探究活动过程的切实指导。

一项完整的探究活动，大致要经历"确定探究主题——制定学习方案——开展探究活动——交流与分享探究的成果"这样四个阶段。

（1）确立探究主题阶段

探究主题的确立应该基于学生的"内需"，源于学生的兴趣。探究主题既可以由学生自主设计，也可以由教师相机诱发。确立探究主题的方法有：

① 从课堂教学中创生主题。教师要以教材为依托，扩展教学空间，引导学生确立探究的主题。

② 从生活实践中发掘主题。生活是语文学习的源头活水，教师要引导学生仔细观察，认真思考生活中各种各样的问题。

③ 从自然、社会资源中提炼主题。校园文化、家乡自然风光、名胜景观、民俗风情、传统文化都可以成为语文综合性学习的资源，可以从中提炼探究主题。

④ 从课程之间的联系中寻找主题。综合性是语文综合性学习的本质特征，教师要引导学生从语文课程与其他课程的联系中找到"连接"点，设计探究主题。

（2）研制学习活动方案阶段

探究的主题一旦确定，教师应充分放手让学生自主研制活动方案。主题探究的研究性学习方案主要包括：探究活动的主题、探究活动的目标（目的、内容或任务）、探究活动的策略（人员分工、时间安排、方式方法）、探究活动的过程（操作步骤）、探究活动的成果评奖（结果及呈现方式、评价与反馈）、探究活动的调控（反馈的信息对活动目标、策略、过程进行调控）。

（3）开展探究活动阶段

按照主题探究的研究性学习方案，分步展开研究过程。具体研究过程的活动包括调查、观察、文献检索与搜集、实验、资料或数据统计处理，以及撰写研究报告等方面。在引导学生开展探究活动的过程中，必须体现：

① 主体性。学生是探究活动的主体。教师要鼓励学生走出课堂，走向社会，开展调查、访问、记录、参观等实践活动，培养学生参与社会活动的主动性，通过感官、数学计算、科学知识、人际协商解决活动中的冲突，通过实践活动感受生动的现实生活，帮助学生构建新的知识，掌握新的技能，探索科学的结论。

② 合作性。主题探究的研究性学习离不开学生之间、师生之间甚至社会有关人员之间的相互合作。教师要指导学生学会在合作中与人协调,培养学生合作的精神,提高探究活动的效率。

探究活动告一段落之后,教师要趁热打铁,及时引导学生交流与分享探究的成果。交流的目的不是评判探究成果的多少与优劣,而是创造一个真诚倾诉和思维碰撞的机会,通过交流分享他人的活动成果,包括物化的研究报告、改革建议、图片资料和实践活动的过程、内心体验等,反思探究过程的得失,如"我学会了什么"、"我明白了什么"、"我掌握了什么方法"、"我打算如何进一步探究"等。

(4) 交流与分享探究的成果阶段

探究活动结束以后,教师要及时引导学生将独立探究或小组合作取得的探究收获整理、加工和交流分享。交流的形式有多种,可以运用书面形式,如出墙报、编刊物、制网页、绘画;也可以运用口头表达形式,如讨论、辩论、演讲、演示。交流分享阶段既是检验探究成果阶段,也是自我反思、相互评价、相互促进阶段。

3.2 问题解决的应用性学习策略

问题解决的应用性学习是语文综合性学习的基本学习活动方式。着重于学生综合应用所学语文和其他课程的知识与技能,解决学习、生活中面临的实际问题,使学生获得解决实际问题的技能。例如"在家庭生活、学校生活中,尝试运用语文知识和能力解决简单问题"(3—4 年级);"为解决与学习相关的问题,利用图书馆、网络等信息渠道获取资料、尝试写简单的报告","策划简单的校园活动,对所策划的主题进行讨论和分析,学写活动计划和活动总结"(5—6 年级)。

实施综合性学习在于强调综合性、针对性、操作性。

(1) 综合性

语文知识的综合运用,听说读写等语文能力与人文素养的综合发展,语文课程与其他课程的综合沟通,书本学习与实践活动的综合。

(2) 针对性

应用语文知识和能力解决学习、生活中面临的实际问题。一要因"题"制宜,行之有效。二要因人而异,发展个性。如何解决问题,应由每个学生根据自身的兴趣爱好和初始能力来选择、确定解决问题的途径和方法,自行设计,自行展开活动,独立完成。在语文综合性学习中"最大限度地发展每个学生的天赋"。

(3) 操作性

问题解决的应用性学习为一项活动性很强的语文实践活动,所以操作性必须强。即要求学生"用自己的头脑来想，用自己的眼睛来看，用自己的双手来做"，使学生在综合性学习经历中获得直接经验，获得知识和技能。

3.3 考察、参观、访问等体验性学习的策略

体验性学习活动的基本活动方式是参观、考察、访问，即"结合语文学习、观察大自然，用口头或图文等方式表达自己的观察所得"（1—2年级）；"结合语文学习，观察大自然，观察社会，书面与口头结合表达自己的观察所得"（3—4年级）。

体验性学习活动是学生接触自然、社会，了解自然、社会，从而增加对自然、社会生活的积累，并获得对自然资源、社会物质文化、精神文化和制度文化的认知、理解、体验和感悟的语文学习与运用活动。它不以发展探究能力、操作能力为根本目标，而以丰富学生的阅历、文化和生活积累为目标。

参观、考察、访问是体验性学习的基本活动方式，其过程与方法是：

（1）提出或选择考察、访问的主题，提出活动目标，确定考察、参观、访问的地点、对象、时间，并由学生自主制定考察、参观、访问的活动方案。

（2）与考察、参观、访问的对象取得联系，通过交流与磋商，确定活动的具体时间表。

（3）准备必要的活动设备。

（4）进入现场，展开实质性的考察参观、访问活动，收集资料。

（5）撰写考察、参观、访问的活动报告，并相互交流，进行总结。

学生在考察活动中需要面对现实生活，以独特的经验，形成个性化的认识。在体验过程中，学生往往需要对已有的知识进行改造或重组，改造或重组已有知识的过程既是认识能力发展的过程，也是丰富精神生活的过程。

3.4 社会参与的实践性学习策略

社会参与的实践性学习的根本特征是学生亲身参与实践活动，学生通过一般性实践，获得对他人、对社会的价值实现感。

学生的社会参与的实践性学习的主要活动方式是参加校园或社区的文化宣传活动和其他公益活动。对于开展这样的活动，教师既不能大包大揽，也不能放任自流，应把自己的有效指导、平等参与和鼓励学生自主选择、主动参与有机结合起来。

首先，教师要激发学生参与社会实践活动的内在动机，创设活动情境，帮助学生确定社会实践活动的方向，审视学生实践活动途径、方法的可行性，鼓励和督促学生参与社会实践活动并帮助他们克服困难，确保实践活动的持续进行。

其次，教师要加强合作方式与技术指导，保持有效的小组合作、分工和校外指

导人员的协同配合。

最后,启发、引导学生选择适当的结果呈现方式。指导学生对实践活动进行适当的反思、评价。

【思考与练习】

1. 语文综合性学习有什么意义?
2. 举例说明怎样指导语文综合性学习。

第十一章 语文教学评价

　　要提高教学质量,就必须对教学提出一定的质量要求,而对教学是否达到了一定质量要求的判断就是教学评价。换句话说,教学评价就是根据教学目标和教学理念,利用所有可行的评价技术,对教学过程及其预期的一切效果给予价值上的判断。

　　语文课程评价是语文课程实施中的一个极为重要的环节。在基础教育由应试教育向素质教育转轨,教学改革不断深入发展的今天,作为一名语文教师,既要学习有关教育评价的一般理论,掌握评价的目的、原则和方法,对语文课堂教学进行科学评价,又要研究如何针对学生的心理特点和学习规律,对他们的学习进行客观和准确的评价。通过教学评价及其分析,了解教与学两方面的成绩与不足,以不断优化教师的教,改进学生的学,从而不断改进教学,提高教学质量。

第一节 语文学习评价

1. 语文学习评价的意义和目的

　　语文学习评价,主要是指对学生的语文学习情况的一种综合性评价。它是指依据一定的标准,采取一定的手段对学生通过教学后所发生的行为予以确定的过程。它是语文课程评价的核心。语文学习评价的对象是学生的语文学习过程及其结果,评价者主要是语文教师。从严格意义上讲,学习评价与教学评价并不是一回事,由于教师或学校教学工作质量是通过学生学习的结果反映出来的,所以对学生的学习评价是基础和根本,世界各国学者一般也是更多地从学的方面来论述教学评价的。学习评价不等同于学习测量,测量是人们对事物进行某种数量化的测定,运用各种测量手段获取各种信息。测量只是对学生行为进行描述,而不管其价值如何,而评价则以这种描述为基础试图确定学生行为的价值,即根据测量结果对学生的行为作出价值判断。简言之,学习测量着重于对学生学习状况的数量化确定,而学习评价则是在测量的基础上着重于对学生学习状况的"解释"与"判断"。在学习评价中,测量的手段或工具很多,但主要是测验。教师根据测验结果对学生的学习作出价值判断。切实抓好语文学习的评价工作,对如何正确把握语文教学改革的方向,促进学生语文素养的全面提高,都有着十分重要的意义。

1.1 语文学习评价的意义

语文学习评价的意义可以概括为以下几个方面:

(1) 诊断

通过学期、学年和教程开始之前的诊断性评价,教师可以了解学生的语文知识、语文能力、智力因素、非智力因素所达到的水平和学习中存在的主要问题。这是教师设定教学目标,组织教学活动,操控教学情境,帮助学生达到既定教学目标的基础,也可以为教师或学校对学生进行分班、分组提供重要依据。

(2) 反馈

通过对学生学习的测评,给学生以肯定或否定的评价,这就是学习评价的反馈功能。学习反馈推动的原则已为心理学界所公认。肯定的评价会对学生的学习产生激励的作用,强化其学习的积极性;否定的评价会使学生产生焦虑,而适度的焦虑可以成为学生努力学习的动因。紧张和焦虑处于中等水平时,学习的进展最好,适度的教学信息反馈有助于保持适当的紧张。学习评价的结果(主要指语文测试的成绩)往往能成为激励学生学习的动力。测试的成绩反映了学生在走向课程目标时所做的努力及其有效程度。学习成绩优异的学生能够体验到成功之后的愉快,总结自己成功的经验,激励自己加倍努力,刻苦学习,争取获得更优异的成绩;学习成绩较差的学生也能及时看到自己的不足和缺陷,检查自己在学习态度、方法、习惯上的问题,不断改进自己的学习。教师应该充分运用评价机制,及时向学生公布成绩,并认真做好质量分析,使各种层次的学生都受到激励。测试后的分数是激励的一种依据,但激励不应当以分数为唯一的依据。有的学校对低年级的学生取消以分数评价成绩的方法,而是根据目标采用评语式的评价,这就能针对低年级学生的心理特点,使评价更好地起到激励学生学习的作用。

(3) 定向

研究表明,学生在学习时间和学习力量上的分配,常常受评价标准和测验内容的引导。反映课程标准和教学目标的测验内容和评价标准,会对学生的学习起定向和引导的作用,从而有利于学生学习的提高,有利于语文教学目标的实现。

（4）鉴定

所谓鉴定，就是指在评价过程中，通过比较、区分和评定等级，对学生学习的结果进行价值判断。对学生学习结果的评价，也正是对学生学习的掌握程度、能力水平或学习水平的一种鉴定。这种鉴定既可以作为学生升级、高一级学校选拔新生、用人机构录取工作人员的基本依据，也可以作为教育行政部门评价教师工作质量的依据，还可以作为教育科研人员判定一个教学改革计划是否有效的依据。

（5）教育

语文教学过程中所进行的各种学习评价，本身也是一种教育活动。这种活动既可以促使学生对所学内容的复习、巩固、归纳和综合，训练学生的语文基本能力，也有利于学生养成严谨、认真、负责的学习品质和个性特征，同时也可使学生学会评价，即通过教师的评价学会对事、对人进行评价的方式并最终学会自我评价。评价的功能决定了语文学习评价在整个语文教学过程中的重要地位。合理设计、定期实施的各种语文学习评价，使得语文教学成为一个有序的、系统的、循环往复不断的可控过程。

总之，语文学习评价是检查教学效果、提高教学质量的手段。通过语文学习评价，可以使学生了解自己的学习情况，得到鼓舞，受到督促，促使他们主动积极地学习，不断提高语文水平。教师可以从学生的语文知识、能力的实际情况中，看到自己的教学是否切实有效，以便从学生实际出发，改进教学。因此，要充分发挥语文学习评价对完善教学过程和促进学生发展的功能，淡化评价的甄别和选拔功能。

学习评价往往用测试的方式进行。测试是评价学生学业成绩的依据。它固然可以反映学生在语文基础知识和基本能力方面的水平，反映他们与学习目标的距离，但必须认识到，评价的成绩并不是衡量学习优劣的唯一尺度。语文学习具有重情感体验和感悟的特点。学生的学习态度、方法、情感体验，并不能简单地用等级或分数来衡量的。因此，要转变那种以取得高分为唯一目的的教学思想，要特别注意分析那些难以用分数反映的实际能力。只有这样，才能全面提高教学质量。

语文学习评价的终极目的是什么？这是语文课程评价中必须解决的首要问题。为了解决这个问题，《语文课程标准》在"评价建议"中明确指出："语文课程评价的目的不仅是为了考查学生达到学习目标的程度，更是为了检验和改进学生的语文学习和教师的教学，改善课程设计，完善教学过程，从而有效地促进学生的发展。不应过分强调评价的甄别和选拔功能。"这些建议为我们明确语文学习的评价目的指明了方向，即：语文学习评价的目的，要从甄别选拔走向促进学生的发展。

语文学习评价的根本目的就是为了促进学生的发展。

学生处于不断发展变化的过程中,教育的意义在于引导和促进学生的发展与完善,评价亦是如此。因此,新课程倡导的促进学生发展的评价必然要重视学生语文学习评价的发展性功能,关注学生成长的过程与个体差异。对学生语文学习评价的发展性功能的重视,意味着语文学习评价不仅要考虑学生的过去,重视学生的现在,更要着眼于学生的未来;所追求的不是给学生下一个精确的结论,更不是给学生一个等级分数并与他人比较,而要更多地体现对学生的关注和关怀;不但要通过语文学习评价促进学生在原有水平上的提高,达到基础教育语文课程培养目标的要求,更要发现学生的潜能,发挥学生的特长,了解学生发展中的需求,帮助学生认识自我,建立自信。

此外,突出语文学习评价的发展性功能还体现在语文学习评价过程中对学生个体差异的关注。在学生的学习过程中,学生个体之间的差异是客观存在的,学生的个体差异不仅指考试成绩的差异,还包括生理特点、心理特征、兴趣爱好等各方面的差异。由于这种个体差异的存在,使得学生成长与发展的道路各不相同。发展性评价的最终目标是促进每一个学生的学习和发展。所以,在语文课程实施过程中,语文教师要善于从多个不同的方面和视角去评价学生的语文学习,从正面去发现学生的优点和特长,以促进所有学生在不同程度上的发展。

从目前语文课程评价现状来看,学习评价的目的主要体现在三个方面:一是甄别选拔性评价,其目的是淘汰和选拔;二是鉴定性的水平评价,其目的是为了考查学生达到学习目标的程度;三是发展性评价,其目的是通过评价改进教师的教和学生的学,从而有效地促进学生的发展。

传统的语文课程评价,在评价目的上,最突出的问题就是过分强调评价的甄别和选拔功能。而且,在评价前,教师在头脑中早已勾勒了一幅"正态分布图":在一个班级群体中,只有极少数个体是优秀者,大多数学生只能达到中等水平,还有极少数的个体属于下等水平。评价的目的就是把少数的优秀者选拔出来,这种评价的后果是:只有少数所谓的"优秀者"能够体验到成功的激励,大多数中等、下等水平的学生在评价中成了失败者。这样不同程度地挫伤了大多数学生的学习积极性,影响了他们的发展。

那么,如何通过语文学习评价,来促进学生的发展呢?首先,要通过形成性评价反思教师教和学生学中存在的问题,并针对这些问题及时改善课程设计,完善教学过程,使学生遇到的问题能得到圆满解决。其次,要实施差异评价。在一个班级群体中,学生个体之间在语文学习的水平上的差异是客观存在的。因此,在评价的标准上,要着眼于学生的发展,软化"班级参照",强化"自我参照",对水平高一点的学生,让他们永不满足;对水平低一点的学生可以松一点,让他们不感到自卑。这种因人而异的评价,具有个体性和灵活性的特点,它能够使学生在对自己过去、现在和未来的认识中增强自信,发挥其创造潜能。此外,为了促进学生发展,我们在语文教学中,要采取多种激励措施,鼓励和帮助学生获得成功的体验,变"纠错"为"觅优",用满意的效果去强化他们学习语文的动机,促使所有学生的语文素养在原有基础上都得到良好的发展。

2. 语文学习评价的基本原则

2.1 突出语文课程评价的整体性和综合性,要从知识和能力、过程和方法、情感态度和价值观几方面进行评价,以全面考查学生的语文素养

综观传统的小学语文课程评价,在评价的内容上,往往只注重对学生知识与技能方面掌握程度的评价,即使针对知识与技能的评价,也只是关注学生在语文基础知识、读写技能方面的书面学业成绩。这种评价内容上的狭窄和片面,会对语文教学活动产生消极的导向作用,并直接影响到学生语文素养的全面提高。针对这个问题,《语文课程标准》在"评价建议"中对评价的内容提出了这样的要求:"突出语文课程评价的整体性和综合性,要从知识与能力、过程与方法、情感态度与价值观几个方面进行评价,以全面考查学生的语文素养。"这就要求我们在评价的内容上,必须从狭窄片面走向全面和综合。

对评价内容的"整体性"的理解,我们必须把握下面几点:一是语文课程内容的整体性。语文课程是一个整体,语文课程内容全面性的评价,应该包括识字与写字、阅读、写作(包括写话、习作)、口语交际和综合性学习。二是评价目标内容的整体性。不仅限于知识与能力,即认知领域目标的评价,还应包括过程与方法、情感态度与价值观领域目标的评价。也就是说,语文课程的目标评价,既要对学生学习的结果进行描述和判断,还要对产生这一结果的多种因素和动态过程进行描述和判断;既要看到学生知识的掌握和智力发展的一面,也要看到他们动机、兴趣、情感、态度、意志、人格等非智力因素发展的一面。三是个体差异发展的整体性。心理学和社会学的研究表明,学生发展是存在个体差异的,对学生个体来说,"全面发展"并不等于"全优发展",而是允许并鼓励学生在基本素质全面发展的基础上发展个性特长。我们在确定评价内容时,应充分考虑个体差异发展的整体性,关注学生个体智力的强项,最大限度地促进学生个体价值的实现。

对评价内容"综合性"的理解,根据"语文学习具有重情感体验和感悟的特点",我们必须把握两点:一是要注意评价内容的综合,例如,在评价学生的语文能力时,要综合考查学生读说听写的能力。二是要注意评价方法的综合,尽量淡化量化和客观化的评价,强化能充分反映学生语文学习本质的定性评价。要坚持能量化评价的就量化,不能量化评价的就定性。

2.2 形成性评价和终结性评价相结合,加强形成性评价

由于传统的语文课程评价的目的在于甄别和选拔,从而导致了语文课程评价的重心只能侧重于过分关注学习的结果(如考试成绩的好坏),忽视对学生学习过程中认知、情感态度、学习习惯、学习策略等方面发展变化的评价。这种"重结果,轻过程"的评价,显然是不完整、不科学的,因为学生从语文学习中获得了发展,不仅仅体现在学习活动后的结果上,而是贯穿在语文学习过程的各个环节之中,而且,"过程"比"结果"显得更为重要。再从学生获得发展的方面来看,学生从语文学习过程各个环节中获得的发展,既有认知方面的,又有情意方面的,还有方法、习惯等方面的。为此,《语文课程标准》在"评价建议"中强调:"形成性评价和终结性评价都是必要的,但应加强形成性评价。提倡采用成长记录的方式,收集能够反映学生语文学习过程和结果的资料,如,关于学生平时表现和兴趣潜能的记录、学生的自我反思和小结、教师和同学的评价、来自家长的信息等。"这些论述要求我们在实施语文课程评价时,要将形成性评价和终结性评价结合起来,要加强形成性评价,要将评价的重心从过分关注学习的结果走向注重关注学习的过程,通过关注"过程"达到促进"结果"提高的目的。要重点评价学生掌握知识和技能的程度,评价学生的情感态度、价值观的形成过程。特别强调评价应有利于帮助学生认识自我、树立自信、形成有效的学习策略,促进每个学生在已有水平上的发展。首先,要变重终结性评价轻形成性评价为关注学习结果更重视学习过程,加强对学生学习过程的考察。注意收集来自学生、同学、家长、教师方面能反映学生平时语文学习兴趣、态度、方法和能力等方面的所有信息。其次,要对学生的学习作综合性的定量评价,单元测试和期末测试成绩各占相应的比例。最后,在日常教学中,要采用积极评价的方法,细心发现学生每一个微小的进步和成功,并发自内心地赞美学生,给予鼓励。教师、家长和同学不过多地指责学生,帮助学生建立自信,找出不足,促使他们在原有基础上取得不同程度的进步。

关于如何进行形成性评价,《语文课程标准》在"评价建议"中为我们提供了许多行之有效的评价策略。例如,评价识字与写字,要"关注学生日常识字的兴趣,关

注学生写字的姿势与习惯,重视书写的正确、端正、整洁,激发学生识字写字的积极性,不能简单地用罚抄的方式来达到纠正错别字的目的";"阅读评价要综合考查学生阅读过程中的感受、体验、理解和价值取向,考查其阅读的兴趣、方法与习惯以及阅读材料的选择和阅读量。重视对学生多角度、有创意阅读的评价";"写作评价要根据各学段的目标,综合考查学生作文水平的发展状况,应重视对写作的过程与方法、情感与态度的评价,如是否有写作的兴趣和良好的习惯,是否表达了真情实感,对有创意的表达应予鼓励";"采用多种评价方式,提倡为学生建立写作档案。写作档案除了存留学生有代表性的课内外作文外,还应有学生写作态度、主要优缺点以及典型案例分析的记录,以全面反映学生的写作实际情况和发展过程";"评价学生的口语交际能力,应重视考查学生的参与意识和情意态度。评价必须在具体的交际情境中进行,让学生承担有实际意义的交际任务,以反映学生真实的口语交际水平";"综合性学习的评价应着重考查学生探究精神和创新意识。尤其要尊重和保护学生学习的自主性和积极性,鼓励学生运用多种方法,从不同的角度,进行多样化的研究。这种探究,既有学生个体的独立钻研,也有学生群体的讨论切磋,所以除了教师的评价之外,要多让学生开展自我评价和相互评价"等等。

2.3 定性评价和定量评价相结合,重视定性评价

定性评价就是指不采用数学的方法,而是根据评价者对评价对象平时的表现、现实和状态或文献资料的观察和分析,直接对评价对象做出定性结论的价值判断,如写出评语、评出等级等。定量评价就是指依据一定的量化指标体系对被评价对象实行量化打分的评价方法。语文教学评价必须把定性评价和定量评价结合起来。因为每一种评价方法都有其自身的特点和优势,同时也存在着不足之处,关键是要看所评价的内容,评价的内容决定着评价的方法。例如,对于语文基础知识的评价,利用量化的评价方法,能够确保评价的覆盖面,对于文章的思想内容、情感体验和感悟方面的评价,采用定性评价就具有明显的优势。但语文学习评价更应重视定性评价。因为量化和客观化的评价,容易使情感性和感悟性很强的语文课程变得简单化和肤浅化,这样的评价,不仅难以从本质上保证语文评价的科学性,而且往往会丢失语文教学中最有意义、最有价值的内容。相反,定性评价虽然带有模糊性和不确定性的因素,但是,这种评价往往不仅可以从本质上保证语文评价的科学性,而且可以保留语文教学中最有意义、最有价值的内容。这种定性评价对指导当今的语文教学改革将会起到积极的导向作用。从近几年语文考试评价的发展态势来看,那种选择性和判断性的量化题目正在逐渐减少,那种有利于学生个体自由

发挥的主观性题目正逐渐增加，这是语文课程评价中的一个可喜变化。学校和教师要对学生的学习档案和考试结果进行分析，客观地描述学生学习中的进步和不足，并提出建议，用最有代表性的事实来评价学生。对学生的日常表现，应以鼓励、表扬等积极的评价为主，采用激励性的评语，尽量从正面加以引导。尤其要注重即时评价对学生发展的激励作用，让学生人人体会到只要自己在某个方面付出了努力就能获得公正的、客观的评价。另外，评价要关注学生的个性差异，保护学生的自尊心和自信心。

2.4　教师评价、学生的自我评价和学生间互相评价相结合；加强学生的自我评价和相互评价

传统的语文课程评价，在评价的主体上，教师是单一主体，师生之间的关系是评价和被评价的关系。在评价的过程中，教师的主要任务是"纠错"、"挑毛病"，教师是至高无上的主宰者，学生是接受评价的被判者。这种单一主体的教师评价，其弊端在于：一是评价的结果容易出现主观、片面，使评价失去客观和公正，被评价者对评价的结果难以认同，因而评价的实效性不强。二是扭曲了正常的师生关系。在评价过程中，由于教师总是要千方百计地找学生的"碴"，因而学生不得不通过弄虚作假的办法来应付教师的挑战，久而久之，师生之间自然会产生对立的情绪。三是使学生的持续发展失去了原动力。因为学生在评价过程中始终处于被动地位，他们的自尊心和自信心得不到应有的保护，而且，学生对这种评价往往持一种应付、惧怕、逃避的态度。试想，这样的评价，怎能促进学生的发展呢？为了从根本上解决这些问题，《语文课程标准》在"评价建议"中强调："实施评价，应注意教师的评价、学生的自我评价和学生间互相评价相结合。加强学生的自我评价和相互评价，还应该让学生家长积极参与评价活动。在评价时要尊重学生的个体差异，促进每个学生的健康发展。"这就要求我们在评价的主体上，要从教师的单一主体走向多元主体，这里的"多元主体"，既包括了教师的评价和学生的自我评价，也包括了学生之间的相互评价和家长的评价。这种多元主体的评价，不仅可以确保语文课程评价的客观、公正，提高评价的实效性，更重要的是真正确立了学生在语文学习过程中的评价主体地位，为他们的持续发展和终身发展提供了可靠的保证。而且多元主体评价增强了评价的民主性，强调了评价主体之间的双向选择、沟通和协商，使评价对象最大程度地接受评价结果，而不是把评价结果"强加于"评价对象。另外，它也有利于被评价者自我评价能力的提升，有利于评价各方与他人合作的精神和技巧的增强。

3. 小学语文学习评价的方法

3.1 课堂观察

课堂观察是指教师偶然或有计划地觉察学生的认知、情感和行为的课堂表现的过程。课堂观察是教师实施有效评价的前提条件,主要包括对学生课堂中认知能力、学习态度及注意力状况、情绪表现和人际交往等方面的观察。叶澜所著《教育研究及其方法》中有这样一份"学生课堂行为观察表",供大家参考。

学生课堂行为观察表

编号:_____

学校			年级			班	学生姓名					
教学科目			课题			教师姓名						
学生课堂行为												
学习行为	出现次序	持续时间	出现次序	持续时间	出现次序	持续时间	非学习行为	出现次序	持续时间	出现次序	持续时间	出现次序	持续时间
听讲							与邻座讲话						
举手回答问题							看别的书						
举手提出问题							做小动作						
到讲台前示范							看别人或别处						
做课堂练习							擅自离开座位						
做操作实验							和别人打闹						

注:出现次序以1.2.3等序数表示。　　　记录者:　　　　　　　日期:

3.2 成长记录袋

所谓成长记录袋,不是指学生语文学习成绩的分数记录袋,而是指用以显示有关学生学习语文的成就或持续进步信息的一连串表现、作品、评价结果以及其他相关记录和资料的汇集。它可以让教师对学生的学习状况作跟踪了解,也可以让学生参与到学习评价中来;它既能让学生或教师清楚地了解学习进步状况和发展过程的轨迹,也对学生自主性、反思能力、创造性的发展有着重要的作用。因此,教师应根据语文课程以及学生的特点,发挥想象力与创造性,建立起目的明确、内容充实的成长记录袋。

语文课程的成长记录袋主要由设计说明、系列作品以及反思记录三个部分构成。其中,设计说明是指对主要学习计划产生和编制过程的记录说明,如文字说明、系列略图、录音解说等;系列作品是指学生在完成某一学习计划的过程中创作的各种类型的作品集,它应该是能表明学生在学习语文过程中取得成就的广度和范围,如在习作方面,记录袋中可以包含平时的写话、习作、被杂志录用的文章、诗歌等;反思记录是指教师引导学生描述自己作品的特征、自己在成长过程中所取得的进步、已经实现的目标等,并把这些记录收入语文学习档案袋,使学生养成自我反思和自我教育的习惯。唐晓杰等人编的《课堂教学与学习成效评价》一书中有个例子,即"学生的阅读和写作档案袋的具体内容",可以说明语文学习档案袋中可能收入的作品内容。

学生的阅读和写作档案袋的具体内容

学 习 目 标	档案袋内容	进入档案袋的频次
1. 进行自己喜欢的、有意义的学习并确定评价什么	(1) 选几件作品 (2) 解释为何选这么几件	每年至少3次
2. 学生评价一段时间里的进步	(1) 回顾自己的档案袋 (2) 回答自己是否像一个读者和作者	每年至少2次
3. 阅读意义	复述阅读内容或解释它的意义	每年至少2—3次
4. 选择各种材料	两周内阅读书或文章的记录	每年至少2—3次
5. 用笔进行有效交流	较长的写作样本	每年至少2—3次
6. 朗读者和作者的方向发展	(1) 学生的初稿、注释及其他由教师选择的作品 (2) 教师对学生进步的批注和评语	由教师决定

3.3 测试评价

语文课程改革不是取消测试(考试),而是把测试作为评价学生语文素养的手段之一。

(1) 语文测试的种类

① 按测试的目的分类

A. 配置性测试

配置性测试也叫摸底测试。它是指在一个新的学习阶段开始前,测量学生已有的学习基础以及将来可能达到某种学习水平的测试。

B. 形成性测试

形成性测试是测量学生在教育过程中,知识、技能、方法、习惯、态度等学习方面的形成情况。教育被看做一种改变学习者的过程。教育者期望每个教育方案、教学过程或单元教学能给学生带来某种变化。形成性测试就是测量这种变化的程度。

C. 终结性测试

终结性测试也叫总结性测试。它是指在学期(或一个更长的学习阶段)结束时,测量学生在这段时间达到的最终水平的测试。

D. 诊断性测试

诊断学生在学习上存在的困难与问题的测试被称为诊断性测试。这种"诊断"不仅是为了鉴别学生学习中存在的问题,也可以鉴别学生的各种优点、特殊的才能和天赋。

② 按语文学习项目分类

A. 单项测试

这是一种试题项目单一性的测试,又可称作分立式测试。如拼音测试、词语测试、阅读测试、朗读测试、作文测试等都是单项测试。这类测试主要是测量学生某一方面的知识和能力。

B. 综合测试

这是一种多内容、多项目、多功能地对语文学习水平进行全面检查的测试。一般包括基础知识(拼音、字、词、句等)、阅读(课内阅读和课外阅读)和写作等多项内容。这种测试一般用于比较全面地评估学生,或为学生升级、升学提供准确而可靠的依据。

③ 按答题形式分类

A. 口头测试

要求学生以口头形式完成测试,如口头作文、复述、朗读、背诵、演讲等。口头测试也称为口试。

B. 书面测试

也可称为笔试,有开卷和闭卷两种测试方式。这种测试主要以书面形式完成试题要求。

④ 按参照标准分类

A. 常模参照测试

这是一种把某个学生的成绩与某个集体的平均状况进行比较,从而确定学生在该集体中的学习等第或水平的测试。这种测试的目的在于鉴别学生语文学习的差异性,有时也为竞赛选拔提供依据。

B. 目标参照测试

即把学生的学习情况与预先的语文教学目标作比较的一种测试,以检查学生完成目标的程度。平时进行的测试多属此类。

此外,按试题类型分类,又可分为客观性试题测试和非客观性试题测试。

(2) 语文测试试卷的编制

① 编制试卷的要求

A. 要明确测试的目的

语文测试种类繁多,形式多样。应根据不同的测试目的编制试卷,即要明确测试什么知识,测试哪些能力,来选择不同的试卷样式,编制相应的测试题进行测试,以达到预期的测试目的。

B. 测试的内容要有综合性

语文课程具有综合性,测试也应具有综合性的特点。试卷的编制应该依据课程标准、语文教材及学生实际,全面测试学生的学习情况。测试的内容,既要测试语文基础知识掌握的情况,又要测试语文基本能力水平;既要测试学生理解和运用语言文字的能力,又要测试学生的观察能力和思维能力;既要注意试题的覆盖面,也要注意突出重点。

C. 题量要适当,难度要集中

题量不能过大或过小,一般以中等学生为参照标准,以他们能答完全部试题,并留有一定的检查时间为宜。试题难度不能过大或过小,要根据课程标准的要求和学生的实际具体确定。测试难度也应该按照目的要求而定,如选拔考试,难度应相对大些,便于区分学生的成绩;目标测试,难度就应小些,以保持学生成绩的稳定性。

D. 试题的要求要明确,表达要清晰

每一道试题,要求学生回答什么,应该清楚明白,简明扼要。题目的指导语是帮助学生理解题意和答题要求的,不可概念不清、模棱两可、重复繁琐,更不可产生歧义。必要时,可以提供答题的范例,供学生参考。

E. 命题要便于评分标准的制定和操作

命题时要考虑每道题的权重(给分)恰当,评分标准的拟定要准确、肯定。如判断题、选择题等客观性试题,应注意答案的唯一性。

② 编制试卷的过程

A. 明确测试目的，确定试卷结构

编制试卷前，先要明确测试目的，明确要测试学生哪些语文知识和能力；再要明确测试的功能，是选拔性测试，还是评价教学质量或者诊断学生学习困难的测试。因为不同目的、不同功能的测试，其试题的分量、难度、鉴别力以及试题内容、形式都会不同；然后确定试卷的结构，分配各部分的题量与权重比例，规划题目的内容与形式及测试的时间。

B. 制定双向细目表

所谓双向细目表，即将测试的知识内容、学习水平两个方面及其各自所占的比重列表说明。有了测试的双向细目表，就能确定试卷的语文知识内容、认知目标，并根据权重参数确定各部分的题量、测试时间及测试的总长度。

C. 编制试题

语文试题根据评分的客观性程度，可分为客观性试题和非客观性试题。

客观性试题的形式主要有判断题、选择题、配伍题、填空题、简答题等。客观性试题的答案往往是唯一的，作答的要求有严格的规定。常用的有以下几种：

判断题。这类试题是要求学生判断是非、正误的试题。编制这类试题的要求是：试题应选择易混淆的知识内容，答案必须是明确的，避免使用有暗示作用的词语做题干，对、错的答案要随机排列。

选择题。这类试题要求学生在供选择的几个答案中选择出一个或几个答案，然后用标记加以表示。题干的问题意思必须清楚，要求选择答案的数目也应该交代清楚。

配伍题。这是多项选择的复合形式。它把一系列题干列成一列，供选择的答案列在另一列，然后用直线把题干与正确答案连接起来。编制配伍题的要求是：题干数只能等于或少于供选择的答案数；供选择的答案数不宜太多；配伍的每一列必须性质一致，或名词，或动词，或其他词。

填空题。即根据试题所提供的情境，填写出文中空缺的字、词句或标点等。制作填空题的要求是：要填空的内容应属于比较重要的、关键的部分；一般而言，答案只能是唯一的；一道题中填空的数量不能太多。

简答题。即针对试题中的问题作出简要的回答。编制简答题的要求是：答案要尽量简短；题干要严格限制答题范围和形式；答案要注重能力，不局限于语文知识。

语文测试中,非客观性试题主要包括古文翻译、比较复杂的问答题和作文题。

（3）语文测试成绩的评定

评定成绩是在学生应试后对他们的学习作出评价。它是以符号的形式概括地显示学习成绩的。

语文测试评定成绩的方法有:

① 计分评定成绩的方法

语文计分评定成绩的方法主要采用百分制和五分制两种。百分制计分法的优点是分数等级多,容易区分学生的差别,但是评分的标准较难把握,尤其是阅读分析和作文的评分,很难做到十分准确。五分制计分法操作比较方便,但等级太少,不易区分学生的差距。

② 等第评定成绩的方法

这是一种相当于五分制的方法,即将学生的成绩分为优、良、中、及格、不及格五个等第。这种评定方法的优缺点同五分制相似。

③ 评语评定成绩的方法

这是以评语取代分数,对学生的学习成绩进行评定的一种方法。尤其在语文形成性测试中使用,既可让学生自己自己知道能力的缺陷,又不被一个简单的分数决定优劣,这种方法更有利于学生学习成绩的进步。

语文测试综合性强,题型复杂,容易在评分中出现偏差,因此必须采取一定的方法和技术,保证评分的正确客观。

首先,在命题的同时要确定标准答案或参考答案与评分细则。其次,在学生测试以后,正式阅卷之前,做到先概览全部试卷,将学生的符号卷按质量分成若干组,然后在每组中随机抽取若干份试卷进行试批,调整答案和评分标准。第三,为提高评分的正确性,在阅卷过程中可采用分题阅卷的办法,这样容易统一标准。

总之,测试形式要灵活,测试结果分析要合理。

第二节　语文课堂教学评价

1. 语文课堂教学评价的意义和目的

语文课堂教学是教师依据语文课程标准的理念与基本要求,在全面驾驭教科书的知识体系、知识结构和编写意图的基础上,根据学生的具体情况,对教学内容进行再创造的过程。语文课堂教学评价,就是根据课程标准和教学理念而制定的评价标准,利用各种可行的评价技术,对语文课堂教学的全过程及其取得的效果作出价值判断,从而为教师本人改进工作,为教学管理部门决策提供依据。对课堂教学能否作出客观、科学、准确的评价,不仅直接影响着教学改革的进展和教学效率的提高,还直接影响着教师教学的积极性以及学生学习的主动性。一般说来,好的课堂教学评价具有目标导向、激励、改进、区别等功能。具体讲,课堂教学评价的意义主要体现在:

1.1 有利于提高语文教学质量

教学与评价是语文教学活动中联系密切、相互促进的两个方面,仅凭其中的某一方面,都难以达到理想的教学效果。课堂教学评价具有目标导向功能,评价的指标体系和评价过程能使教师明确两方面的目标,即教学要达到的目标和怎样上好一堂课的目标。一方面,它可以使教师在整个教学过程中始终围绕着预定的目标进行,这必然有利于教学质量的提高,另一方面,通过评价的反馈作用,可以让教师认识到自己在教学过程中的优点和缺点,认识到自己所采取的各项措施对达到教学目标起到多大程度的作用,从而根据教学去调节自己的教学活动,以获得最佳的教学效果。

1.2 有利于语文教学改革的顺利进行

科学的课堂评价能对语文教学的改革起到积极的导向作用。在我国,由于受应试教育的影响,"为评价而教,为评价而学"的文化氛围十分浓厚,评价什么以及怎样评价,将直接影响到教师的课堂教学。例如,在评价的内容上,过去往往只关注"知识与能力"的达成度。现在,《语文课程标准》提出要重视情感、态度与价值观的评价,这必将促使语文教师关注教学对学生情意领域发展的影响,并积极主动去寻找有效的教学策略培养学生积极的情感、态度与价值观,从而促进学生情意的发展。由此可见,评价内容的变革,对语文教学的改革起到了积极的导向作用,有利于语文教学改革的顺利推进。

1.3 有利于提高语文教学的科学管理水平

传统的评课,由于没有固定的评价内容和客观、统一的评价标准,多是凭评课人的认识和感受,给出定性的、模糊的判断,主观随意性很大,难以客观公正地反映教师课堂教学质量的实际水平,因而缺乏可比性。为了适应现代教育发展的需要,根据课程标准和教学理念制定客观的、科学的课堂教学评价标准,并把评价标准公开于众,使其不仅为评价者所掌握,也为被评者所了解,增强其透明度,并用科学的、可行的评价手段进行评价,这样势必会提高语文教学的科学管理水平。另一方面,通过其客观的评价,如实反映出教师的教学水平,使管理部门与领导对教师的看法更加客观,管理水平也会得到提高。

1.4 有利于语文教师队伍自身的建设

科学的课堂教学评价具有区分鉴别和激励功能。评价的结论能比较准确客观地反映教师课堂教学的真实水平、能力及其不足,使之处于一种积极状态,不断深入钻研课程标准和教材,改进教学方法,加强基本功训练,努力提高业务水平和教学能力。同时,通过科学的评课,可使教师在竞争中互相学习,共同进步。

语文课堂教学评价的终极目的,不仅仅是为了证明什么,更重要的是为了改进教师的教学,改善课程设计,完善教学过程,从而提高教学质量,有效地促进学生的发展。语文课堂教学评价的过程也是教师进行教学反思、开展教学研究、促进自我发展的过程。

2. 语文课堂教学评价的基本原则

2.1 指导性原则

语文课堂教学评价应对教学实践具有指向、引导和促进作用。即通过语文课堂教学评价,使被评的师生明了自己的优缺点,明确自己的努力方向和应采取的改进措施。如果评价缺乏指导性,不能指明存在的问题和前进方向,就可能使师生陷入盲目,或夸大自己的优点,或只看到出现的问题。被评对象也应善于从自评和他评中正确对待反馈信息,总结自己成功的经验与失败的教训。

2.2 发展性原则

语文课堂教学评价应体现素质教育的价值取向,即以学生的全面发展为目标,使学生逐步学会求知、学会做人、学会创造、学会劳动、学会生活、学会审美、学会健体,为其继续发展打好基础。要求用全面的、发展的、辩证的观点评价教学工作,应着眼于学生的学习进步、动态发展,着眼于教师的教学改进和能力提高。

2.3 民主性原则

语文课堂教学评价必须体现教师和学生的双主体地位,反映他们的个性,重视被评者的自我评价作用,充分发挥其主动性与创造性,使双方自然而然地产生强烈的责任感、信任感和自豪感,把自己真正置于教学的主体地位,同时也使教师明确自己教学的优势和不足,在师生间架起信赖的桥梁,加深师生感情,使师生共同活动于和谐的气氛中。

2.4 层次性原则

语文课堂教学评价应该注重学生在心理特征、认知能力等方面的差异,体现教学目标的学生活动的层次性,并使不同层次的教学目标与不同类型学生的活动层次相互协调,促使全体学生在各自原有基础上都有所发展,都获得成功的体验和发展的动力。

2.5 全面性原则

语文课堂教学系统由教师、学生、教学目标、教学内容、教学方法和教学手段等要素构成。要对课堂教学的诸要素、课堂教学的全过程、课堂教学的整体效益进行全面考察和综合评价,就必须坚持全面性原则。语文课堂教学评价重点应从"导"与"学"两大方面进行。变"教"为"导",强调教师是课堂教学的组织者、指导者,是学生发展的促进者;强调学生为主体,要引导其主动发展,真正形成民主、平等、合作、和谐、生动活泼的课堂教学氛围。

3. 语文课堂教学评价的方法

课堂教学教学评价是学校里经常而又普遍开展的一项活动,是教学、教研和课程教学管理工作的一项重要内容。近几年来,全国上下经常开展各种形式的语文课堂教学的研究课、观摩课、公开课、评选优质课等活动。对于不同风格、不同流派的课堂教学怎样进行评价? 这就涉及到评价指标、评价主体和具体的评价方法等问题。

3.1 确定课堂教学评价的指标

指标是针对一定的评价对象,根据一定的评价目标而确定的具体的评价内容。可以说,它是具体的、可测的、行为化和操作化的目标。课堂教学的评价指标,就是针对教师的课堂教学而确立的具体的评价内容,即让人明确从哪几方面去对课堂教学进行整体评价。由于课堂教学是一个复杂的过程,因此,确定评价指标时要考虑教学过程中的各种因素,不能凭经验和直感,更不能笼统而论。语文课堂教学评价的指标主要包括:

(1) 教师教学态度的评价

教师要具有强烈的事业心和责任感,这是搞好教学工作的思想基础。教师要热爱学生,关心学生的进步成长,把"育人"放在教学的首位;教师要热爱自己所教的语文专业,认真备课、讲课、辅导学生学习;教师要有刻苦钻研和勇于改革的精神。评价一个教师课堂教学的优劣,更重要的是要看教师的教学思想是否正确,教学态度是否端正。

(2) 教师素质的评价

教师素质是教师搞好教学工作的基础和条件。优秀的语文教师必须具备较高的思想政治素质,树立正确的世界观、人生观、价值观,有强烈的教书育人的责任感、使命感,同时也必须有熟练的业务知识和较高的文化水平。面对知识经济时代的挑战,随着社会的进步和教育的发展,对教师素质的要求必将日趋提高。一位优秀教师,只有具备扎实深厚的专业知识,才能居高临下,驾驭自如,向学生输出知识的精华;也只有具有了广博的文化科学知识,了解和掌握语文课程的最新发展动态,才能肩负起造就高素质人才的重任。语文教学评价要把评价教师素质作为主要内容。

(3)教师教学基本功的评价

评价教师的语文教学,不能忽视教师的教学基本功。一般来说,一个有过硬教学基本功的教师,才能教出语文基本功过硬的学生,教师的教学基本功是完成教学任务的一种特殊能力。一个合格的语文教师必须有较强的听说读写能力,驾驭教材和组织教学的能力。

(4)教学程度的评价

教学程度是指语文教学课程目标的实现程度。衡量教学程度的唯一依据是《语文课程标准》,评价教学程度要以课程标准提出的课程目标为尺度,从知识与能力、过程与方法、情感态度与价值观几方面进行。教学目标的达成度是语文课堂教学评价的一个非常重要的指标。具体来说,教学程度有三方面的含义:一是语文知识传授的正确程度,既应该有量的指标,也应该有质的要求;二是指在教学过程中促进学生思维发展及语文基本能力发展的程度;三是指思想政治教育、道德品质教育以及审美教育的程度。

(5)教学过程的评价

教学过程是学生在教师有目的、有计划地指导下,积极主动地发展自己,使自身的发展水平逐步达到教学目标的运动过程。教学过程是由纵横交错的众多要素构成的。这些基本要素互相联系,彼此制约,形成了教学过程的矛盾运动。因此,必须注意各要素之间的协调,这样才有可能充分发挥教学的功能。要评价教学过程安排得是否科学,教学环节安排得是否得当,教学重点是否突出,难点是否讲得明白,训练安排是否合理,等等。这些都能反映教师对教学规律的认识以及对教学理论理解与运用的水平。

(6)教学方法的评价

教学方法是教学过程中的一个最复杂的组成部分。教学方法是一种手段,借助它,实现教学目标,完成具体的教学任务。要废止注入式,采用启发式。启发式不仅是教学方法，更是一种教育思想。所谓启发式，就是教师在语文教学中，依据学习语文过程的客观规律，从学生实际出发，采取各种有效的方式方法，充分发挥学生学习的积极性和主动性，发展学生的思考力，使学生学得生动、活泼、主动。评价教学方法，最重要的一点就是看启发式运用得如何。一些具体教学方法的选择与运用，与提高教学质量也是密切相关的，也是评价的内容。同样一个教学内容，有的教师教得明白、易懂、生动、活泼，容易为学生所掌握；有的则教得不够清楚，学生很难理解和把握。出现这种区别可能有各种相关因素，但教学方法是否恰当，显然是其中不应忽视的因素。

(7) 学生学习方式指导的评价

学习方式是达到教学目的的途径和手段。学生一旦掌握了正确的学习方式，就好比掌握了一把打开知识宝库的钥匙，可以不断地获取和更新知识。教师在课堂教学中，不但要教给学生知识，培养学生能力，同时要指导学习方式。《语文课程标准》提出"积极倡导自主、合作、探究的学习方式"。在语文课堂教学中，评价学生的学习方式的目的主要在于评价教师对学习方式的指导状况和水平，评价学生学习的自主性、合作性、探究性，评价学生的学习动机、兴趣、听课态度以及参与教学的情况。

(8) 教学效果的评价

检查和评价教学效果主要是通过学生来了解，通常有三种方式：一是检查学生的作业，二是通过提问与讨论，三是通过书面考试。显然，教学效果的评价是诸多评价指标中最重要的因素。但又必须指出，教学效果的评价，又不应成为评价教师教学水平的唯一尺度。这是因为，学生在掌握知识、发展相关能力的过程中，并不仅仅受教师教学状况的影响，同时还受先天遗传素质与后天生活环境以及具体实践活动的影响。因此，只有从不同的角度，从不同的层次对教师的教学情况进行系统的、全面的综合评价，才可能得出较为科学与恰当的结论，达到课堂教学评价的目的。

总之，确定语文课堂教学评价的指标，是评价教师课堂教学的尺度，是进行科学评价的基础和前提。评价的指标是由上述能够反映教师课堂教学特征的因素构成的，是一个因素集。因素集构成了语文课堂教学评价的指标体系。

3.2 定性评价和定量评价相结合

明确语文课堂教学评价的指标，知道从哪些方面来进行评价，是进行教学评价的第一步。但根据什么样的标准来衡量这些指标则是教学评价最关键的问题，它直接决定评价的结果,左右评价的有效程度。如果标准是不正确的,那么最后的结果也必然是错误的和无效的,不可能真正反映教学的实际情况。

关于评价标准,一般来说有定量标准和定性标准两类。有人认为定量意味着精确,精确意味着科学,这是不完全正确的看法。从目前的情况来看,定量分析和确定量化标准是一个发展趋势,但还应该根据具体情况,把定性和定量有机地结合起来。

(1) 定量评价

定量评价一般是在确立了明确具体的评价指标之后,根据指标在整个评价目标中的地位,通过集体讨论、研究,先商定满分是多少,然后设定各评价具体指标的分数分布,得出权重分(权重分,是指权衡指标在指标体系中相对重要程度的数量标志),再详细规定各个指标质量层次差别的标准,明确达到什么质量给多少分,最后根据每一具体指标的得分情况,计算出总得分。这里需要重点指出的是,分数只是表示质量差别的符号,具体评价指标处于什么样的状态,该得多少分,必须由全体评价人员详细分析、研究决定。没有详细、合理的质量层次差别标准,只是凭经验最后给予笼统的评价总分,是没有说服力的,也不能发挥定量分析的优点。

下面举例说明。

例一,课堂教学是教学过程中最重要的环节,对课堂教学的评价,沿袭过去以课堂教学五个环节评价显然是不科学的,而单纯以教学方法好坏来评价课堂教学也是片面的。课堂教学包含教学目的、教学内容、教学方法等多种因素,评价课堂教学,应该根据各因素在整个课堂教学中的地位,确定一级指标和二级指标,并且要规定权重分数和分解分数,对课堂教学中的诸因素进行价值判断。如下表:

课堂教学评价表

学校	课程	班级	执教者		
评估一级 指　　标	评价二级指标因素	权 重 分	分 解 分	得 分	简　评
教　　学 目　　标	(1) 教学目标明确、具体 (2) 符合课纲要求,反映教材的具体内容 (3) 切合学生实际	15	5 5 5		

学校	课程	班级	执教者			
评估一级 指　标	评价二级指标因素	权重分	分解分	得分	简评
教　学 内　容	(1) 从教材和学生实际出发，落实"双基" (2) 重点突出，解决难点，抓住关键 (3) 结合教学内容，有机地渗透德育 (4) 教学内容具有渐进性和可接受性	20	6 6 6 2		
教　学 方　法	(1) 围绕教学目的，优化教学手段和方法 (2) 善于创造问题情境，激发学生学习动机 (3) 运用启发式，注重培养能力，开发智力 (4) 板书简明扼要，脉络清楚	20	6 6 6 2		
课　堂 结　构	(1) 课堂结构安排得合理、严密、紧凑 (2) 教学步骤清晰，时间分配恰当 (3) 根据教学目的、教材特点和学生实际确定课型	15	5 5 5		
教　学 语　言	(1) 语言清晰、简练、准确、生动、有趣 (2) 说话快慢适度，注重抑扬顿挫 (3) 用普通话进行教学	10	3 3 4		
教　学 效　果	(1) 学生学会并掌握教材要求的教学内容 (2) 学生的听说读写能力得到提高 (3) 教学时间控制得好	20	8 8 4		
评　语					
总　　分		评课人签名			

　　例二，课堂教学是师生的"双边"活动，评价课堂教学，不但要评价教师的"教"，也要评价学生的"学"。学生学习情况包括课堂常规、学习气氛、参与教学情况和学习能力以及学习效率等因素，评价学生课堂学习情况，应根据各种因素在学生学习中的地位，确定评价标准和权重。如下表：

学生学习情况评价表

学校	学科		班级	执教者			
评估一级指标	评价二级指标因素			权重分	分解分	得分	简评
常规	(1) 准备好上课必需品,上课铃响后即进入上课状态 (2) 精神饱满,注意力集中 (3) 回答、提问、朗读的声音洪亮,态度自然			20	6 8 6		
气氛	(1) 气氛活跃,在教师指导下表现出强烈的求知欲 (2) 教师讲解、提问、布置课堂练习,学生能积极配合 (3) 在教师积极引导启发下,学生能认真思考、讨论、回答问题,完成练习			20	6 6 8		
参与教学过程	(1) 学生勇于发言,课堂上学生活动面大 (2) 敢于质疑问难,有独立见解 (3) 积极参与练习或作业			20	8 6 6		
学习能力	(1) 回答或提问,能抓住关键 (2) 口语表达简练、完整,书面表达中心明确,条理清楚,书写工整 (3) 掌握本节课的语文知识,形成语文能力			20	8 6 6		
学习效率	(1) 学会本节课规定的教学内容,回答问题、课堂作业符合本课时的质量要求 (2) 在教学过程中,学生能有效地利用时间进行阅读、思考、讨论和练习			20	10 10		
评语							

上面举的两个例子,分别是对教师课堂教学和学生学习情况所作的定量评价。确定定量评价的指标和权重,应根据评价的具体对象和内容,从实际出发,讲求效度和信度,尽可能做到真实反映教学的情况。

（2）定性评价

定性评价也是教学评价的一种评价标准。它是指在评价过程中不要通过数量分析手段直接得出评价结论的方法。具体来讲,就是评价者对一堂课中构成教学水平因素的各个方面作出正误、优劣的判断与分析,并提出改进意见的一种方法。平时,我们听课后交换意见和开评议会进行评议,都属于定性评价。定性评价由于不用进行数学计算,简便易行,因此成为语文课堂教学评价中常用的一种评价方法。

定性评价同定量评价一样,它也可以明确表示出质量层次的差别。比如对教师的课堂教学,可以分为优、良、中、差,也可以分为甲、乙、丙、丁,还可以分为理想的课、成功的课、基本成功的课、不成功的课。具体使用哪种等级法来表示不是主要的,关键是确定出每一等级用什么样的标准来衡量。何为优,何为良,何为中,何为差;处于什么样的状态是成功的课,达到什么样的状态才算是理想的课,都必须有个衡量的标准。这就要求评价者根据评价指标及各项指标的总要求有针对性地去听课,然后依据各项指标的总要求对教师教学的相应方面进行质的具体分析,指出其优劣的具体所在、优劣的具体理由、依据及正负效应等,最后提出教师改进教学的意见。

确定层次差别的衡量标准,要力求做到公正、客观、全面、具体,不合理的衡量标准是达不到教学评价的目的的。定性评价要有透明度,对教师教学的评价,确定评价标准应征求任课老师的意见,得到他们的承认,评价之前应把标准公布出来,让他们做到心中有数。

当然,定性评价也不一定非给出质量层次不可,也可以以评语的形式指出优点和不足。

由于定性评价评中有议,议中有评,具有研讨性质,因此比较适用于研讨课的评价。但是,定性评价很容易受主观意识和外界因素的干扰,很难做到客观准确,而且评价的结论可比性差,因此,要更好地发挥定性评价的效益,必须与定量评价相结合,在定量评价基础上进行定性评价,使评价有理有据,说服力强,指导意义大。

总之,确立什么样的具体评价标准体系,确立什么样的具体评价标准,是课堂教学评价中最关键的问题,因为它在相当大的程度上决定教学工作的方向、教学方法的选择与运用等问题,从而最终决定教学质量。所以,不断追求评价标准的合理化和科学化,需要在教学实践中不断研究和探索。

3.3 评价主体的多元化

对教师课堂教学行为的评价,实行校长、教师、学生、家长,甚至专业研究人员共同参与的评价制度,是新课程语文课堂教学评价的重要改革。评价主体的多元化,旨在使教师从多种渠道获得信息,不断提高教学水平。

(1) 自我评价

教师自我反思能力业已成为世界各国备受关注的影响教师专业成长的核心因素之一。教师自我评价为外部评价教师提供了可靠的信息,并能促进教师进行自我诊断。

评价的特殊性和复杂性有时会使教师在自我评价过程中出现过低自我评价、过高自我评价和不完全自我评价。因此,教师要树立正确的自我评价观,在努力提高自身素质的同时,制订出正确的评价方案。教师对自己教学行为的分析与反思,不但改变了消极被动的地位,而且会以更自觉、更主动的态度去研究,使自己更快地向教师专业化的方向前进。自评的关键是教师要公正、客观的参与,只有在这样的参与中,自己的反思能力才能得以提高,才能促进自身发展。教师自评可参照下列表中内容进行自评。

教师课堂教学自我反思表

项	目	成功的地方	不足的地方
教学方面	教学目标		
	教学设计		
	环境营造		
	教学策略		
基本素养	职业道德		
	学科知识		
	文化素养		
	语言教态		
	媒体操作		

(2) 学生评价

学生评价老师,尤其对教师课堂教学进行评价,这是很多学校早已广泛采用的一种评价老师的方法。学生评定的内容可以参见下表。

课堂教学学生评价表

等级 项目	非常赞成 5	同意 4	一般 3	不同意 2	反对 1
1. 每堂课我都知道学什么、怎么学、学到什么水平					
2. 每堂课我都知道要培养什么能力,怎样形成该能力					
3. 该教师讲课能激发我的兴趣,并注意我的良好的学习习惯的养成					
4. 该教师在每堂课都能给我们提供独立思考、自主探究的时间和机会					
5. 该教师善于发现我不懂的地方,并能随时和我讨论问题,提供帮助					
6. 该教师对我比较真诚、热情					
7. 该教师布置、批改的作业,我是满意的					
8. 该教师每一堂课我都是有收获的					
9. 该教师上课无迟到、早退、拖堂或无故缺课现象					
10. 我欢迎该教师继续给我们上课					
总　　分					

（3）家长评价

家长作为学生的父母和教育的投资者之一,自然十分关心学生在校的发展和受到了什么样的教育;同时,促进家校协同也是学校教育的重要职责,因此,家长评价教师一方面是家长应有的权利,另一方面也是促使家长了解学校和教师、形成家校教育合力的有效途径。下面是一所学校在"家长进课堂"中引导家长参与教学评价的反馈表,供参考。

"家长进课堂"听课情况反馈表

亲爱的家长：

您好！

欢迎您参加我校"家长进课堂"的评课活动，相信这将是一次我们彼此之间加强沟通、增强了解的机会。希望借此机会，对我们的教育教学提出您宝贵的意见，同时架起我们协同教育的桥梁，共同为孩子创造出健康成长的家校环境。

希望您能本着客观、公正、严肃、负责的态度如实地填写下表：

对教师教学的评价	您认为本堂课的教学重点是	
	通过听课，您认为教师比较成功的做法有	
	通过听课，您认为教师在哪些方面还需要改进	
对孩子学习的评价	通过听课，您认为孩子的学习特点是	
	您认为孩子在哪些方面急需改进	
	您认为家庭辅导对孩子的课堂学习有何影响	
通过听课，您希望学校、教师怎样与您配合		

（4）教师互评

由于教师相互之间比较了解，容易对彼此的课堂教学行为作出恰如其分的分析判断，因此更利于教师之间的相互学习、相互交流，提高教师的整体水平。其中最好的做法就是教师之间互相结成对子，互相听课，相互评课，共同提高。这种评价完全是双方的自愿行为，建立在平等、友善、求实、互帮互勉互助的基础上进行，目的是转变教育观念和教育行为，提高教育教学水平和教学效益。教师也可不定期地邀请本校同事、外校教师或专家（包括理论专家和课程专家）光临自己的课堂，就自己的课堂教学进行建设性的质疑，积极感悟，共同商讨改进对策。

【思考与练习】

1. 语文学习评价的意义和目的是什么？

2. 语文学习评价应遵循哪些基本原则？

3. 语文学习评价的方法有哪些？

4. 到附近小学或中学听一节课，然后根据语文课堂教学评价的要求，写一篇不少于 2000 字的评价文章。要求内容具体，重点突出，层次清楚。要评析其优缺点，并提出改进的意见。

第十二章　语文教师专业化

教师职业从经验化到专业化,经历了一个不断发展的过程。真正意义上的专业化道路,则是 20 世纪以后才开始的。20 世纪 80 年代以来,促进教师专业成长成为世界教育改革的共同举措。现代社会要求教师不仅是知识的传递者,而且是道德的引导者,思想的启迪者,心灵世界的开拓者,情感、意志、信念的塑造者;教师不仅需要知道传授什么知识,而且需要知道怎样传授知识,知道针对不同的学生采取不同的教学策略。

语文是最重要的交际工具,是人类文化的重要组成部分。基础教育开设语文课程的目的,就在于促进学生语文素养的形成、提高与发展,而语文素养是学生学好其他课程的基础,也是学生全面发展和终身发展的基础。语文教师的专业成长情况直接决定了语文教学水平的高低。深入了解语文教师专业成长的内涵及途径,是当前语文教师亟待解决的问题。

第一节　语文教师专业化阐释

1. 教师专业化

1.1　专业与专业化

专业一词最早是从拉丁语演化而来,原来的意思是公开地表达自己的观点或信仰。德语中"专业"一词的含义是指具备学术的、自由的、文明的特征的社会职业。我国《现代汉语词典》对"专业"的解释是"专门从事某种工作或职业的"。"专业"在"专业化发展"这一概念里指职业,即以特有的知识技能进行专门化活动的职业。

专业化,指一个职业从普通职业向专业化职业的转变过程。专业化是一个社会学概念,其含义是指一个普通的职业群体在一定时期内,逐渐符合标准,成为专门职业并获得相应的专业地位的过程。自从人类社会出现了各种职业后,各职业之间的高低贵贱之别就成为人类社会中的普遍现象。到 17 世纪,在欧洲,部分职业群体更从众多职业中分化出来,被社会认可为"专业"。由于那些被社会认可为专业的职业群体,一方面对社会有不可或缺的功能,社会赋予从业人员极大的责任,并提出了很高要求;另一方面,从业人员在掌握专业知识和技能、履行社会职责过程中要花费更多的社会必要劳动时间,因此,专业群体拥有更多的社会地位资源,如权力、工资、晋升机会、发展前途、工作条件、职业声望等。换言之,能占据社会分层中的较上层。所以,对于一些新型职业来说,其专业化的过程就是提升职业群体社会地位的过程。

1.2 教师专业化

教师,是从事教育教学工作的专业人员。要实现从教师职业到教师专业的转变,必须经历"教师专业化"的过程。教师专业化是指教师个体专业水平提高的过程以及教师群体为争取教师职业的专业地位而进行努力的过程。前者是指教师个体专业化,后者是指教师职业专业化,两者共同构成了教师专业化。

教师专业化是世界教师教育的发展趋势和潮流,它要求教师在整个专业生涯中,通过终身专业训练,获得教育专业知识技能,实施专业自主,表现专业道德,并逐步提高自身从教素质,成为一名良好的教育专业工作者。

教师专业化是一个多主体共同努力的过程。教师专业化进程必须放在整个社会背景中考虑,使之成为整个社会的职责,以合作的方式,争取社会各界的支持,因为教育事业是关系到整个社会的事业,教师专业化的结果也必须获得社会的认可才能成功。

当前,教师专业化的内涵越来越广泛:第一,教师专业既包括学科专业性,也包括教育专业性,国家对教师任职既有规定的学历标准,也有必要的教育知识、教育能力和职业道德的要求;第二,国家有教师教育的专门机构,专门教育内容和措施;第三,国家有对教师资格和教师教育机构的认定制度和管理制度;第四,教师专业发展是一个持续不断的过程,教师专业化也是一个发展的概念,既是一种状态,又是一个不断深化的过程。

教师职业有自己的理想追求,有自身的理论武装,有自觉的职业规范和高度成熟的技能技巧,具有不可替代的职业特征。教师不仅是知识的传授者,而且是道德的引导者、思想的启迪者、心灵世界的开拓者,情感、意志、信念的塑造者;教师不仅需要知道传授什么知识,而且需要知道怎样传授知识,知道针对不同的学生采取不同的教学策略。

教师职业的专门化既是一种认识,更是一个奋斗过程;既是一种职业资格的认定,更是一个终身学习、不断更新的职业追求。

2. 专业化的语文教师形象

形象,指形状相貌,也指文学艺术区别于科学的一种反映现实的特殊手段。我们这里所说的"形象"可理解为个人在某一类特定群体中的身份、标志,及其为身份和标志所规定的行为规范和行为模式的总和。教师形象,即教师在社会上、学校里、学生中的行为定位,群体定位,学术定位。

社会上任何一种职业形象都不是一成不变的,它必然随着社会和时代的发展而不断变化,不同时期的教师形象也抹上自身鲜明的特色。教师曾经是默默奉献的春蚕,是具有牺牲精神的蜡烛,是塑造人类灵魂的工程师。而在新的课程改革背景下,语文教师的形象正在被赋予新的内涵。

2.1 教师是学生学习活动的组织者

随着社会的发展,尤其是信息技术环境的普及,教师将不再是教学的中心。从信息论的角度看,教师不仅仅是文化知识的传递者,也是有创造性的传递者。但教师不能容纳巨大的信息流,当然也就不能垄断知识。具体而言,在学生使用计算机的前提下,教师必然退居为控制者和促进者,而不是操作者的形象。教学的任务就是力求使学生自己进行知识建构,而不是复制知识。同时,现代课程观认为课程是由教材、教师、学生和环境的因素构成的。首先,教师和学生也是课程的开发者和创造者,组织学生发现、寻找、搜集和利用学习资源是教师的一项重要职责;其次,营造一种积极的心理氛围,创设一种能使学生主动参与的教学环境,给学生以心理上的安全和精神上的鼓励,使学生的思维更加活跃,探索热情不断高涨;再次,创设良好的问题情境。在问题的带动下,激发学生的学习动力,引发学生的质疑、探究、发现,让学生在问题的解决过程中获得知识和经验,充分调动学生的学习积极性;最后,教师作为学生学习活动的组织者的一个非常重要的任务就是为学生提供合作交流的空间和时间,而这种交流合作的空间和时间往往也是一种"具有生命力"的课程资源。

2.2 教师是学生学习活动的促进者

现代教学论认为,学生是认知主体。教师只对学生的学习策略和学习过程起帮助和促进作用,教师通过教学设计引发学生认知的不平衡,引导学生探究问题,解决问题,掌握真正的研究方法和步骤,做学生发展的促进者。

教育的本质属性是教师的价值引导和学生的自主构建的辩证统一。一个教师应该是学生的引导者。一是引导学生设计恰当的学习活动,激活探究所需要的先前知识和经验,实现课程资源价值的超水平发挥;二是引导学生在自主探索与交流合作的过程中,真正理解和掌握基础知识和基本技能;三是引导学生进一步感受、体验学习,使学生自动地、富有个性地学习。

教师应培养学生的学习能力,应重视学生的学习过程。教师应服务于学生,成为学生学习的激发者、辅导者,各种能力和积极个性的培养者。教师应当做学生的引路人,把学生看成是发展的人,发掘学生具有的发展潜能,促进学生身心健康,使学生在原有的基础上得到完全、自由的发展。

2.3 教师是学生学习活动的参与者

教学过程是师生共创共生的过程,师生同属于课程的构成要素,在体现教师是组织者、引导者的同时,还要成为学生学习的参与者。教师要由传授者变为共同构建学习的参与者,在民主、平等的学习氛围中引导学生自由表达和自主探索。首先,教师成为学生学习活动的参与者并不是要把教师行为完全等同于学生的学习行为,其行为方式主要是观察、倾听、交流。其次,教师要与学生一起分享感情和认识,要走进学生的世界,用学生的眼光看世界,分享学生们的喜怒哀乐,欣赏学生们的"闪光"之处,从学生们的收获中获得满足、愉悦和欢乐。再次,教师要与学生一起寻找和探索"真理",共同构建生成课程,还应勇于承认自己的过失、错误和不足,勇敢地向学生认错,让学生意识到教师的坦诚,并以此为榜样。

2.4 教师是语文课程的开发者

在过去的教学中,教师主要是课程的实施者,拿着教材、照着教参教就可以了,教学活动缺乏独立性与创造性。新课程标准的实施建议指出:教材要有开放性和弹性。在合理安排基本课程内容的基础上,给地方、学校和教师留有开发、选择的空间,也为学生留出选择和拓展的空间,以满足不同学生学习和发展的需要。这表明教师在教学活动中的主动性明显增强,教师不再仅仅只是课程的执行者,而应成为课程的开发者与建设者。这就要求教师首先要树立"资源"意识,努力挖掘各种资源。"建议"指出:语文课程资源包括课堂教学资源和课外学习资源、自然风光、文物古迹、风俗民情,国内外的重要事件,学生的家庭生活,以及日常生活话题等都可以成为语文课程的资源。有了资源意识,视野就会随之开阔,思路也会变得灵活,教学创新也就有了可能,我们的课程才能常讲常新。语文教师要充分开发和利用这两种资源,更新与补充教学内容,开阔学生视野,使学生将课本知识与社会生活联系起来,创设广阔的学习空间。

第二节　语文教师的素养构成

任何好的教学理论都需要由教师去贯彻执行,因此,从某种角度上说,语文教师是语文课程改革的决定因素。语文教师的素养结构直接决定了语文教学的质量。那么在新课程改革背景下,语文教师应该具备怎样的素养结构呢?

在基础教育阶段,新课程更重视人的发展。就课程而言,更重视综合课程和学科本位的综合课程,相应地要求教师应具有较高的综合素养。学生身心的发展水平、情感、态度和价值观的形成、学习过程的设计、教师的创新精神等方面都涉及教师素养。

1. 专业知识素养

通晓所教课程的专业知识,是教师教好功课的前提。语文教师要对语文课程的专业知识有比较系统而透彻的理解,语文教师应该具备扎实的语文课程的专业知识。语文课程的专业知识极其广泛,它包括了语言文字、文章读写、文学鉴赏评论、文学创作和中外母语以及母语教学发展的基础性知识。教师只有在对所教课程的专业知识准确熟练掌握的基础上,才有可能花更多的精力去设计教学,在课堂上更多关注学生心智的反映和活动。

1.1　广博的科学文化知识

教师专业化的一个特点就是,教师能够对各种不同知识和理论进行选择、组织、传递和评价,并在这个过程中具有进行知识创新和增值的专业能力。这就要求教师不仅要了解和掌握某个具体学科的知识和理论,以及各个学科和领域知识之间的关系,还必须具备广博的文化知识,才能融会贯通,得心应手,更好地理解所教课程知识,并把所教课程知识与其他学科有机结合起来;才能够有效激发学生的求知欲望和学习兴趣,满足每一个学生的探究兴趣和多方面发展的需要;才能够帮助自己更好地理解教育学科知识,使自己的教育教学更加丰富多彩,促进学生全面发展和素质的全面提高;才能够提高自己在家长和学生心目中的威信。一个语文教师不能仅仅局囿于狭隘的专业知识,而应该广泛地涉猎和吸取文化科学知识,形成深厚的积淀,这样才能在语文课堂里论古说今、谈文论道,才能吸引学生的注意力并感染学生,才能开阔学生的视界、丰富学生的内心。

1.2　系统的学科专业知识

学科专业知识指与教师任教课程相对应的专业理论知识。教师的劳动是一种复杂的、创造性的劳动,要成功地完成教学任务,首先要精通所教课程的专业知识,对所教课程的全部内容有深入透彻的了解。教学的许多工作,如选择有价值的学习活动、提供解释、提出创造性的问题、评价学生的学习等,都依赖教师对课程的理解。缺少这种学科背景,即使教了多年的书,课程教学知识也不会在教学的过程中自动地演进。反之,如果对学科有很透彻的了解,课程教学知识便会随着教学经验的发展而发展。教师只有完整、系统、扎实、精深地掌握学科专业知识,才能教给学生掌握各种知识、技能的方法,发展学生的智能,引导学生在学科知识的海洋中畅快地遨游;才能根据不同的教育对象选择有效的教学方法进行教学,在教学中真正实现科学精神和人文精神、理论和实践、知识和人生的统一,充分发挥学科知识全面育人的价值。

1.3 坚实的教育专业知识

一名语文教师不仅要具备深厚的专业知识和广博的文化科学知识,还要善于把这些知识传授给学生,教会学生学习。这就要求一名教师掌握坚实的教育专业知识。教师的教育专业知识包括三个方面:第一,一般的教育学知识,即教育基本理论、心理学基本理论、德育学、教学论、教育史、教育社会学、教育心理学、教育管理学、教育法学、比较教育、教育改革和实验、现代教育技术知识、教育科学研究等。第二,课程教学知识。语文教师不是作家,而是讲授作品的人。因而,语文教师的学科知识应该在特性上而非内容上,也就是说,一个优秀的语文教师,不仅要解决教什么的问题,更重要的是要解决如何教的问题。第三,教学情境知识。专业最终是指向实践的,教师的教学活动具有明显的情境性的特点。一名优秀的教师面对不确定性的教学条件能做出复杂的解释与决定,能在具体思考后再采用适应特定情境的行为。教师除了要充分运用所学的知识教育学生,更要不断地针对教学情境中的问题,运用科学方法,探求问题的可能成因,了解问题的真相,并且进一步研究解决的方法。语文教师如果具有良好的教育学、心理学知识的素养,懂得学生身心发展的一般特点、个性和品德形成的一般规律,并根据这些特点和规律去教育学生,定能取得更好的教学效果。

2. 专业技能素养

专业技能是语文教师素养的重要方面,作为专业化的教师必须具备从事教育教学工作的教学技能。一个语文教师的专业技能素养包括教学技能素养和教研技能素养。

2.1 独立备课技能

独立备课技能指的是语文教师应具备根据语文学习规律和学生的特点，对语文教材进行分析和再创造的能力。语文教材反映了语文课程的知识体系，是语文教师传授知识、培养学生能力的依据。语文教师备课首先要理解编者的编写理念和编写意图。这有助于教师理解教材内容，把握教学的重点与难点，有助于教师在编者的精心指导下，通过最佳的教学途径，运用最适宜的教学方法，帮助学生完成学习任务，培养其全面的语文素养；其次，教师要具有系统和结构意识，从整体上把握语文知识体系、范文体系、练习体系，这样才能使教学更为系统和清晰；再次，语文教师必须对教材进行深入细致的分析，不能浅尝辄止，而要做到钻研、吃透教材，只有这样，讲课时才能左右逢源。是否具有独立备课能力是一个语文教师教学技能素养的首要表现。

2.2 驾驭课堂技能

课堂是教学的主要场所，语文教师驾驭课堂的能力直接影响着语文教学的质量。课堂的驾驭能力指语文教师在课堂中控制与调节教学中的各种因素，创造课堂气氛，创设教学情境，调动学生学习语文知识和言语作品的热情的能力。这就要求语文教师要善于察言观色，关注学生的注意力、兴趣和学习积极性的变化，及时有效地调整教学内容或教学方法，充分发挥学生的主动性和教师的主导作用；另外，教师还要具备一定的教学机智和应变能力。教学是决不会按照课前预设的状况按部就班地发生的，而往往存在许多的变量，因为教学本身就是"动态生成"的，语文教师要能对随时发生的意外情况迅速作出反应，并采取合理的处理方式解决问题。

2.3 语言表达技能

语文教师必须具备良好的语言表达能力。语言是教师表达思想、传授知识、交流对话、塑造心灵的最基本的工具，它在教师的能力结构中具有特殊的地位，直接影响语文的教学效果和学生语言、语感的训练。语文教师良好的语言表达能力主要包括口头语言表达能力和书面语言表达能力。口头表达要求做到语言清晰、准确、通俗、简洁、生动，感情真挚自然，语速快慢适中，语调抑扬顿挫，这样才具有感染力；语文教师也必须具备良好的书面语言表达能力，要能够准确、鲜明、生动、简练地运用书面语言给学生写评语、辅导学生写作；另外，教师的体态语也是一种表达方式。教师在运用口头语言的同时，往往需要辅之以手势、眼神、表情等态势语言，从而加强语言的表达效果。

2.4 媒体运用技能

信息时代为语文教学技术的发展提供了广阔的发展空间和技术支持。未来的教育在教育观念、途径上都将发生质的变化，语文教师必须掌握现代教学技术，熟练操作计算机，熟练运用多媒体等教学手段，根据实际需要制作教学课件，将文本、图片、动画、音效等有机组合，生动形象地展示教学内容。

现代化多媒体教学技术手段，可以通过声、色、影、像等元素穿越时空限制，最大限度地扩大教学容量，调动学生的学习兴趣，提高教学效率；现代化的教学手段为语文教学提供了网络技术支持和丰富的网络资源，教师可以指导学生学会通过网络获取信息，开阔视野，激发求知欲，并充分调动学生的主动性、自主性和参与性。

2.5 教学研究技能

一名合格的语文教师，不仅应该具备较强的教学能力，而且要具备一定的研究能力。这不仅是教师劳动极具创造性和灵活性所决定的，也是当今社会用科研促教育和教学，对教师提出的现实要求。《基础教育课程改革纲要》指出："教师应是教育教学的研究者，如果教师的教育教学没有一定的理论指导，没有以研究为依托的深化和提高，就容易在固守旧经验、照搬老方法的窠臼里不能自拔。"因此，积极参与教育教学研究是语文教师发展的必然要求。尤其在当前新课程改革的背景下，语文教师在教学过程中要以研究者的心态置身于教学情境中，以研究者的眼光审视和分析教学的理论和教学实践中的各种问题，比如对课程的研究，对各种教材进行评鉴，对课程实施的状况进行分析，对学生学习的过程和结果进行研究、评定。同时对自身的行为进行反思，对出现的问题进行探究，对积累的经验进行总结。只有这样，才能使课程改革理念深深扎根于教学实践的土壤，不断得到完善和发展。

3. 专业情意素养

情意在心理学词典中被认为是包括情绪、感情、心境等一切属于情感方面的心理历程。如果说知识素养和技能素养讲的是能不能的问题的话，情意素养则讲的是愿不愿的问题。它包括四个层面的内容：

3.1 专业理想

教师的专业理想是教师成为一个成熟的教育教学专业工作者的向往和追求，它为教师提供了奋斗的目标，是推动教师专业发展、献身于教育工作的根本动力。教师的专业理想包括事业心、责任感和积极性，即师德，其核心是对学生的爱。

3.2 专业情操

教师的专业情操是构成教师价值观的基础,是构成优秀教师个性的重要因素,也是教师专业情意发展成熟的标志,它包括:理智的情操,即对教育功能和作用的深刻认识而产生的光荣感和使命感;道德的情操,即对教师职业道德规范的认同而产生的责任感和义务感。

3.3 专业性向

教师的专业性向是教师成功从事教学工作所具备的人格特征,或者说适合教学工作的个性倾向。优秀的、创造力强的教师的人格特征应该包括:有见识;有献身精神;有敏锐的洞察力和分析能力;有独立性;在人际关系上,耿直、坦率、诙谐、幽默、不拘小节。

3.4 专业自我

好的教师首先是一个人,是一个具有独特人格的人,是一个知道运用"自我"作为有效的工具进行教学的人。因此,新世纪的教师,要倾向于以积极的方式看待自己,能够准确地、现实地领悟自己和所处的环境,对别人有深切的认同感,具有自我满足感、自我信赖感和自我价值感。

3.5 情意素养

语文教师的情意对语文教学有着重要的作用。语文教师的情意素养主要包括对语文课程的情意和对学生的情意,即语文教师要拥有对语文课程浓烈的激情以及对学生诚挚的热爱与尊重。教师对语文的情意会春风化雨般地对学生产生潜移默化的影响。若是教师自身对语文课程冷漠而无激情,自然难以与语文世界里古今中外的文人巨匠们作灵魂交融式的对话,更无法引领学生走近大师,走近语文这样一个丰富多彩的世界。

语文教师还要拥有一颗诚挚的爱心,用善良宽厚的心尊重爱护学生。当然,热爱学生首先就要了解学生,了解学生的思想状况、个性特点和精神世界。只有充分了解学生,才能走进他们的内心世界。其次,热爱学生要求教师平等对待、关心热爱每一位学生,尤其是那些需要帮助的后进生,只有客观公正才能赢得学生的信任。老师正是因为拥有一颗善良而宽厚的心灵,才会给予学生发自内心的尊重与呵护。再次,热爱学生就要充分尊重信任学生,学生与教师在人格上是平等的,教师要充分尊重学生,视学生为"我—你"关系的共同学习与探索的伙伴。

第三节　语文教师的专业发展

教师专业发展是教师个体不断发展的过程，是教师不断完善自身素质、拓展其专业内涵，提高自身专业水平的过程。

1. 教育信念的发展

教师的教育信念来源于个体的人生信念。人生信念是社会生活中的具体的人在交往和实践中经过反复检验，具有强烈感情色彩，并为其坚信和信奉的、能决定个体的人生意义和价值、对人生具有动力性、基础性、先导性、全面性作用的个性化的知识体系。教师的教育信念是教师职业素养的组成部分，是教师精神世界的统帅和灵魂，对教师的专业发展起着十分重要的作用。

教育信念是个体在交往和实践活动中建立起来的被个体深刻理解和体验，并经过实践检验，因而始终坚信、崇奉和践行的有关教育是什么、教育的理想、教育和人生、教育和社会关系的个性化的知识体系。

作为一名语文教师，在新课程改革的背景下，应树立怎样的教育信念呢？最根本的是要有以人为本的育人信念。将以人为本确立为当代语文教师的教育信念，这首先是由教育的本性决定的。教育从本质上讲是以人为出发点，以人为归宿的活动，应不断地提升人生的意义和价值，促进人的完善和幸福。以人为本是当代社会发展的基本理念。只有将人的自由自觉的个性化发展、人的完善和幸福作为一切活动的准则和标准时，人类社会才能实现可持续的全面发展。作为对社会发展具有基础性作用的语文教育，必须坚信和张扬以人为本，固守和弘扬终极价值。

2. 专业知能的发展

教师专业知能就是指教师在专业的教学领域中所必须具备的知识、技能与态度。教师为了将教学内容与主题传达给学生，必须懂得使用有效的表达方式，也必须了解学生的现有知识储备情况与盲点，并能有策略地重整学生的概念。因此教师必须具备学科内容知识，一般教育知识，课程知识，课程教学知识，有关学生及其特性的知识，教育目标与价值及其哲学与历史背景的知识。

专业知能是教师发展的最基本条件，也是教师从事正常教学应具备的必要能力。当教师具备更丰富的专业知能时，才有能力为学生提供更多的学习机会。教师专业知能的提升是教师充实自我的首要任务，一位优秀教师的专业知能，并非一朝一夕所能获得，而需要长时间的学习与经历的磨炼。

影响教师专业知能发展的因素有两个：个人因素与环境因素。其中个人因素包括求知兴趣，服务社会、终身学习的人格特征，教师的教育背景，教师个人的生活史。环境因素包括同事、家人等的影响，学校的组织文化，校长的鼓励与推动等。

教师专业知能的发展是一个循序渐进的过程，教师必须不断督促自己，通过各种学习途径，以求进步。教师还必须具备反省的能力。只有具有反省能力的教师，教学对其而言才不会是有压力的或是例行的行为。若教师缺乏批判思考的反省能力，终究只是个"教书匠"，永远无法达成专业自主与生涯发展。所以教师可借助教学档案、与同事进行专业对话、协同教学等方式，充实个人的专业理论，使之更加系统，以建构出专业实践理论，成就教育事业的更高境界。

3. 专业情意的发展

教师的专业情意包括专业理想、专业情操、专业性向和专业自我。

3.1 专业理想

教师的专业理想是教师对成为一个成熟的教育教学专业工作者的向往与追求，它为教师提供奋斗的目标，是推动教师专业发展的巨大动力。具有专业理想的教师对教学工作抱有强烈的承诺，他们致力于改善教育素质以满足社会对教育专业的期望，努力提高专业技能和专业服务水准，努力维护专业的荣誉、团体、形象等。

3.2 教师的专业情操

教师的专业情操是教师对教育教学工作带有理智性的价值评价的情感体验，它是构成教师价值观的基础，是构成优秀教师个性的重要因素。教师的专业情操包括：理智的情操，即由于对教育功能和作用的深刻认识而产生的责任感和自豪感；道德的情操，即由于对教师职业道德规范的认同而产生的责任感和义务感。

3.3 专业性向

教学工作的专业性向是指教师成功从事教学工作所应具有的人格特征，或者说适合教学工作的个性倾向。有专家认为：喜欢从事为他人服务和教育他人的工作的，其个性适合做教师。教师的专业性向在很大程度上是属于"先存的教师特征"，不易受后天发展的影响，即使改变也是一个长期的过程。

3.4 专业自我

一个好的教师首先是一个有独特人格的人，是一个知道运用"自我"作为有效工具进行教学的人。高"自我"的教师，倾向于以积极的方式看待自己，能够准确地、现实地领悟他们自己和所处的世界，对他人有深切的认同感，具有自我满足感、自我信赖感、自我价值感。其中，树立崇高的专业理想和养成高尚的专业情操是教师专业情意发展的主要内容。对教学工作来说，教师的专业自我是教师个体对自我从事教学工作的感受、接纳和肯定的心理倾向，这种倾向将显著地影响教师的教学行为和教学工作效果。从这个意义上说，教师专业发展的过程也是教师自我形成的过程。

在教师的发展过程中，如何促进其专业情意的发展呢？首先，应引导教师把握正确的我我关系。"我我"，即教师个体与自身的关系。要求教师通过自我意识的调整实现人生价值的正确定位。从事教师这一专业的人，他首先是一个具体生命场中的人，理想状态是身体和情意均和谐健康。必须从一般的"我我"关系上审视自身。即教师应先认识自己作为一个普通个体对生命追求所持的态度，然后才是从教师特点、职业要求出发加以考虑，作为教师的自己应有的专业精神。把握"我我"关系，唤醒沉睡的自我意识，不只是从"教师应当怎样"的规范性要求中寻找答案，也不只是在"如何成为好教师"形成性途径中获得满足，还要进一步追问"作为教师的我是怎样"这一深层次的存在状态解决问题。发现教师对教学的情感和态度，对社会转型、多元文化碰撞所带来的价值冲突的立场，对教育价值观念的偏好、取舍这些情意方面的现实实然存在，以及社会文化对教师提出的应然要求，找出差距和解决问题的方式，是帮助教师认知水平与教学技能提高的重要动力装置，教师应在对自我的认识、反思和批判中不断完善自我，提高存在智慧，达到教学活动与生命活动的和谐统一。其次，应营造良好的教学氛围。良好的教学氛围有利于教师乐观、积极、奋发向上等情意的发展，有利于教师对自身工作的正确认识。(1)营造爱与尊重的氛围，促进情感的升华。(2)营造合作、团结的氛围，改善教师关系。团结合作氛围形成的前提是平等宽容。(3)营造自立自信的氛围，提升专业认同感。人的潜能是巨大的，每个人现有的才干、能力只是开放了他全部潜能的一小部分，个人的自卑、自弃多是源于看不到潜能或是没有找到开放潜能的正确方式。相信自己通过摸索学习后专业水平能逐渐提高，能够取得学生、同事和家长的认同，具有良好的自我效能感和坚持不懈的意志品质，对教师认同自己所从事的职业进而热爱自己的职业具有重要意义。第三，鼓励教师独特的课程体验。课程的各个环节都需要教师的参与，而且教师本身就是一种极为重要的课程资源。教师在课程理解、实施、评价过程中，总会加入自己的理解，打上自身情意的烙印，与课本、学具、标本、挂图、音响和网络这些"冰冷冷"的课程载体相比，教师作为性情中人，更易于和学生进行沟通和交流，使课堂、使教学产生情境性和感召力，从而激发学生学习热情和信心。在这种个性化的体验中,教师已有的情感、价值观、态度、世界观等心理因素在特定教学氛围的影响下,接受、选择和发展着文本所负载的内容,同时自身也在发生着变化。具体体现在:课程实施前的情意酝酿;课程实施中的情意活化;课程实施后的情意反思。

教师的专业发展意味着教师生命的发展,教师的职业应当成为教师不断追求更高境界生命方式的一种手段,为了每个孩子和教师本人,教师有责任成为健康的生命体,有责任在自己的职业生涯中,实现自己生命的升华。这种理想的实现,需要教师正视自身的情意问题,获得身心和谐发展。

【思考与练习】

1. 结合时代背景,讨论语文教师的发展为什么要专业化?

2. 语文教师的素养包括哪些方面? 在教学实践中该怎样体现?

3. 专业化的语文教师发展应从哪些方面着手? 制订一份你的专业发展规划。

图书在版编目(CIP)数据

语文新课程教学论/刘诗伟主编. —南京:南京
大学出版社,2011.3
(新课程背景下课程教学论丛书/许金生主编)
ISBN 978 - 7 - 305 - 08146 - 0

Ⅰ. ①语… Ⅱ. ①刘… Ⅲ. ①语文课-教学研究-师
范大学-教材②语文课-教学研究-中小学 Ⅳ. ①G633.302

中国版本图书馆 CIP 数据核字(2011)第 023867 号

出版发行　南京大学出版社
社　　址　南京市汉口路 22 号　　邮　编　210093
网　　址　http://www.NjupCo.com
出 版 人　左　健
丛 书 名　新课程背景下课程教学论丛书
书　　名　语文新课程教学论
主　　编　刘诗伟
责任编辑　束　莉
照　　排　南京紫藤制版印务中心
印　　刷　丹阳市兴华印刷厂
开　　本　787×960　1/16　印张 14.5　字数 252 千
版　　次　2011 年 3 月第 1 版　2011 年 3 月第 1 次印刷
ISBN 978 - 7 - 305 - 08146 - 0
定　　价　30.00 元

发行热线　025 - 83594756
电子邮箱　Press@NjupCo.com
　　　　　Sales@NjupCo.com(市场部)